세금, 어떻게 결정되는가

박상진

| 학력 |

- 강원 속초고 졸
- 서울시립대 법학과 졸업
- 서울대 환경대학원 도시계획학 석사
- 미국 인디애나로스쿨(블루밍턴) 법학 석사(LL.M)
- 미국 뉴욕주립대(올바니) 경제학 석사
- 단국대 도시 및 지역계획학 박사
- 서울대 중국최고위과정 수료
- 고려대 최고위정책과정 수료

| 직장경력 |

- 제13회 입법고시 합격
- 국회 재정경제위원회 입법조사관(금융 및 공적자금 총괄)
- 법제처 파견관(건설교통법제관실)
- 국회 안전행정위원회 입법조사관
- 국회사무처 국제협력과장 · 의전과장 · 의안과장
- 국회 예산정책처 행정사업평가팀장
- 주중한국대사관 공사참사관
- 국회 운영위원회 입법심의관
- 국회 정무위원회 전문위원(공정거래위 총괄)
- 국회 예산결산특별위원회 전문위원(예결산 총괄)
- 현 국회 기획재정위원회 전문위원(세법 및 국세 세입예산 총괄, 이사관)

| 그 밖의 활동 |

- 강원 고성 국회고성연수원 개원준비단(T/F) 위원
- 한국헌법학회 부회장
- 한국청소년적성찾기강원영북지회 공동회장
- 한국문인협회 회원
- 국회 한중미래발전연구회 회장
- 국회 태백회 회장
- 대한건축학회 회원

| 주요 저서 및 논문 |

- 《부동산 공법》(부연사, 2001, 공저)
- 《지역계획론》(보성각, 2009, 공저)
- 《나의 고향 그리고 우리들의 산행과 동행》(좋은땅, 2017, 공저)
- 《젊은 날의 열정과 다짐》(좋은땅, 2018)
- 「장기주택저당채권유동화제도에 관한 연구」, 단국대 박사학위 논문, 2005.
- 「부동산간접투자상품시장 활성화 및 경제적 파급효과 연구(국토연구원 연구 참여)」
- 「강원도 지역개발계획 수립(국토연구원 연구 참여)」 등 다수

세금, 어떻게 결정되는가

초판 1쇄 인쇄일	2018년 8월 22일
초판 1쇄 발행일	2018년 8월 28일
편저자	박상진
펴낸이	최길주
펴낸곳	도서출판 BG북갤러리
등록일자	2003년 11월 5일(제318-2003-000130호)
주소	서울시 영등포구 국회대로72길 6, 405호(여의도동, 아크로폴리스)
전화	02)761-7005(代)
팩스	02)761-7995
홈페이지	http://www.bookgallery.co.kr
E-mail	cgjpower@hanmail.net

ⓒ 박상진, 2018

ISBN 978-89-6495-121-7 03320

구입문의
북갤러리 02)761-7005(代)

이 도서의 국립중앙도서관 출판시도서목록(CIP)은 e-CIP홈페이지(http://www.nl.go.kr/ecip)와 국가자료공동목록시스템(http://www.nl.go.kr/kolisnet)에서 이용하실 수 있습니다. (CIP제어번호 : CIP2018026528)

2017·2018 국회 세법개정으로 보는 세법논쟁과 세금이야기

세금, 어떻게 결정되는가

| 세법개정의 결정논거와 향후 전망 |

박상진 편저

BG 북갤러리

세금이 국회의 세법개정 과정에서
어떠한 논거로 결정되는지 알고자 하는 국민들과
이를 결정하는 국회 기획재정위원회에 드립니다.

책을 편저하며

2017년 1년간 거둔 국세수입 세금은 265.4조 원이고, 감면 등 조세지출 세금은 약 39조 원이다. 이 세금은 헌법에 근거하여 세법에 따라 부과·징수 또는 감면 된다. 그런데 국민들은 세법이 어떻게 제·개정되는지, 어디서 원천적인 결정이 이루어지는지 알지 못할 수 있다.

그래서 이 책은 가장 기본적으로 알아야 하는, 국회에서 이루어지는 세법개정의 결정논거가 무엇인지를 국민에게 알리기 위해서 만들었다. 세법 해설서는 넘쳐나고, 세출 측면의 재정학 서적도 많지만 세입 측면의 세금에 관한 책이 많지 않다는 현실인식이 작용했다. 세금에 직접적으로 영향을 미치는 세법개정의 결정과정은 입법과정으로서의 정치적인 과정을 통해 이루어지며, 결정요인은 다양하다. 기본적으로 세법의 개정은 입법과정을 거치면서 핵심적인 입법논거를 토대로 결정되며 국민에게 정당화된다. 따라서 세금을 납부하는 국민이 당연히 알아야 하는 세법개정의 결정논거를 보다 더 정확히 안다면 필요한 국민적 요구에 따라 입법과정에 국민이 찬반의견을 제시하는 새로운 국민적 논의의 장을 만들 수 있다.

또한 세법개정이 이루어진 이후에도 조세수입의 재정정책 및 국민경제적인 역할과 효과, 조세정책의 집행과정 등에 대한 국민의 알권리를 충족시킬 수 있으며, 종국적으로는 국가재정에 대하여 국민에 의한 직접적인 민주적 재정 통제를 강화할 수 있다.

세금은 반대급부 없이 국민이 강제적으로 부담하는 금전적 의무이다. 세금은 헌법원칙인 조세법률주의가 엄격히 적용되어 조세의 종목과 세율은 법률로 정해진다. 이에 따라 세금은 법률 제·개정권을 가진 국회에서 결정된다. 국회법 원칙인 상임위원회주의에 따라 세법개정은 국회 기획재정위원회에서 이루어지며, 실질적으로는 기획재정위원회 안에 설치되는 10인~13인으로 구성되는 조세심사소위원회에서 심의·결정된다. 조세심사소위원회의 세법개정은 세법담당 전문위원의 검토보고와 정부 또는 이해관계자 등의 설명을 듣고 조세소위 위원간의 논의과정을 거치게 된다.

기획재정위원회 조세소위 위원들은 세법개정 과정에서 세금을 부담하는 국민들의 다양한 의견을 반영하고 전달한다. 그 과정에서 '세법전쟁'을 치르기도 한다. 그런데 조세소위원회 입법심사과정에 모든 국민의 의견이 반영되는 것은 불가능하다. 그것은 기본적으로 조세소위원회가 국민에 대해 세금부담을 늘릴지 완화할지에 대해 대립적이고 이해상충적인 논쟁기제 역할을 하기 때문이다. 또한 국민들이 세법의 복잡한 특성으로 인해 세법개정의 주요 쟁점과 쟁점별 논거에 대한 정보를 접하기 어렵고, 관련 정보를 얻었다 하더라도 조세소위원회의 존재 등 기본적인 입법과정을 알지 못하기 때문이다.

따라서 국민이 세법개정이 무슨 논거로 어디에서 어떠한 절차로 결정되는

지를 알게 된다면 입법과정에 보다 더 논리적이며 적절한 방법을 통해 가장 적합한 시점에 국민의 의견을 전달하고 반영할 수 있을 것이다. 이러한 관점에서 이 책은 2017년·2018년 세법개정 과정에서 논의된 내용을 바탕으로 국민에 대한 세금을 부과 또는 감면하는 기제로 작동하고, 재정수입의 모태가 되는 세법개정의 주요 쟁점은 무엇이고, 어떠한 논리적 입법근거로 개정이 이루어지며, 향후 개정의 전망은 어떠한지를 살펴보았다.

세법개정을 통한 조세정책은 크게 조세수입확보, 효율적인 분배, 소득의 형평성 제고를 위한 재분배, 경제안정화기능 등을 목표로 한다. 이 책을 통해 조세정책의 목표가 개별 세법개정의 찬반논거에 어떻게 함축되어 세법개정에 어떻게 영향을 미치는 결정논거로 작용하는지를 다소나마 알 수 있게 되기를 소망한다.

이 책에서 정리한 주요 내용은 다음과 같다.

우선, 소득세제 편에서는 고소득자에 대한 소득세율 인상 논쟁, 근로소득공제 축소조정, 금융소득 종합과세 기준금액 인하, 의료비 공제 등 특별세액 규모 축소, 고향납세제도 도입, 근로장려금 확대, 농·축협 및 신협의 비과세 일몰 등 국민과 직접적으로 연계되어 있는 주요 쟁점과 논거를 찬반 중심으로 정리하였다.

둘째, 법인세제 편에서는 법인세율 논쟁과 2017년 미국 세제개편 논쟁, 수협중앙회 지급 배당금의 손금산입, 청년창업중소기업의 법인세 감면 등의 주요한 쟁점을 요약하였다.

셋째, 재산세제 편에서는 2018년 정기국회에서 가장 큰 이슈가 될 수 있는 종합부동산세법의 주요 쟁점별 찬반입장을 정리하였고, 최근 다시 쟁점화되고 있는 가업상속공제제도에 관한 내용을 수록하였다.

넷째, 소비세제 편에서는 2018년 평창올림픽 후원기업의 부가가치세 경감, 일반택시회사의 부가가치세 납부세액 경감률 확대, 외국인관광객 숙박요금 부가가치세 환급 등의 세법결정과정과 결정논거를 추출하여 정리하였고, 과표 양성화와 새로운 일자리 창출을 목적으로 발의된 나석의 개별소비세 대상 제외와 보석 취득사업자에 대한 부가가치세액 환급 등의 쟁점을 다루었다.

다섯째, 세법개정은 국세수입을 발생시키고, 국세수입은 국가 세입예산의 가장 큰 비중을 차지하며, 국가 세입예산은 세출예산과 국가재정으로 흘러 들어가기 때문에 세법개정과 직접적인 연관성이 있는 '국세 세입예산안과 세수전망 문제'를 연계하여 정리하였다.

여섯째, 세법개정은 여러 입법 목적 중 조세수입의 확보를 위해 이루어지는데, 목표한 조세수입을 초과하여 세금이 걷히는 '초과세수의 재정정책적 함의'를 검토하였다.

일곱째, 세법개정은 세금을 부과하기도 하는 반면, 세금을 감면해 주는 조세지출을 규율하고 있다는 점을 감안하여 '세법개정과 조세지출예산 문제'를 다루었다.

마지막으로, 2018년 정기국회 기획재정위원회 조세심사소위에서 다룰 예정인 '2018년 세법개정안의 주요 쟁점과 내용'을 정리하여 수록하였다.

이 책의 발간과 관련하여 감사해야 할 분들이 많다. 이 책은 2017년 11월 세법개정 당시 국회 기획재정위원회 위원님들의 전문적이고 고차원적인 논의과정의 산물로 탄생되었다. 배움과 지적 존경의 자세로 한 분 한 분께 진심으로 감사드린다. 관련하여 20대 국회 전반기 기획재정위원회 조경태 위원장님, 기재위 조세심사소위원회 추경호 위원장님, 기재위 간사 박광온 의원님과 기재위 간사 김성식 의원님께 깊은 감사를 드린다. 그리고 존경하는 국회 기획재정위원회 현 정성호 위원장님께도 감사의 말씀을 드린다. 또한 항상 격려해 주시는 기획재정위 수석전문위원이셨던 예산결산특별위원회 김광묵 수석전문위원님과 기획재정위 석영환 수석전문위원님께 고마운 마음을 드린다. 월등한 업무능력을 보유하면서 끊임없는 열정과 노력으로 세법을 같이 검토하고 있는 기획재정위원회 세법담당 전문위원실 입법조사관들의 노고에 경의를 표한다. 사랑하는 초등생 딸 세희와 아내 그리고 고향에 계신 어머님께도 감사를 드린다.

2018년 8월 4일
깊어가는 한여름 밤 고향에서
아름답고 청명한 설악의 드높은 가을을 그리워하며
박상진

• • •

이 편저 책은 무정파성, 비편향적 중립성, 객관성, 분석과 논증 등을 토대로 어딘가에 있을 조세정의의 진리를 찾아 겸손한 마음으로 세법개정 논거의 노를 저어 험한 파도를 넘어가고자 일로매진(一路邁進)하는 진실된 지식인의 자세로 정리되었음을 말씀드린다.

이 또한 지나가리라

박상진

여의도 국회 437호실에서
동터 오르는 의원동산을 바라본다

어제의 힘든 세법검토의 벽
억눌림과 압박의 어두운 터널을 뚫고
다시 찬란히 떠오르는 새 희망
온 가슴을 열고 맞이하는 미래의 양광 陽光

이미 지나 온 여정
가야 할 또 다른 미지의 길

이 또한 지나가리라

지나가지만
질적으로 승화된
정연함으로 합치된 새로운 역사의 길
기여와 열정과 완숙의
거대하지만 너무나도 잠잠하고 고요한 물결의 길

오늘도 이 길 또한 지나가리라. (2017. 11.)

— 2018년 〈생활문학〉 봄호 118집에 실린 편저자의 글

2017년 11월 연일 자정까지 진행되는
국회 기획재정위원회 조세심사소위원회의
뜨거운 세법개정안 논의장면

세법개정은 어느 날 갑자기 정치적으로 이루어지는 것이 아니라 발의·제출 전 많은 의견수렴과정을
거쳐 국회 기획재정위원회 조세심사소위원회에서 국가와 국민의 시각에서 치열한 논쟁을 거쳐 이루어
진다. 국회 기재위 홈페이지, 국회 기재위 조세소위 속기록을 통해 이를 확인할 수 있다.

차례

제1장 소득세제 개정의 주요 쟁점 및 결정논거와 전망

제2장 법인세제 개정의 주요 쟁점 및 결정논거와 전망

제3장 재산세제 개정의 주요 쟁점 및 결정논거와 전망

제4장 소비세제 개정의 주요 쟁점 및 결정논거와 전망

제5장 조세수입 관리체계의 주요 현안

일러두기

이 책의 내용은 2017년도 11월 기획재정위원회 세법담당 박상진 전문위원의 검토보고 내용, 기획재정위원회 조세심사소위의 속기록 그리고 예산정책처 세법관련 자료를 기본토대로 정리·작성되었다. 2017년 11월 기획개정위 조세소위에서는 386건의 세법안에 대해 전문위원의 검토보고와 매일같이 이루어지는 조세소위 위원간의 치열한 논쟁을 거쳐 세법개정 작업을 하였다. 이 과정에서 생성된 자료를 토대로 세법개정의 논거를 추출하여 정리하였고, 기본적인 접근방법은 쟁점별로 '찬반논거'를 중심으로 분석하는 방법을 사용하였다. '찬반논거' 접근방식은 세금부과와 완화에 대한 논점을 명확히 하였다는 것을 의미하며, 대립적인 입장이 항상 충돌하였다는 것을 의미하지는 않는다는 점을 밝혀둔다.

제1장

소득세제 개정의 주요 쟁점 및 결정논거와 전망

1. 고소득자에 대한 소득세율 인상

1) 소득세법 개정안의 주요 내용

고소득자에 대한 소득세율 인상을 위한 4건의 소득세법 일부개정법률안이 2017년 정기국회에서 심사되었다. 첫째는 소득세 최고세율구간을 5억 원 초과에서 3억 원 초과로 조정하면서 최고세율을 현행 40%에서 42%로 2% 포인트 인상하는 것이고(김정우 의원안), 둘째는 60%의 최고세율이 적용되는 과표 10억 원 초과 구간과 50%의 세율이 적용되는 과표 7억 원~10억 원 구간을 신설하는 것이며(양승조 의원안), 셋째는 소득세 최고세율구간을 5억 원 초과에서 1.5억 원 초과로 조정하면서 최고세율을 현행 40%에서 45%로 5% 포인트 인상하고, 불규칙한 세율 체계 조정을 위하여 과세표준 4,600만 원~8,800만 원 구간의 세율을 현행 24%에서 25%로 1% 포인트 인상하는 것이며(노회찬 의원안), 넷째는 과세표준 3억 원~5억 원은 현행 38%에서 40%로, 5억 원 초과는 현행 40%에서 42%로 현행

보다 2% 포인트 인상하는 것이다(정부안).*

2) 현황과 개정연혁

1975년 70%에 달했던 최고세율이 1989년 50%, 1994년 45%, 1996년 40%로 점차 낮아져 왔다. 1996년 이후 한동안 4단계의 과표구간 체계가 유지되었는데, 그 기간에 최고세율은 2002년 36%, 2005년 35%로 인하되었다.

그러나 2011년 세법개정을 기점으로 2012년부터 소득세 최고세율이 점차 높아지고 있다. 재정건전성 제고 및 소득분배 개선을 위하여 2011년 세법개정으로 과세표준 3억 원 초과 구간이 신설되어 38%의 세율을 적용하도록 하였고, 2013년 세법개정으로 최고세율구간(38%)을 3억 원 초과에서 1억 5,000만 원 초과로 하향조정하였다. 2016년 세법개정 시에는 과세표준 5억 원 초과 구간이 신설되어 기존 최고세율 38%보다 2% 포인트 높은 40%의 세율을 적용하도록 하였다.

과표구간 및 소득세율 변동 연혁

구분	1975년	1989년	1994년	1996년	2009년	2012년	2014년	2017년
과표구간수	16단계	8단계	6단계	4단계	4단계	5단계	5단계	6단계
최저세율	8%	5%	5%	10%	6%	6%	6%	6%
최저세율 과표구간	24만 원 이하	250만 원 이하	400만 원 이하	1,000만 원 이하	1,200만 원 이하	1,200만 원 이하	1,200만 원 이하	1,200만 원 이하
최고세율	70%	50%	45%	40%	35%	38%	38%	40%
최고세율 과표구간	4,800만 원 초과	5,000만 원 초과	6,400만 원 초과	8,000만 원 초과	8,800만 원 초과	3억 원 초과	1.5억 원 초과	5억 원 초과

자료 : 국회 예산정책처, '2017 조세의 이해와 쟁점 소득세편', p. 5~11.

---

* 김정우 의원안 : 2017. 6. 5. 발의, 양승조 의원안 : 2017. 6. 7. 발의, 노회찬 의원안 : 2017. 11. 9. 발의, 정부안 : 2017. 9. 1. 제출

노회찬 의원안을 제외한 3건의 개정안에 따라 소득세를 추가 부담하는 인원은 전체 소득세 신고대상의 1% 미만일 것으로 추정된다.

2015년 귀속소득 기준 과세표준구간별 인원 현황

(단위 : 명, %)

구분	근로소득자		종합소득자	
	인원	구성비	인원	구성비
10억 원 초과	1,662	0.01	6,391	0.12
5억 원~10억 원	5,018	0.03	13,180	0.24
3억 원~5억 원	13,003	0.08	25,289	0.46
1.5억 원~3억 원	60,477	0.35	84,384	1.54

자료 : 2016 국세통계연보

3) 쟁점과 논쟁의 근거

(1) 반대논거

첫째, 개정안은 근로의욕을 저해하고 소비 위축 및 경기 침체를 심화시켜 장기적으로 경제성장에 부정적인 영향을 미칠 우려가 있다. 상위 5% 소득자의 경우 과세소득탄력성 추정치는 0.99로 매우 높아 세율인상에 따른 순세수 증가효과는 매우 제한적이라는 연구 결과도 있다.[1]

둘째, '넓은 세원, 낮은 세율'이라는 중장기 조세정책방향 및 2015년 근로소득자 중 46.8%가 과세미달자에 해당한다는 점을 감안할 때 고소득자에 대한 세율 인상보다 전반적으로 비과세·감면 정비, 금융소득 과세강화 등 과세기반 확충 노력이 선행될 필요가 있다. OECD 국가(2014년 기준 평균 8.4%) 대비 우리나라의 소득세 비중(4.0%)이 낮은 것은 다양한 소득공제,[2] 취약한 자본이득 과세, 낮은 노동소득분배율이 주된 원인이며,[3] 우리나라

---

1. 이는 세율 인상으로 세후한계소득이 1% 하락할 경우 장기적으로 과세소득 자체가 0.99% 줄어든다는 것을 의미함(한국조세연구원, 과세소득탄력성에 관한 연구, 2006)

의 소득세 실효세율이 OECD 평균보다 낮은[4] 주된 이유도 명목세율이 낮기 때문이라기보다는 공제수준이 상대적으로 과다하기 때문이다.[5]

셋째, 최근 '소득세법'의 개정으로 지속적으로 고소득자에 대한 세 부담을 강화한 점을 감안할 필요가 있다. 2011년 세법개정 시 과표 3억 원 초과 최고세율구간(38%) 신설, 2013년 세법개정 시 최고세율구간(38%) 1.5억 원 초과로 하향조정, 소득공제의 세액공제 전환, 근로소득공제 축소 등 2016년 세법개정 시 과표 5억 원 초과 최고세율구간(40%) 신설되었고, 이에 따라 현재도 고소득자에 대한 세 부담 집중도가 낮지 않다. 2015년 기준 25,128명(전체 신고인원의 0.14%)에 불과한 총급여액 3억 원 초과 근로소득자가 전체 근로소득세의 14.5%인 4.1조 원을 부담하고 있고, 종합소득 3억 원 초과 47,613명(전체 신고인원의 0.87%)이 전체 종합소득세 중 45.7%인 10.9조 원을 부담하고 있는 가운데,[6] 오히려 우리나라의 소득세 실효세율 누진도가 낮은 것은 저소득구간에서의 낮은 누진도 때문이라는 지적도 있다. 평균임금 50~67%의 저소득구간에서는 OECD 회원국 평균치에 비하여 우리나라의 누진도가 상당히 낮은 반면, 소득이 증가하면서 그 격차가 축소되고 평균임금 167% 이상에서는 우리나라의 누진도가 OECD 회원국 평균치와 유사하거나 더 높아지게 될 뿐만 아니라

---

2. 2014년 기준 급여총계에서 근로소득공제를 비롯하여 비과세소득, 인적공제, 특별공제 및 '조세특례제한법'상 소득공제를 뺀 과세표준은 급여총계의 51.63%에 불과하며, 근로소득자의 감면세액 및 세액공제액의 합계액이 근로소득자의 산출세액에서 차지하는 비율은 31.19%임(김완석, 소득세 관련 공청회 의견진술서, 국회 기획재정위원회, 2016. 10. 27. p. 6).

3. 강병구, 2016년 세법개정안 토론문, 세제 개편안 라운드 테이블 토론회 자료(2016년 8월 18일)

4. 독신자 가구의 소득세 실효세율을 보면 모든 소득구간에서 우리나라가 OECD 회원국 평균치에 비하여 7~11% 포인트 정도 낮음(안종석, 소득세 관련 공청회 의견진술서, 국회 기획재정위원회, 2016. 10. 27.).

5. 성명재, '소득세 부담의 누진도와 소득재분배 효과의 상관관계 분석', 재정학연구 제9권제2호, 한국재정학회, 2016. p. 75

6. 2016 국세통계연보 참조

2011년 대비 2016년 법인세수는 16.1%(44.9조 원 → 52.1조 원), 부가가 치세수는 19.1%(51.9조 원 → 61.8조 원) 증가한 것에 비하여 소득세수는 62.0%(42.3조 원 → 68.5조 원)나 증가하였으며,[7] 특히 같은 기간 근로소 득세수는 68.5%(8.3조 원 → 14.3조 원), 종합소득세수는 72.9%(18.4조 원 → 31.0조 원) 늘어났다.

넷째, 지난 20년간 OECD 국가의 대부분의 소득세제 개편은 세율을 인하하고 과세대상을 확대해 왔다. 이에 따라 OECD 국가의 총 세수 대비 소득세수 비중은 1980년 31.3%에서 2014년 24.0%로 낮아졌고, 대부분의 OECD 국가들이 1981년 대비 2015년에 소득세 명목최고세율이 낮아졌다.[8]

다섯째, 우리나라 중앙정부 기준 소득세 최고세율은 40%로 2016년 기준 OECD 회원국 35개국 평균 35.8%보다 높은 수준이며, 우리나라의 지방소득세를 포함한 전체 소득세 최고세율도 44.0%로 2016년 OECD 평균 43.3%보다 약간 높다. 소득세 최고세율이 인상되면 조세회피행위나 조세 탈루행위가 증가하고 이에 대응하기 위한 과세당국의 징세비용 또한 증가할 수 있고, 과세표준구간이 현행 6개에서 8개, 7개로 각각 늘어남에 따라[9] 누진성은 강화되는 측면이 있으나 세율구조가 복잡해지고 납세자의 납세 협력비용이 높아질 수 있다.

---

7. 법인세 조세 부담률은 김대중 정부 이래 박근혜 정부까지 지속적으로 하락한 반면(27.2% → 18.4%), 소득세 조세 부담률은 지속적으로 상승하였다는(4.7% → 6.9%) 연구 결과도 있음(정창수, 경제주체별 조세 부담률 산출 및 각 분야별 예산액의 실제 재정지출 비용 분석, 국회 예산결산특별위원회 연구용역, 2016. 8.).
8. 국회 예산정책처, '2017 조세의 이해와 쟁점 소득세편', p. 100
9. 2016년 기준 OECD 회원국 35개국의 평균 과세표준구간수는 5.0개임(OECD Tax Database - Table I.1. Central government personal income tax rates and thresholds).

2016년 OECD 주요 국가의 중앙정부 기준 소득세 최고세율

우리나라 (2017년)	OECD 평균	스웨덴	캐나다	미국	일본	영국	독일	네덜란드
40%	35.8%	25%	33%	39.6%	45%	45%	45%	52%

자료 : OECD Tax Database - Table I.1. Central government personal income tax rates and thresholds

(2) 찬성논거

첫째, 재정의 지속가능성을 유지하면서 저출산·고령화 대응과 성장기반 확충을 위한 재정확보 수단이 필요하다. OECD나 IMF도 우리나라에 경제성장을 위한 적극적인 재정정책을 주문하고 있으며, 복지지출 확대, 일자리 창출, 경기대응 등에 있어 재정의 적극적인 역할이 특히 강조되고 있다.

둘째, 조세의 소득재분배 기능을 강화하고 조세형평성을 제고할 필요가 있다. 조세로 인한 우리나라 지니계수 감소 비율은 9.2%(세전 0.338 → 세후 0.307)에 불과하여, OECD 30개국 평균 34.5%(세전 0.469 → 세후 0.307)보다 훨씬 낮은 것으로 나타나고 있다.[10] 또한 전반적인 소득수준 향상과 사회양극화 심화로 고소득층이 크게 증가하고 있음을 감안할 필요가 있다. 총급여가 3억 원을 초과하는 고액 근로소득자는 2009년 귀속소득 기준 10,915명에서 2015년 25,128명으로 최근 6년 사이 2.3배 증가하였고, 총급여 5억 원 초과 근로소득자도 같은 기간 4,108명에서 8,016명으로 2배 늘어났다. 이와 같이 고소득자수가 늘어날 뿐만 아니라 최상위계층의 소득집중도도 심화되고 있다. 소득 상위 1%의 소득집중도는 2007년 11.08%에서 2012년 11.66%로, 상위 0.1%의 경우 2007년 3.93%에서 2012년 4.13%로 상승하였다.[11][12]

---

10. 김재진, "연말정산 대란과 보완대책, 그리고 남은 과제들", 〈재정포럼〉 2016년 7월호, 한국조세재정연구원, p. 16(원자료 : 2015 OECD Revenue Statistics)
11. 2012년 기준 상위 1%의 연평균 소득은 2억 2,200만 원, 0.1%는 7억 8,740만 원에 달함.
12. 박명호, "소득세 신고자료를 활용한 최상위 소득계층의 소득집중도 추정", 〈한국경제포럼〉 9권 2호, 한국경제학회, 2016.

셋째, OECD 국가들은 2008년 세계금융위기 이후 재정적자의 감축 및 적정 세원확보를 위하여 그간의 세율 인하 추세에서 벗어나 소폭의 소득세율 인상이나 최고구간의 신설조치 등을 병행하고 있다. OECD 평균 중앙정부 기준 소득세 최고세율은 2000년 40.3%에서 2009년 35.2%로 하락한 이후 2015년 현재 35.9% 수준으로 점차 상승되는 추세이며,[13] 2010년 대비 2016년에 중앙정부 기준 소득세 최고세율이 인상된 OECD 국가는 14개국으로 인하된 국가(10개국)보다 많다.[14] 또한 OECD 35개국 중 2010년 대비 2016년에 과세표준구간 수가 감소한 국가는 그리스와 포르투갈, 헝가리 등 3개국에 불과하나, 증가한 국가는 우리나라와 미국, 일본, 이탈리아, 캐나다 등 13개국에 달하고 있다.

넷째, 앞에서 언급했듯이 우리나라의 지방소득세 포함 소득세 최고세율은 44.0%로 2016년 OECD 평균 43.3%보다는 다소 높지만, OECD 35개국의 절반 이상인 19개국의 지방소득세 포함 소득세 최고세율이 45%를 넘고 있다. 또한 2014년 기준 우리나라의 전체 세수 대비 소득세 비중은 16.3%로 OECD 평균 24.0%에 비하여 7.7% 포인트 낮고,[15] 우리나라의 GDP 대비 소득세 비중도 OECD 평균인 8.4%의 절반에 못 미치는 4.0%에 불과하다. 2014년 기준 우리나라의 조세 부담률 및 국민부담률은 각각 18.0%, 24.6%로, OECD 평균인 25.1%, 34.2%에 비하여 각각 7.1% 포인트, 9.6% 포인트 낮은데, 이 중 상당부분(4.4% 포인트)은 OECD 평균보다 낮은 GDP 대비 소득세 비중에 기인하고 있다.

---

13. 국회 예산정책처, 앞의 책, p. 102
14. 상승한 국가 : 오스트리아, 캐나다, 덴마크, 핀란드, 프랑스, 이스라엘, 일본, 대한민국, 룩셈부르크, 멕시코, 포르투갈, 슬로바키아, 슬로베니아, 미국(14개국)
하락한 국가 : 에스토니아, 헝가리, 아이슬란드, 아일랜드, 라트비아, 뉴질랜드, 노르웨이, 스페인, 스위스, 영국(10개국)(OECD Tax Database)
15. OECD, Revenue Statistics 2016

2016년 OECD 주요 국가의 지방소득세 포함 소득세 최고세율

우리나라 (2017년)	OECD 평균	스웨덴	캐나다	미 국	일 본	영 국	독 일	네덜란드
44.0%	43.3%	57.1%	53.5%	46.3%	55.9%	45.0%	47.5%	52.0%

자료 : OECD Tax Database - Table I.7. Top statutory personal income tax rate and top marginal tax rates for employees

다섯째, 소득세 최고세율을 높이더라도 우려와 달리 경제에 미치는 악영향은 제한적일 수 있다. 조세회피 및 탈루행위 증가 가능성을 감안하여 계산한 소득세 래퍼곡선(Laffer-Curve)의 최대점, 즉 세수를 극대화하는 최고세율에 대하여 IMF는 대체로 50~60%로 분석하고 있다.[16] 또한 세후 임금률이 노동공급에 미치는 영향은 통계적으로 유의하지 않거나 통계적으로 유의하더라도 그 크기가 크지 않으며,[17] 고소득층의 경우 한계소비성향이 중·저소득층에 비하여 낮기 때문에 소비 감소효과는 크지 않을 것으로 보인다.[18]

(3) 찬반의 핵심논거와 입법 판단의 방향

종합적으로, 소득세 최고세율의 인상 여부는 세율 인상이 경제에 미치는 영향, 조세형평성 제고 및 소득재분배 필요성, 세수효과, 향후 재정지출 소요 전망, 소득계층 간 세 부담 배분 현황, 다른 국가의 소득세율 수준 및 조정 추이 등 다양한 측면을 감안하여 심도 깊은 논의를 거쳐 입법정책적으로 결정되어야 할 사안이다.

---

16. 박종규, "소득불평등 완화를 위한 조세정책의 역할", 〈주간 금융브리프〉 25권 17호, 한국금융연구원, 2016. 4.
17. 김현숙·성명재(2007), 남재량(2007), 남재량·전영준·이영·김현숙(2009), 강병구·성효용(2013) 등(정세은, 소득세 관련 공청회 의견진술서, 국회 기획재정위원회, 2016. 10. 27. p. 48).
18. 2015년 전체 가계의 한계소비성향은 0.330이었는데, 상위 10%는 0.27로 하위 10% 한계소비성향 0.63의 43%에 불과했음(정세은, '소득 재분배 정책의 소비 확대 효과와 정책적 함의', 한국 사회의 불평등 구조와 정책 대응 세미나, 국회입법조사처, 2017. 6. p. 71).

4) 조세소위의 최종 심사 결과와 논거

이 개정안에 대해서 2017년 11월 국회 기획재정위원회 조세소위원회에서는 저성장 양극화 해소를 위한 재원 마련 및 소득재분배 제고를 위하여 고소득자에 대한 소득세율이 필요하다는 입장과 직전년도에 최고세율을 인상하였고 세수호조 상태이므로 증세 명분이 없으며 과세기반 확대가 우선적으로 추진될 필요가 있다는 입장이 논의과정에서 지속적으로 대립함에 따라 결국 조세소위원회 차원에서는 이 개정안에 대하여 결론을 내리지 못하였다.

이에 정부안이 2017년 12월 1일에 본회의에 자동 부의되었고, 초고소득자에 대하여는 과세 강화가 필요하다는 공감대에 따라 원내대표 간에 과표 3억 원~5억 원에 대하여 38%에서 40%로, 과표 5억 원 초과에 대하여 40%에서 42%로 인상하는 정부안으로 잠정합의하여 12월 5일 본회의에서 의결되었다.

5) 향후 쟁점과 입법논의 전망

2016년 및 2017년 세법개정으로 2년 연속으로 고소득층에 대한 소득세율 인상이 이루어짐에 따라 당분간 소득세 최고세율 인상 필요성이 제기될 가능성은 높지 않다. 그러나 위에서도 언급했듯이 우리나라의 GDP 대비 소득세 비중이 OECD 국가의 절반 수준에 불과하다는 점 등이 감안되어 향후 추가적인 재정소요가 발생할 경우 소득세율 인상이 검토될 여지가 있다.

한편, 최근 상당한 규모의 초과세수가 발생하고 있는 상황에서 8,800만 원 이하의 과표구간별 세율을 각각 2% 포인트씩 인하하고자 하는 정갑윤 의원안이 2018년 7월 9일에 발의됨에 따라 2018년 정기회 조세소위원회에서 소득세율 인하에 관한 논의가 심도 있게 이루어질 것으로 보인다.

2. 기부금 공제방식을 세액공제에서 소득공제로 재전환

1) 소득세법 개정안의 주요 내용

이 개정안은 현행 기부금에 대한 15%(2천만 원 초과분은 30%)의 특별세액공제를 2013년 이전처럼 소득공제 방식으로 환원하려는 것이다. 2013년 세법개정으로 기부금 소득공제에서 세액공제 방식으로 변경됨에 따라 세 부담 증가 등의 이유로 기부금 규모가 감소하고 있으므로, 다시 기부금 소득공제 방식으로 재전환하여 기부를 확대하려는 취지이다.*

2) 현황과 개정연혁

2013년 세법개정으로 기부금 소득공제가 15%(당시 3천만 원 초과분은 25%)의 세액공제로 전환됨에 따라 24% 이상의 한계세율을 적용받는 과세표준 4,600만 원을 초과하는 고소득자의 기부가 큰 폭으로 감소할 수 있다는 우려가 제기되어 왔다.[19]

이에 2015년 세법개정으로 고액기부에 대한 세액공제율을 25%에서 30%

---

* 이혜훈 의원안 : 2017. 7. 26. 발의

19. 사회복지공동모금회의 요청으로 한국재정학회가 2014년 10월에 수행한 연구용역에 따르면, 소득공제방식에서 세액공제방식으로 전환됨에 따라 세수 증가보다 훨씬 더 큰 기부금 감소가 예상됨. 이 연구에 따르면, 기부금의 가격탄력성이 낮은 경우(-0.87), 세수는 546억 원 증가하지만 기부금은 3,640억 원 감소하고, 기부금의 가격탄력성이 높은 경우(-4.87), 세수는 3,057억 원 증가하지만 기부금은 2조 376억 원 감소하는 것으로 나타남.

로 인상하고 고액기부의 기준도 3천만 원에서 2천만 원으로 하향함으로써 고액기부에 대한 세제지원을 일정 부분 강화하였다. 그럼에도 불구하고 24% 이상의 한계세율이 적용되는 과세표준 4,600만 원 초과 구간에서는 기부금에 대한 공제혜택이 소득공제가 적용되던 2013년 이전에 비하여 적어 중산층 및 고소득층의 적극적인 기부를 유인하기에는 충분하지 않다는 지적이 있다.

기부금 공제방식 변경에 따른 세제혜택 변화

과세표준	2013년 이전 (한계세율)	현행 (세액공제율)	비교
1,200만 원 이하	6%		세 감면 증가
1,200~4,600만 원	15%	15% (고액기부 30%)	세 감면 불변 (고액기부 시 증가)
4,600~8,800만 원	24%		세 감면 감소 (고액기부 시 불변 또는 증가 가능)
8,800만 원~1.5억 원	35%		세 감면 감소
1.5억 원 초과	38%		

실제로, 기부금 공제를 신고한 근로소득자는 2013년 475.2만 명에서 세액공제로 전환된 이후 2014년 415.2만 명, 2015년 441.3만 명으로 감소하였고, 기부금 신고액도 2013년 5.5조 원에서 2014년 4.4조 원, 2015년 5.1조 원으로 줄어들었다.

연도별 근로소득자 기부금 공제 신고 현황

(단위 : 만 명, 억 원)

구분	2009년	2010년	2011년	2012년	2013년	2014년	2015년
신고인원	372.5	394.8	425.0	452.0	475.2	415.2	441.3
신고금액	44,910	47,335	50,611	54,215	54,758	43,724	51,155

자료 : 연도별 국세통계연보, 4-2-6 근로소득 연말정산 신고 현황 Ⅵ(과세표준)

3) 쟁점과 논쟁의 근거

(1) 반대논거

첫째, 고소득층에 과도한 세 감면 혜택이 부여되는 것을 방지하고 과세형 평성을 제고하기 위하여 기부금 등에 대한 소득공제를 낮은 공제율을 적용하는 세액공제로 전환하여 세액 감면을 줄이려는 2013년 세법개정의 취지를 감안할 필요가 있다. 실제로 고소득자의 세 감면 혜택을 줄이기 위하여 세액공제로 전환하였음에도 2015년 기준 기부금 공제세액 7,883억 원 중 총급여 6천만 원 이상이 68.0%인 5,363억 원을 적용받고 있다.[20]

둘째, 기부금의 소득공제로의 전환이 개인의 기부행위에 미치는 효과는 제한적일 수 있다. 한국조세재정연구원의 최근 연구 결과에 따르면,[21] 2013년 세법개정에 따른 기부금 소득공제에서 세액공제로의 전환으로 4.4%의 응답자만이 기부를 줄였고, 94.3%는 기부에 영향을 받지 않았으며, 소득수준 등의 경제적 형편과 심리적 동기[22]가 기부의 주된 결정요인일 수 있다고 분석하였다.

셋째, 조세법의 법적 안정성 및 국가의 조세정책의 신뢰성을 확보한다는 측면에서 조세제도의 잦은 변경은 신중할 필요가 있다. 2015년 세법개정으로 고액기부를 활성화하기 위하여 세액공제율을 인상하고 고액기부의 기준을 하향조정하였으므로 해당 세법개정의 효과를 좀 더 지켜본 후에 기부금 공제제도 개편에 대한 논의가 이루어질 필요가 있다.

---

20. 2016년 국세통계연보
21. 박명호·전병목, '기부금 조세정책이 개인의 자발적 기부행위에 미치는 영향', 한국조세재정연구원, 2016. 12.
22. 지난 3년간 기부금이 증가한 사람들 가운데 기부금 증감을 유발하는 요인으로 심적 동기가 중요하다고 응답한 비율은 74.9%이고, 지난 3년간 기부금이 감소한 사람들 가운데 감소요인으로 경제적 형편의 악화 때문이라고 응답한 비율은 77.5%임.

(2) 찬성논거

첫째, 기부는 특수관계인이 아닌 자에게 무상으로 지출하는 재산적 증여[23]로서, 기부자의 입장에서는 해당 기부금액만큼 가처분소득이 감소한 것이므로 소득공제하는 것이 경제적인 실질에 부합할 수 있다. 실제로 미국과 호주, 영국, 일본, 독일, 대만 등 상당수의 국가에서 기부금에 대하여 소득공제 방식을 채택하고 있다.[24][25]

둘째, 근로소득공제율 축소, 최고세율 구간 조정, 소득공제의 세액공제 전환 등을 내용으로 하는 2013년 세법개정으로 근로소득자의 세 부담이 1.3조 원 증가[26]하였다는 점에서,[27] 개정안은 최근 크게 증가하고 있는 근로소득자의 세 부담을 일정 부분 완화하는 효과가 있을 것으로 기대된다. 기부금에 대하여 세액공제가 아니라 종전과 같이 소득공제가 허용되면, 기부금을 필요경비 산입하는 사업소득자와 근로소득자의 세 부담 감소액이 동일해져 세원 간 수평적 형평성이 제고될 수 있다.

---

23. 소득세법 시행령 제79조(기부금의 범위) ① 법 제34조의 규정에 의한 기부금은 다음 각 호의 어느 하나에 해당하는 금액을 포함하는 것으로 한다.
　1. 사업자가 제98조 제1항에 따른 특수관계인이 아닌 자에게 사업과 직접 관계없이 무상으로 지출하는 재산적 증여의 가액

24. 김재진, "연말정산 대란과 보완대책, 그리고 남은 과제들", 〈재정포럼〉 2016년 7월호, 한국조세재정연구원, p. 17. 이승원, '기부 관련 소득세제에 관한 연구 : 계획기부 도입을 위한 세제효과를 중심으로', 2016. 8. pp. 52~64. 김수성·문성훈, "기부문화 활성화를 위한 제도 및 세제지원 방안", 〈세무와 회계저널〉 16권 4호, 2015. 8. p. 72

25. 반면, 캐나다와 프랑스, 그리스, 뉴질랜드 등은 세액공제 방식을 택하고 있음(기획재정부).

26. 정부의 2014년 귀속 근로소득자 연말정산 분석자료에 따르면, 세액공제 전환 등으로 1.15조 원, 최고세율 구간 조정으로 0.15조 원의 세 부담이 증가하였음.

27. 기획재정위원회 전문위원, 소득세법 일부개정법률안 검토보고(김영록 의원 대표발의), 2015. 4.

구분	2013년 이전	현행
사업소득자	필요경비 산입 또는 소득공제 선택	필요경비 산입
근로소득자	소득공제	세액공제

자료 : 박명호·전병목, '기부금 조세정책이 개인의 자발적 기부행위에 미치는 영향', 한국조세재정연구원, 2016. 12. p. 33. 〈표 II-6〉 재가공

셋째, 공공재를 공급하고, 사회의 다원화를 실현하며, 자생적인 사회적 안전망을 구축할 수 있도록 하는 등[28] 기부의 긍정적인 외부효과를 고려할 때 개정안에 따라 발생할 수 있는 세수 감소는 용인될 수 있다. 사회복지공동모금회의 요청으로 한국재정학회가 수행한 연구용역 결과에 비추어보면, 개정안에 따라 기부금 세액공제를 소득공제 방식으로 다시 전환하는 경우 세수 감소(연평균 △4,970억 원, 예산처)보다 더 큰 기부금 증가를 기대할 수 있다.[29] 또한 개정안에 따라 세제혜택이 현행 15%에서 6%로 하락하는 과세표준 1,200만 원 이하 근로소득자의 경우 교육비, 의료비 등 다른 세액공제 등으로 인하여 상당수가 결정세액이 없다는 점에서[30] 이들의 세 부담 증가 규모는 미미할 것이다.

4) 조세소위의 최종 심사 결과와 논거

이 개정안에 대해서 2017년 11월 국회 기획재정위원회 조세소위원회에서

---

28. 김수, 기부금 관련 세제 개선방안에 관한 연구 : 용역기부 및 크라우드 펀딩을 중심으로, 2013. 2. p. 80
29. 사회복지공동모금회의 요청으로 한국재정학회가 2014년 10월에 수행한 연구용역에 따르면, 소득공제방식에서 세액공제방식으로 전환됨에 따라 세수 증가보다 훨씬 더 큰 기부금 감소가 예상됨. 이 연구에 따르면, 기부금의 가격탄력성이 낮은 경우(-0.87), 세수는 546억 원 증가하지만 기부금은 3,640억 원 감소하고, 기부금의 가격탄력성이 높은 경우(-4.87), 세수는 3,057억 원 증가하지만 기부금은 2조 376억 원 감소하는 것으로 나타남.
30. 2015년 기준 과세표준 1,200만 원 이하 근로소득자 755.6만 명 중 결정세액이 있는 자는 35.3%인 266.8만 명임(2016 국세통계연보).

는 기부 장려를 위하여 공제방식 변경이 필요하다는 입장과 고소득층에 대한 세제혜택을 제한하기 위한 세액공제로의 전환 취지를 고려할 필요가 있다는 입장이 대립함에 따라 조세소위원회에 계류하여 계속 논의하기로 하였다.

5) 향후 쟁점과 입법논의 전망

이 개정안은 조세소위원회에 계류되어 있으므로 2018년 정기회 조세소위원회에서도 논의될 것으로 보이며, 기부금에 대한 공제방식 전환이 기부금에 대한 세제혜택 및 기부금 규모에 미친 영향에 대한 분석·평가를 바탕으로 이 개정안에 대한 논의가 이루어질 필요가 있다.

또한 이 개정안과 관련하여 개인기부자에 대한 기부 활성화를 위해 세액공제율을 현행 15%에서 24%로 상향조정하고, 고액기부의 기준을 2천만 원에서 1천만 원으로 낮추어 38%의 세액공제율을 적용하고자 하는 정갑윤 의원안이 2018년 2월 9일에 발의되었고, 고액기부의 기준만 2천만 원에서 1천만 원으로 하향조정하고자 하는 정부 세법개정안도 8월 말에 제출되어 2018년 정기회 조세소위원회에서 함께 논의될 것으로 예상된다.

3. 총급여액 2천만 원 초과 특별세액공제 한도 도입

1) 소득세법 개정안의 주요 내용

이 개정안은 해당 과세기간의 총급여액이 2천만 원을 초과하는 근로소득자에 대하여 보장성보험료·의료비·교육비·월세 세액공제액을 모두 공제하더라도 최소한 연 12만 원의 종합소득산출세액을 부담하도록 특별세액 공제 한도를 도입하려는 것이다. 개정안은 세제혜택이 과도하여 소득세 과 세기반이 잠식되고 있다는 점에서 보장성보험료 등의 세액공제에 대한 한 도를 설정하여 조세 부담의 형평성 및 국민의 납세의식을 제고하고 장기적 인 재정건전성을 확보하려는 취지이다.*

2) 현황과 재정연혁

근로소득세 면세자 비율이 2013년 32.4%에서 2014년 48.1%, 2015년 46.8%로 크게 증가하는 추세를 보이고 있다. 고소득자에 대한 과도한 세 감면 혜택 부여 방지를 위하여 각종 소득공제를 세액공제 방식으로 전환 한 2013년 '소득세법' 개정 및 2015년 연말정산 후속 보완대책 실시에 따 라 저소득자를 중심으로 각종 공제혜택이 증가했기 때문이다.

연도별 근로소득자 면세자 현황

(단위 : 만 명, %)

구분	2005	2006	2007	2008	2009	2010	2011	2012	2013	2014	2015
전체인원	1,190	1,259	1,338	1,405	1,429	1,518	1,554	1,577	1,636	1,669	1,733
면세자수	582	599	564	609	578	596	562	523	531	802	810
비율	48.9	47.6	42.2	43.3	40.4	39.2	36.2	33.2	32.4	48.1	46.8

자료 : 국세청

이에 2015년 5월 국회는 정부가 제출한 연말정산 보완대책이 담긴 '소득 세법 일부개정법률안'을 의결하면서 정부에 대하여 면세자 비율 감소 대책 등을 보고하도록 부대의견을 채택하였고, 기획재정부는 같은 해 7월 2일 이를 조세소위원회에 보고하였다.

---

*이종구 의원안 : 2017. 8. 21. 발의

기획재정부는 해당 보고자료에서 현행 공제체계의 유지를 가정할 때 임금 상승 등에 따라 면세자 비율이 연간 1.3% 포인트~2.1% 포인트 감소하여 2023년경에는 2013년 수준인 32%로 하락할 것으로 예상하였다. 그러면서도 위의 면세자 비율 축소기간을 단축할 수 있는 방안으로 ① 표준세액공제 축소, ② 특별세액공제 종합한도 설정, ③ 근로소득 최저한세 신설, ④ 근로소득공제 축소 등의 대안을 제시하였으나 저소득층의 세 부담 증가 등을 우려하여 실시에는 소극적인 입장을 보였다. 실제로 정부는 2015년 이후 세법개정안에 면세자 비율 축소 대책을 포함하지 않았다.[31][32]

3) 쟁점과 논쟁의 근거

(1) 반대논거

첫째, 개정안은 보험료 · 의료비 · 교육비 월세 세액공제 적용자에 대한 공제금액을 현행보다 최대 12만 원 감소시키므로 중 · 저소득층의 세 부담 증가를 초래할 수 있다. 국회 예산정책처도 개정안에 따라 연평균 2,263억 원의 추가적인 세수가 발생할 것으로 보았는데, 이 중 총급여 2천만 원~5천만 원 근로소득자의 추가 세 부담이 전체의 96.4%인 2,182억 원에 이를 것으로 추계하였다.

둘째, 우리나라의 면세자 비율이 높은 것은 양극화, 고용의 질 저하 등으로 인하여 담세능력이 없는 저소득층이 많기 때문이므로, 개정안에 따라 특별세액공제 혜택을 제한하더라도 면세자 비율을 크게 감소시키는 것은

---

31. 2017년 중장기 조세정책운용계획에서도 근로소득자의 면세자 비율이 높은 편이라고 평가하면서 소득 종류 · 계층별 적정 세 부담 수준 및 형평성 제고 방안을 중장기 검토과제로 보았음.
32. 기획재정부는 면세자 축소를 위하여 연구용역(2016 조세특례 임의심층평가 – 근로소득 공제제도 연구, 한국조세재정연구원, 2017. 1.) 및 공청회를 실시하였으나 면세자 축소에 대한 찬반의견이 대립하여 면세자 축소의 당위성 및 방법에 대한 합의를 도출하지 못하였음.

어려움이 있다. 총급여 2천만 원 이하 면세자는 2015년 기준 전체 면세자(810.4만 명)의 76.7%인 621.8만 명에 이르고 있어, 개정안에 따라 면세자에서 과세자로 전환할 수 있는 전체 근로소득자(1,733.3만 명)의 10.9%인 188.6만 명 중 일부에 그치고 있다.

셋째, 세 부담 조정을 위하여 세액공제를 제한하는 경우 특정 정책목표를 위한 세제지원 정책의 실효성을 감소시키고 과세체계가 복잡해질 우려가 있다. 보험료 등의 세액공제는 각 공제항목별로 개별한도가 있다는 점에서 개정안에 따라 특별세액공제 한도를 추가적으로 설정하게 되면 해당 공제 혜택이 중복적으로 제한될 소지가 있다.

각 세액공제별 공제대상 지출액 한도 현황

구분	공제대상 지출액 한도
보험료 세액공제	100만 원(장애인전용보장성보험료의 경우 100만 원 별도)
의료비 세액공제	700만 원
교육비 세액공제	본인 한도 없음. 부양가족은 300만 원(대학생은 900만 원)
월세 세액공제	750만 원

넷째, 개정안은 근로소득세 면세자의 가구구성, 공제지출수준 등을 고려하지 않고 총급여가 2천만 원을 초과하면 일률적으로 최소 12만 원의 종합소득산출세액을 부담하도록 함에 따라 근로소득세 면세자 간 과세형평성을 일정 부분 저해할 수 있다.

(2) 찬성논거

첫째, 특별세액공제 한도 설정을 통한 면세자 비율 축소는 '소득이 있는 곳에 과세한다.'는 원칙 및 '넓은 세원, 낮은 세율'과 같은 중장기 세제운용의 기본방향과 부합하며, 헌법상 납세의 의무를 보편적이고 실질적으로 구현할 수 있도록 한다는 점에서 타당하다. 주요 선진국들의 면세자 비율은

미국 35.8%, 캐나다 33.5%, 호주 25.1%, 영국 2.9% 등으로 우리나라보다
는 낮은 편이다.

둘째, 개정안은 근로소득세 납세자와 면세자 간 세 부담 격차를 완화하
고 세원 간 과세형평성을 높이는 데 일조할 수 있다. 각종 소득공제를 세
액공제로 전환한 2013년 세법개정 이후 과세대상자 1인당 결정세액이
2013년 201.6만 원에서 2015년 306.1만 원으로 33.2% 늘어났고, 과세대
상자의 총급여 대비 유효세율도 4.9%에서 6.2%로 높아지는 등 근로소득
세 납세자의 세 부담이 높아졌다. 또한 2005년 55.5%에 달했던 종합소득
세 면세자 비율이 2015년에 24.1%로 감소한 반면, 근로소득세 면세자 비
율은 46.8%로 종합소득자의 거의 2배에 이르고 있다는 점을 감안할 필요
가 있다.

셋째, 소득공제의 세액공제 전환에 따른 중·저소득자에 대한 공제 혜택
증가가 근로소득세 면세자 비율 급증의 근본 원인이라는 점에서 특별세액
공제 한도를 설정하는 개정안은 면세자 비율의 축소를 위한 효과적인 처
방이 될 수 있다. 기획재정부에 따르면, 2013년 세법개정 항목 중 보험료·
의료비·교육비 특별세액공제가 면세자 비율 증가에 31.8% 영향을 미친
것으로 나타나, 이들 특별세액공제의 한도를 설정하는 개정안은 면세자 비
율 감소효과가 상당할 수 있다.

2013년 세법개정 항목별 면세자 증가 영향 비중

(단위 : %)

표준공제	보험료	자녀공제	의료비	근로소득 세액공제	교육비	기부금	연금계좌
44.6	16.8	12.4	10.6	5.4	4.4	3.1	2.7

---

33. 근로소득공제, 기본공제, 연금보험료공제, 근로소득세액공제, 표준공제 적용 시 2015년 귀속소득 기
준 1인가구의 근로소득 면세점은 약 1,490만 원, 2인가구의 경우 1,687만 원임(전병목, 근로소득자
면세자 축소방안, 조세재정 BRIEF 제54호, 한국조세재정연구원, 2017. 8. 31. p. 6).

또한 2013년 세법개정 등에 따라, 특히 총급여 1천만 원 초과 5천만 원이하 구간에서 면세자 비율 상승폭이 컸는데, 개정안은 면세점[33] 이상의 근로소득세 납세 여력이 있는 중·저소득자의 공제혜택을 적정화할 수 있을 것으로 기대된다.

2013년 및 2015년 총급여 규모별 면세자 비율 비교

(단위 : %, % 포인트)

구분	1천만 원 이하	1.5천만 원 이하	2천만 원 이하	3천만 원 이하	4천만 원 이하	4.5천만 원 이하	5천만 원 이하	6천만 원 이하	8천만 원 이하	1억 원 이하	1억 원 초과
2013년	92.2	37.6	22.4	11.5	4.6	1.9	1.0	0.4	0.1	0.0	0.0
2015년	100.0	86.3	41.2	34.5	30.3	19.5	12.8	5.3	1.0	0.2	0.2
차이	7.8	48.7	18.8	23.0	25.7	17.6	11.8	4.9	0.9	0.2	0.2

자료 : 2014년 및 2016년 국세통계연보

(3) 찬반의 핵심논거와 입법판단의 방향

개정안의 핵심 쟁점은 특별세액공제 혜택의 적정화 및 근로소득세 면세자 비율 감소 등의 긍정적인 측면이 상당함에도 중·저소득자의 세 부담 증가 등과 같은 부작용도 함께 가지고 있음에 따라, 소득계층 간 세 부담 배분, 면세자 비율 감소효과, 세수효과, 과세형평성 및 조세정의 확보 등의 측면을 종합적으로 살펴봐야 한다.

4) 조세소위의 최종 심사 결과와 논거

이 개정안에 대해서 2017년 11월 국회 기획재정위원회 조세소위원회에서는 근로소득세 면세자 축소를 위한 입법취지에는 공감하면서도 저소득층의 세 부담 증가 등을 우려하여 조세소위원회에 계류하고 근로소득공제를 축소하고자 하는 박주현 의원안 등과 함께 계속 논의하기로 하되, "정부가 면세자 축소 방안을 국회에 보고할 것"을 부대의견으로 채택하였다.

5) 향후 쟁점과 입법논의 전망

이 개정안은 조세소위원회에 계류되어 있으므로 2018년 정기회 조세소위원회에서도 논의될 것으로 보이며, 2016년 귀속소득 기준 근로소득세 면세자비율이 43.6%에 이르고 있음에도 정부는 면세자 비율 축소를 위한 인위적인 공제 축소에는 신중할 필요가 있고 현행 공제체계 유지를 통한 면세자 비율 자연감소 방안이 바람직하다는 입장을 유지하고 있다는 점에서 개정안의 입법 필요성에 대한 뜨거운 논쟁이 계속될 것으로 보인다.

4. 근로소득공제 축소조정

1) 소득세법 개정안의 주요 내용

이 개정안은 근로소득공제율을 소득구간별로 현행 대비 최대 10% 포인트 하향조정함으로써 근로소득공제 규모를 전반적으로 축소하려는 것이다. 2013년 세법개정으로 각종 특별공제제도가 소득공제에서 세액공제로 전환되어 면세자 비율이 2013년 32.4%에서 2015년 46.8%로 급증함에 따라 개정안은 근로소득공제율을 현행 대비 축소하여 조세의 양극화 해소 기능을 제고하고 '소득이 있는 곳에 세금이 있다.'는 조세의 기본 원칙을 구현하고자 하는 것이다.*

---

* 박주현 의원안 : 2017. 10. 31. 발의

2) 현황과 개정연혁

근로소득공제는 증빙 없이 필요경비적 성격으로 총급여에서 일률적으로 공제하는 개산공제 방식의 제도로서 1975년에 도입되었다. 근로소득공제의 도입 당시에는 소득수준에 상관없이 연 18만 원을 정액 공제하도록 하였으나,[34] 1981년 세법개정으로 소득구간별로 공제율을 100%, 20%, 10%의 3단계로 다르게 설정하되 공제한도(당시 170만 원)를 두는 방식으로 바뀌었다. 이후 2000년 세법개정으로 공제구간이 4단계로 늘어나면서 공제한도(당시 1,200만 원)가 폐지되었다.

2008년 세법개정으로 최저소득구간에 대하여 공제율을 종전 100%에서 80%로 인하하였으며, 2013년 세법개정으로 각종 소득공제의 세액공제 전환과 함께 각 공제구간별로 근로소득공제율을 종전 80%, 50%, 15%, 10%, 5%에서 70%, 40%, 15%, 5%, 2%로 각각 인하하고 공제구간을 일부 조정하였다.

근로소득공제 주요 개정 연혁

1999년 8월 개정		2000년 세법개정	
500만 원 이하	100%	500만 원 이하	100%
500만 원~1,500만 원	40%	500만 원~1,500만 원	40%
1,500만 원 초과	10%	1,500만 원~4,500만 원	10%
		4,500만 원 초과	5%
※ 공제한도 : 1,200만 원		※ 공제한도 폐지	

---

34. 소득세법[법률 제2705호, 1974. 12. 24. 전부 개정]
　제61조(근로소득공제) ① 근로소득이 있는 거주자에 대하여는 당해 연도의 급여액에서 연 18만 원을 공제한다.

2001년 세법개정		2003년 7월 개정	
500만 원 이하	100%	500만 원 이하	100%
500만 원~1,500만 원	45%	500만 원~1,500만 원	50%
1,500만 원~3,000만 원	15%	1,500만 원~3,000만 원	15%
3,000만 원~4,500만 원	10%	3,000만 원~4,500만 원	10%
4,500만 원 초과	5%	4,500만 원 초과	5%
500만 원 이하	100%	500만 원 이하	100%
500만 원~1,500만 원	45%	500만 원~1,500만 원	50%
1,500만 원~3,000만 원	15%	1,500만 원~3,000만 원	15%
3,000만 원~4,500만 원	10%	3,000만 원~4,500만 원	10%
4,500만 원 초과	5%	4,500만 원 초과	5%
2008년 세법개정		**2009년 세법개정**	
500만 원 이하	80%	500만 원 이하	80%
500만 원~1,500만 원	50%	500만 원~1,500만 원	50%
1,500만 원~3,000만 원	15%	1,500만 원~3,000만 원	15%
3,000만 원~4,500만 원	10%	3,000만 원~4,500만 원	10%
4,500만 원 초과	5%	4,500만 원~8,000만 원	5%
		8,000만 원~1억 원	3%
		1억 원 초과	1%
2011년 세법개정		**2009년 세법개정**	
500만 원 이하	80%	500만 원 이하	70%
500만 원~1,500만 원	50%	500만 원~1,500만 원	40%
1,500만 원~3,000만 원	15%	1,500만 원~4,500만 원	15%
3,000만 원~4,500만 원	10%	4,500만 원~1억 원	5%
4,500만 원 초과	5%	1억 원 초과	2%

2013년 세법개정에 따른 근로소득공제 축소의 영향으로 2014년에는 총급여 대비 근로소득공제액의 비율이 31.0%에서 27.0%로 4.0% 포인트 크게 감소하였으며, 2015년 기준 근로소득공제액은 149.5조 원으로 총급여 562.5조 원의 26.6%를 차지하고 있다.

연도별(귀속소득 기준) 근로소득공제액 현황

(단위 : 조 원, %)

구분	2010년	2011년	2012년	2013년	2014년	2015년
총급여	396.3	433.3	466.7	498.0	528.7	562.5
근로소득공제액	129.7	138.7	147.0	154.3	142.5	149.5
비율	32.7	32.0	31.5	31.0	27.0	26.6

자료 : 연도별 국세통계연보

3) 쟁점과 논쟁의 근거

(1) 반대논거

첫째, 근로소득공제 규모를 축소하는 경우 근로소득자들의 조세저항을 심화시킬 가능성이 있다. 개정안에 따른 1명당 평균 추가 세 부담은 7.3만 원이며 전체 근로소득자의 57.5%가 세 부담이 증가하는 것으로 나타나고 있다.[35] 또한 개정안에 따른 전체 세수효과는 2016년도 근로소득세수 30조 9,938억 원의 약 4%에 해당하는 1.2조 원(조세특례 임의심층평가 결과)으로, 개정안에 따라 근로소득공제가 축소되면 상당수의 근로소득자들이 사실상의 증세로 인식할 우려가 있다.

둘째, 고소득 자영업자의 소득탈루율이 여전히 높은 상황에서 근로소득공제 규모를 축소하면 근로소득자와 자영업자간 과세형평성이 저해되는 측면이 있다.[36] 또한 종합소득자의 경우 2015년 귀속소득 기준 총수입금액 944.5조 원 중 83.3%인 786.4조 원의 필요경비를 인정받아 과세표준(134.8조 원)은 총수입금액의 14.3%에 불과한 반면, 근로소득자의 경우 2015년 총급여 562.5조 원 중 149.5조 원의 근로소득공제, 115.5조 원의 소득공제 등을 적용받아 과세표준이 총급여의 53.3%인 299.6조 원에 달하고 있다.

---

35. 기획재정부·한국조세재정연구원, 2016 조세특례 임의심층평가 – 근로소득 공제제도 연구, 2017. 1.
36. 과세당국의 세원투명성 제고노력에도 불구하고 사업소득자의 소득파악률(74.7%)은 근로소득자(94.3%)에 비해 여전히 낮은 수준임.
사업소득자 소득파악률 = 2014년 기준 국세통계의 사업·부동산 소득(89조 9,563억 원) / 국민계정의 개인영업잉여(120조 4,139억 원)
근로소득자 소득파악률 = 2014년 기준 국세통계의 근로소득 총급여(533조 7,269억 원) / 국민계정의 피용자 보수 중 임금 및 급여(565조 9,855억 원)

(단위 : 조 원)

종합소득자		근로소득자	
구분	금액	구분	금액
총수입금액(A)	944.5	총급여(C)	562.5
필요경비	786.4	근로소득공제	149.5
소득공제	27.3	소득공제	115.5
과세표준(B)	134.8	과세표준(D)	299.6
비율(B/A)	14.3%	비율(D/C)	53.3%

자료 : 2016년 국세통계연보

셋째, 우리나라의 근로소득세 면세자 비율이 높은 것은 양극화, 고용의 질 저하 등으로 인하여 담세능력이 없는 저소득층이 많기 때문이라는 점을 감안할 필요가 있다. 2015년 귀속소득 기준 총급여 2천만 원 이하 면세자는 전체 근로소득자(1,733.3만 명)의 35.9%인 621.8만 명에 이르고 있다. 2016년 조세특례 임의심층평가에서 분석한 개정안의 면세자 비율 감소효과 5.7% 포인트를 적용한 2015년 귀속소득 기준 근로소득세 면세자 비율은 40.9%[37]로 2013년 면세자 비율인 32.4% 수준으로 낮아지기는 어렵다.

(2) 찬성논거

첫째, 근로소득공제 축소를 통한 면세자 비율 축소는 '소득 있는 곳에 과세한다.'는 과세의 기본원칙 및 '넓은 세원, 낮은 세율'과 같은 중장기 세제 운용의 기본방향과 부합하며, 헌법상 납세의 의무가 보편적이고 실질적으로 구현되도록 한다는 점에서 타당하다. 주요 선진국의 면세자 비율은 미국 35.8%, 캐나다 33.5%, 호주 25.1%, 영국 2.9% 등으로 우리나라보다는 낮은 편이다.

둘째, 개정안은 면세자 비율의 축소를 위한 효과적인 처방이 될 수 있다.

---

37. 2015년 면세자 비율 46.8% − 개정안에 따른 면세자 비율 감소효과 5.7% 포인트 = 40.9%

기획재정부의 2016년 조세특례 임의심층평가[38]에 따르면 개정안은 면세자 비율을 5.7% 포인트 감소시키는 효과가 있으며, 면세점 근처에 위치한 근로자의 결정세액을 증가시켜 광범위한 소득구간에 걸쳐 면세자를 과세자로 전환시키는 효과가 있다.

개정안의 소득구간별 면세자 비율 감소효과

(단위 : %, % 포인트)

구분	1천만 원 이하	2천만 원 이하	3천만 원 이하	4천만 원 이하	5천만 원 이하	6천만 원 이하	8천만 원 이하	1억 원 이하	1억 원 초과
현행	98.98	64.55	36.86	32.44	17.84	5.64	1.22	0.15	0.15
개정안	95.56	48.16	32.59	28.42	13.90	4.24	0.86	0.09	0.09
차이	△3.42	△16.39	△4.27	△4.02	△3.95	△1.40	△0.36	△0.06	△0.06

주) 현행 면세자 비율은 2014년 귀속소득 기준임.
자료 : 기획재정부 · 한국조세재정연구원, 2016 조세특례 임의심층평가 – 근로소득 공제제도 연구, 2017. 1.
p. 111.

셋째, 개정안은 근로소득세 납세자와 면세자 간 세 부담 격차를 완화하고 세원 간 과세형평성을 높이는 데 일조할 수 있다. 각종 소득공제를 세액공제로 전환한 2013년 세법개정 이후 과세대상자 1인당 결정세액이 2013년 201.6만 원에서 2015년 306.1만 원으로 33.2% 늘어났고, 과세대상자의 총급여 대비 유효세율도 4.9%에서 6.2%로 높아지는 등 근로소득세 납세자의 세 부담이 높아졌다. 또한 2005년 55.5%에 달했던 종합소득세 면세자 비율이 2015년에 24.1%로 감소한 반면, 근로소득세 면세자 비율은 46.8%로 종합소득자의 거의 2배에 이르고 있다는 점을 감안할 필요가 있다.

넷째, 개정안은 소득구간별 공제율을 감소시킴에 따라 총급여가 높아질

---

38. 기획재정부 · 한국조세재정연구원, 2016 조세특례 임의심층평가 – 근로소득 공제제도 연구, 2017. 1. pp. 107–117

수록 근로자의 부담세액이 누진적으로 증가하게 되어 소득계층 간 수직적 형평성 제고에 기여할 수 있다. 2015년 총급여 3천만 원 이하 구간의 1명당 평균 근로소득공제액은 631만 원인 반면, 총급여 1억 원 초과 구간은 2.5배인 1,571만 원이다. 개정안에 따르면 총급여액 1억 원 이하 구간의 근로소득공제액은 현행 대비 50만 원~100만 원 낮아지는 반면, 1억 원 초과 구간의 근로소득공제액은 총급여액에 비례하여 근로소득공제 규모가 상당히 감소하게 된다.

현행 및 개정안에 따른 총급여별 근로소득공제액 비교

(단위 : 만 원)

총급여액	500만 원	1,500만 원	4,500만 원	1억 원	2억 원	5억 원	10억 원
현행	350	750	1,200	1,475	1,675	2,275	3,275
개정안	300	650	1,100	1,375	1,475	1,775	2,275
차이	△50	△100	△100	△100	△200	△500	△1,000

실제로, 2016년 조세특례 임의심층평가에 따르면, 개정안에 따라 총급여가 늘어날수록 평균 세 부담 및 세 부담 증가인원 비율도 높아져 소득재분배 효과가 발생하는 것으로 나타났다.

개정안에 따른 소득구간별 세 부담 증가 현황

(단위 : 천원, %)

구분	1천만 원 이하	2천만 원 이하	3천만 원 이하	4천만 원 이하	5천만 원 이하	6천만 원 이하	8천만 원 이하	1억 원 이하	1억 원 초과
세 부담 증가액	0.5	11.7	31.3	87.5	126.0	142.8	175.4	237.8	463.7
세 부담 증가인원 비율	4.4	51.8	67.4	71.6	86.1	95.8	99.1	99.9	98.4

자료 : 기획재정부 · 한국조세재정연구원, 2016 조세특례 임의심층평가 – 근로소득 공제제도 연구, 2017. 1. p. 115.

다섯째, 근로소득공제와 유사한 성격의 근로소득세액공제가 존재하므로 개정안과 같이 근로소득공제 규모를 줄일 필요가 있다. 근로소득세액공제 규모는 2015년 5.7조 원으로 전체 산출세액 40.4조 원의 14.1%이고, 전체 세액공제 11.9조 원의 47.8%에 달하고 있다. 근로소득공제와 근로소득세액공제는 근로소득자의 세 부담 감소 및 필요경비적 성격의 개산공제라는 점에서 제도의 목적이 유사하므로 개정안과 같이 공제규모를 합리적으로 축소조정하거나 중장기적으로 두 제도를 통합하는 방안을 검토할 필요가 있다.

4) 조세소위의 최종 심사 결과와 논거

이 개정안에 대해서 2017년 11월 국회 기획재정위원회 조세소위원회에서는 근로소득세 면세자 축소를 위한 입법취지에는 공감하면서도 근로소득자의 세 부담 증가 등을 우려하여 조세소위원회에 계류하고 총급여 2천만원 초과에 대한 특별세액공제 한도를 도입하고자 하는 이종구 의원안 등과 함께 계속 논의하기로 하되, "정부가 면세자 축소 방안을 국회에 보고할 것"을 부대의견으로 채택하였다.

5) 향후 쟁점과 입법논의 전망

이 개정안은 조세소위원회에 계류되어 있으므로 2018년 정기회 조세소위원회에서도 논의될 것으로 보이며, 2016년 귀속소득 기준 근로소득세 면세자비율이 43.6%에 이르고 있음에도 정부는 면세자 비율 축소를 위한 인위적인 공제 축소에는 신중할 필요가 있고 현행 공제체계 유지를 통한 면세자 비율 자연감소 방안이 바람직하다는 입장을 유지하고 있다는 점에서 개정안의 입법 필요성에 대한 열띤 논쟁이 계속될 것으로 예상된다.

5. 금융소득 종합과세 기준금액 인하

1) 소득세법 개정안의 주요 내용

이 개정안은 금융소득 종합과세 기준금액을 현행 2천만 원에서 1천만 원으로 하향조정하려는 것이다. 개정안은 고소득자의 대표적인 소득수단인 금융소득에 대한 과세를 강화하여 심화되는 사회양극화를 해소하고, 금융소득 종합과세 대상자를 확대함으로써 상대적으로 저율과세되고 있는 금융소득과 근로소득 등 다른 소득간의 과세형평성을 제고하고자 한다.*

2) 현황과 개정연혁

1996년에 최초 시행 당시 거주자와 배우자의 금융소득의 합계액이 4천만 원을 초과하는 경우 종합과세하도록 설계되었다. 2002년 부부합산방식에 대한 헌법재판소의 위헌판결[39]에 따라 인별 합산방식으로 전환되었으나, 종합과세 기준금액 4천만 원은 유지 이후 부부기준으로 8천만 원까지 분리과세될 수 있어 기준금액이 지나치게 높다는 비판이 제기되었고, 금융소득에 대한 과세강화 필요성이 인정됨에 따라 2012년 세법개정으로 종합과세 기준금액을 2천만 원으로 하향조정하였다.

2016년 개정안과 동일하게 금융소득 종합과세 기준을 현행 2천만 원에서 1천만 원으로 인하하는 2건의 '소득세법 일부개정법률안'(박주현 의원·노회찬 의원 대표발의)이 발의되어 2016년 정기회에서 심도 있게 논의한

---

* 박주현 의원안 : 2017. 10. 11. 발의, 노회찬 의원안 : 2017. 11. 10. 발의
39. 헌법재판소는 부부의 자산소득 합산과세가 혼인한 자의 차별을 금지하고 있는 헌법 제36조 제1항에 위반된다고 판시하였음.

결과, "현재 저금리 기조의 금융시장 상황, 가계의 자산 보유 현황 및 금융 자산 비중 동향 등을 감안하여 중장기적으로 금융소득 종합과세 기준금액을 인하하는 방향으로 정책을 추진할 것"을 조세소위원회에서 부대의견으로 채택하고 해당 안건을 모두 폐기한 바 있다.

3) 쟁점과 논쟁의 근거

(1) 반대논거

첫째, 개정안은 국내 저축 및 금융자산에 대한 투자유인을 감소시켜 저축 및 투자에 일부 부정적인 영향을 줄 수 있다. 우리나라는 가계의 총자산 대비 금융자산 비율이 2014년 기준 34.3%로, 일본 60.2%, 미국 70.4%, 유로존 58.3% 등에 비하여 상당히 낮은 상황인데,[40] 금융소득 과세 강화가 이루어지면 가계의 금융자산 축적을 저해할 가능성이 있다. 자본의 국제적 이동이 자유로운 상황에서 종합과세 기준금액 인하 등 금융소득에 대한 과세강화 조치는 국내 주식시장 등에 부정적인 영향을 미치고 해외자금 유출 등의 부작용을 유발할 가능성이 있다는 것이다. 일본과 독일은 2016년 기준 전체 이자·배당소득에 대하여 각각 15%, 25% 세율로 분리과세하는 등[41] OECD 일부 국가들도 금융시장 육성 및 자본의 국외 이탈 방지 등을 위하여 금융소득에 대하여 과세상 우대조치를 취하고 있다.

둘째, 금융소득 종합과세 기준금액의 추가인하 시 비과세·분리과세 항목을 활용한 조세회피 유인이 커지므로, 절세 금융상품에 대한 수요를 증가시켜 자산운용상 비효율을 초래할 수 있고 세수증대 효과 역시 불투명하다는 것이다.

---

40. 현대경제연구원, 가계자산의 구조적 특징과 시사점, 2014. 6.
41. 한국조세재정연구원, OECD 회원국의 금융소득 과세제도 연구, 2016. 12.

셋째, 연말정산 등으로 납세의무가 종결되는 근로소득자 등도 금융소득 종합과세 대상이 되면 5월 말까지 종합소득신고납부의무를 이행해야 하므로 납세협력비용과 세정당국의 행정부담이 상당히 증가할 수 있다. 기획재정부에 따르면, 금융소득 종합과세 기준금액이 1천만 원으로 인하되는 경우 금융소득종합과세 대상자 수는 11만 명(2015년 귀속 기준)에서 38만 명으로 크게 증가할 전망이다.

(2) 찬성논거

첫째, 소득파악률이 높고 전액 종합과세되는 근로소득에 대해서는 최대 40%까지 누진과세되나, 금융소득의 경우에는 각종 비과세, 분리과세를 통해 낮은 세율을 적용받고 있으므로, 금융소득에 대한 과세를 강화하여 소득원천간 조세형평을 제고할 필요가 있다.

둘째, 금융소득 종합과세를 강화하여 조세의 수직적 형평을 제고할 필요가 있다. 15% 이하의 한계세율을 적용받는 저소득 서민층의 경우에는 금융소득이 종합과세되더라도 세 부담에 별다른 차이가 발생하지 않는 반면, 높은 한계세율을 적용받는 고소득자일수록 금융소득에 대한 분리과세에 따른 혜택이 커진다. 실제로, 일부 연구 결과에 따르면 2012년 세법개정으로 금융소득 종합과세 기준을 4천만 원에서 2천만 원으로 인하함에 따라 지니계수가 낮아져 소득불평등이 일정 부분 개선된 것으로 나타났다.[42]

셋째, 담세능력에 따른 조세 부담 원칙에 따라 과세를 강화할 필요가

---

42. 2012년 세법개정으로 금융소득 종합과세 기준을 4천만 원에서 2천만 원으로 인하함에 따라 2013년 1,844억 원의 세수효과가 발생하였고, 전체 소득에 대한 지니계수는 3.47%(0.3314 → 0.3199), 금융소득에 대한 지니계수는 1.52%(0.3028 → 0.2987) 개선된 것으로 나타남. 또한 금융소득 종합과세 기준을 2천만 원에서 1천만 원으로 인하하게 되면 1,342억 원의 세수효과가 발생하고, 전체 소득에 대한 지니계수는 5.10%(0.3314 → 0.3145), 금융소득에 대한 지니계수는 1.70%(0.3028 → 0.2981) 개선될 것으로 보았음(이성엽·윤성만, 금융소득 종합과세 개편의 영향분석 및 정책적 시사점, 2016. 12. pp. 65~66).

43. 3년 기준, AA-, 기준일 2017년 10월 25일(한국은행 경제통계시스템)

있다. 현행 2,000만 원의 금융소득을 지급받은 개인의 경우 현재 회사채 수익률 2.65%[43]를 감안하면 약 7.5억 원의 금융자산을 보유하고 있는 것이다.

넷째, 최근 가계저축률의 상승 추세를 감안하면, 종합과세 기준금액 인하가 가계저축률에 미치는 부정적인 영향은 제한적이다. 2013년부터 종합과세 기준금액이 4천만 원에서 2천만 원으로 인하되었음에도 가계저축률은 2012년 3.9%에서 2013년 5.6%, 2014년 7.2%로 오히려 증가하였으며, 2016년에는 9.3%로 OECD 국가 25개국 중 5번째로 높았다.

다섯째, 해외에서 유입되는 자본에 대한 배당 및 이자소득에 대한 과세는 개별국가들과 맺은 조세조약상 제한세율(10~14%)로 과세되기 때문에 국내적으로 금융소득에 대한 종합과세를 강화하더라도 해외 자본의 세 부담에 미치는 영향이 없다. 국내 자본이 해외로 이동하는 경우에도 해당 투자자가 거주자 지위를 유지하는 이상 국외에서 발생한 이자·배당소득에 대하여 국내 이자·배당소득과 동일하게 과세되므로 자금이 대거 유출될 가능성은 크지 않을 것이다.[44]

여섯째, 이자소득 및 배당소득에 대하여 호주와 캐나다, 프랑스, 뉴질랜드, 노르웨이, 스위스 등 상당수의 OECD 국가에서 종합과세제도를 적용하고 있다. 미국의 경우 이자소득에 대하여는 종합과세제도를 적용하고, 배당소득에 대하여는 종합과세제도와 분류과세제도를 병행하고 있다.[45]

일곱째, 개정안은 정부의 지속적인 금융소득 과세강화 정책방안과 부합하는 측면이 있다. 금융소득 종합과세 기준금액이 4천만 원에서 2천만 원으로 인하된 지 5년이 경과했다는 점에서, 종합과세 기준금액을 다시 1천

---

44. 실제로 금융소득 종합과세 기준금액이 2천만 원으로 인하된 2013년 이후 해외투자자금이나 제도권 금융시장 자금이 대거 유출되었다는 징후를 찾아보기는 어려움.
45. 한국조세재정연구원, OECD 회원국의 금융소득 과세제도 연구, 2016. 12.

만 원으로 하향조정하는 개정안의 필요성에 대하여 진지한 논의가 이루어질 시점이 되었다. 한편, 개정안이 통과된다고 하더라도 금융소득 종합과세 기준금액 인하의 실질적인 효과가 나타나려면, 위에서 언급한 비과세·분리과세 항목을 활용한 조세회피 현상을 방지할 필요가 있다.

4) 조세소위의 최종 심사 결과와 논거

이 개정안에 대해서 2017년 11월 국회 기획재정위원회 조세소위원회에서는 조세형평성 제고를 위하여 금융소득 종합과세를 확대해야 한다는 의견과 저축에 미칠 부정적인 영향 및 종합과세 대상자 확대에 따른 납세 부담 증가를 고려해야 한다는 의견이 대립하여 조세소위원회에 계류하여 계속 논의하기로 하였다.

5) 향후 쟁점과 입법논의 전망

이 개정안과 동일한 취지의 박광온 의원안이 2018년 5월 21일에 발의됨에 따라 2018년 정기회 조세소위원회에서도 논의가 이루어질 것으로 보이며, 금융소득 종합과세 기준금액 인하가 금융시장에 미치는 영향 및 현재 가계 보유자산의 구성에 미치는 영향 등을 종합적으로 고려하여 검토가 이루어질 필요가 있다.

또한 금융소득 1천만 원~2천만 원인 은퇴자의 경우 현재는 피부양자로 건강보험료를 내지 않더라도 금융소득 종합과세 기준금액 인하에 따라 금융소득을 포함한 종합소득이 연 3,400만 원을 넘게 되어 건강보험료를 새로이 납부하게 될 수 있고, 기존 건강보험료 납부자의 경우 종합소득에 더해지는 금융소득이 커짐에 따라 건강보험료 납부금액이 늘어나게 되는 문제점도 제기되고 있으므로 해당 사안의 논의 시 함께 감안할 필요가 있다.

6. 납세조합제도 및 납세조합공제 폐지

1) 소득세법 개정안의 주요 내용

이 개정안은 납세조합공제를 포함한 납세조합제도 전체를 폐지하려는 것이다. 국가의 징세권을 민간단체인 납세조합에 위탁함에 따라 세수 누락 등의 문제점이 발생하고 있고, 납세조합공제의 혜택이 고소득자에 집중되어 조세지원의 형평성을 훼손하고 있다는 점을 감안하여 납세조합제도 자체를 폐지함으로써 다수 납세자들의 상대적인 박탈감을 해소하고 정상적으로 세수를 확보하려는 것이다.*

2) 현황과 개정연혁

납세조합은 소득세액의 결정과 징수가 곤란한 외국법인 등 소속 근로자와 농·축·수산물 판매업자, 노점상인 등과 같은 영세사업자의 소득세를 과세관청 대신 징수·납부함으로써 징세비의 절약과 세수 확보에 기여하고 납세편의를 도모하기 위하여 조직된 단체이다.[46] 2013년 말 기준 총 105개 납세조합에서 조합원 23,247명으로부터 1,150억 원을 징수하였고, 이 중 외국법인 등으로부터 받는 근로소득이 있는 자 15,179명이 조직한

---

* 박주현 의원안 : 2017. 9. 29. 발의
46. 납세관리와 납세에 관한 계몽선전을 위한 업무만을 목적으로 하는 단체로서 권리능력이 없는 사단에 해당함(김완석·정지선, 《소득세법론》, 2014. 3. p. 780).

22개 근로자 납세조합의 징수액은 전체의 99.1%인 1,139억 원이며, 이들에 대한 납세조합공제액은 총 45.2억 원이다.

2013년 기준 납세조합 소득세 징수 현황

(단위 : 개, 명, 백만 원, %)

구분	조합수	조합원수	징수액(구성비)	교부금	납세조합공제액
외국기업 종사자	22	15,179	113,943(99.1)	2,603	4,523
영세사업자	83	8,068	1,047(0.9)	96	116
합계	105	23,247	114,990(100.0)	2,699	4,639

자료 : 감사원 감사결과보고서, 납세조합 지도 · 감독실태, 2015. 5. 28. p. 8.

납세조합제도는 1954년에 전후(戰後) 세원 파악과 세수의 적기 확보라는 세무행정의 편의를 위하여 최초로 도입되었다. 당시 인력 부족 등으로 과세당국이 누락 세원의 포착이나 세원의 적극적인 개발이 어려웠고 세무공무원의 사기 저하 등으로 인하여 부조리 소지가 많았기 때문에 국세징수 사무를 민간단체에 위탁한 것이다.[47]

그러나 납세조합들의 활동 미미 등을 이유로 1961년 '소득세법' 개정으로 일시적으로 제도가 폐지되었는데, 1962년 '소득세법' 개정으로 과세소득금액이 일정액 이상인 자에 대하여 기장의무를 부여하게 되면서 기장 · 신고 능력이 부족한 영세식육판매업자 및 외국기업 종사자 등의 신고편의를 위하여 납세조합제도가 다시 부활되었다. 이때 납세조합공제도 함께 도입되어 납세조합이 소득세를 징수할 때에는 15%를 공제하고 징수하도록 하였으나, 1965년에 공제율이 10%로 인하되었다. 그 후 외국기업 종사자 등의 공제율만 1975년 20%, 1996년 30%로 인상되었다가 2000년에 영세사업자와 동일한 10%로 회귀하여 현재까지 이르고 있다.[48]

---

47. 감사원 감사결과보고서, 납세조합 지도 · 감독실태, 2015. 5. 28, pp. 6-7
48. 한국조세연구소, 납세조합의 효율적 관리개선 방안, 국세청 연구용역, 2005. 3. pp. 8-14

3) 쟁점과 논쟁의 근거

(1) 반대논거

첫째, 납세조합은 과세표준 포착 및 세율·세액의 결정이 힘든 외국기업 종사자나 영세사업자에 대한 조세권 확보, 납세편의 증진 및 납세순응도 제고 등의 긍정적인 측면이 있다.[49] 외국기업 종사자의 경우 우리나라에 과세권이 있으나 외국기업의 정확한 급여 지출액과 비용처리금액 등 지급사실 확인을 위한 검증수단이 부족하여 세원탈루 증가 등 징세효율성이 급속히 저하될 수 있다. 또한 재래시장의 농수산물 가판상인, 노점상 등 소규모 영세사업자의 경우 신용카드 거래비율이 낮아 과세양성화 및 세원 포착이 이루어지기 어렵다는 점에서 납세조합을 통한 자발적인 납세 유도 필요성이 여전히 존재하고 있다.

둘째, 납세조합을 통한 징수비용이 국세청에 의한 국세 징수비용과 비교하여 그리 높지 않아 징세효율성이 낮다고 볼 수 없다. 2013년 국세청의 세수 100원당 징세비용은 0.72원인데,[50] 납세조합의 세수 100원당 교부금은 2.35원으로[51] 약 3배 정도 높다. 그러나 외국기업 종사자 및 영세사업자에 대한 세원 파악의 어려움과 규모의 경제 효과 등을 고려하면 납세조합을 통한 징세가 국세청에 비하여 비효율적이라고 단정하기는 어렵다.[52]

셋째, 외국기업 종사자 및 영세사업자에 대하여 국세청이 직접 징수하기 위하여 추가적인 과세 인프라 구축, 징수 및 세원관리를 위한 인적·물적비용 증가 등 징세비용 부담이 상당할 수 있다는 점도 감안할 필요가 있다.

---

49. 앞의 국세청 연구용역, pp. 113–114
50. 2014년 국세통계연보
51. 2013년 납세조합 교부금 27억 원 ÷ 납세조합 징수액 1,150억 원 = 0.0235
52. 다만, 납세조합공제액 46.4억 원까지 포함하면 납세조합 세수 100원당 징세비용은 6.38원으로 높아지므로, 징세비용의 범위를 어떻게 보느냐에 따라 납세조합의 징세효율성에 대한 판단은 달라질 수 있음.

(2) 찬성논거

첫째, 납세조합제도는 국가가 세금을 징수하지 않고 민간에게 징수를 위탁하고 있다는 점에서 현대 조세국가의 세정제도에는 부합되기 어렵다.[53] 과거 납세조합제도가 있었던 일본의 경우 1947년에 국가의 징세권을 민간단체에게 위탁할 수 없다는 이유로 폐지되었고, 미국이나 EU 국가 등에서는 납세조합과 같은 제도가 존재하지 않는다.

둘째, 납세조합을 통하여 징수·납부되는 소득세수가 조합원의 일반적인 소득수준을 고려하더라도 상당히 낮은 수준이어서 공평과세를 저해하고 있다.[54] 특히 영세사업자의 경우 2013년 기준 8,068명의 조합원에 대하여 10.5억 원을 징수하여 1인당 납세액이 13.0만 원으로 나타났는데, 같은 해 종합소득자의 1인당 평균 종합소득세액 406.3만 원[55]의 3.2% 수준에 불과하다.

셋째, 납세조합제도는 60여 년 전 도입 당시와 달리 지속적인 과세 인프라 확대 및 과표 양성화 노력에 따라 외국기업 종사자 및 영세사업자에 대하여 직접적인 과세권 확보가 이루어질 수 있는 여건이 조성되어 그 존속 필요성이 낮아졌다.

넷째, 납세조합의 납세·징수에 대한 관리·감독이 제대로 이루어지지 못하여 납세조합을 통한 과세권 확보의 실효성에 의문이 제기되고 있다. 감사원의 2015년 '납세조합 지도·감독실태'에 대한 감사 결과, 국세청에서 납세조합원이 국외로부터 지급받는 근로소득 신고액의 적정성을 제대로 점검하지 않고 납세조합의 신고를 그대로 인정하여 소득세가 징수 누락되고 있고, 국세청의 납세조합 지도·감독 소홀로 일부 조합 임직원의 세금

---

53. 앞의 국세청 연구용역, pp. 136-139
54. 앞의 국세청 연구용역, p. 112
55. 2013년 귀속소득 기준 종합소득세 결정세액 18.5조 원 ÷ 종합소득 신고자 456.5만 명 = 406.3만 원/명

무단인출, 납세조합의 조합원변동신고 등 법정의무 불이행, 외국인 근로자 세적관리 미흡 등의 관리 부실이 나타나고 있다.

(3) 대안검토

납세조합공제제도 폐지에 대한 절충형태의 논거는 다음과 같다.

현실적인 필요성에 따라 납세조합제도의 유지 필요성이 있다고 인정하더라도 납세조합공제에 대하여는 다음과 같은 이유로 축소 또는 폐지될 필요성이 인정될 수 있다.

첫째, 납세조합공제의 혜택이 고소득층에 집중되고 있어 과세형평성을 상당히 저해하고 있다. 2015년 귀속소득 기준 근로소득자의 3.4%인 총급여 1억 원 초과가 전체의 74.9%인 65.4억 원, 종합소득자의 5.0%인 종합소득 1억 원 초과가 전체의 90.4%인 31.4억 원의 공제액을 적용받고 있다. 또한 총급여 5천만 원 이하 근로소득자의 1명당 평균 공제액은 12.7만 원인 반면, 1억 원 초과는 그 13.8배인 175.8만 원에 달하고 있고, 총급여 5억 원을 초과하는 109명이 전체 공제액의 37.5%인 32.8억 원(1명당 2,540만 원)을 공제받은 것으로 나타나고 있다.

둘째, 납세조합공제제도가 당초 제도 취지와 달리 거주자의 세금 회피수단으로 악용되고 있다. 감사원의 감사 결과에 따르면, 거주자가 주식매수선택권 행사이익이나 M&A에 따른 위로금 등의 일시적 · 부정기적 근로소득에 대하여 세액공제 혜택을 많이 받기 위하여 납세조합에 일시 가입하여 해당 근로소득에 대한 세금만을 별도로 납부하는 등의 방법으로 거주자가 주로 납세조합공제를 적용받고 있었다.[56]

셋째, 분류과세 대상인 거주자의 국외 양도 · 퇴직소득은 물론, 종합과세 대상인 국외 이자 · 배당 · 사업 · 기타소득 등에 대하여는 세액공제제도를 두지 않고 있는데 비하여 국외 근로소득에 대히여만 납세조합공제를 운용하고 있어[57] 세원 간 과세형평성을 저해한다.

다만, 납세조합공제는 외국기업 종사자 및 영세사업자가 납세조합을 구성하여 자발적으로 납세하도록 유도하는 금전적인 유인이라는 점에서, 일시에 폐지될 경우 납세조합 가입자 축소 등으로 납세조합을 통한 과세권 확보가 힘들어질 가능성이 있다. 따라서 납세조합공제 대상에서 일시적·부정기적 소득을 제외하는 등 적용대상을 한정하거나 납세조합공제 한도를 설정하는 등 공제제도를 점진적으로 축소하는 방안도 고려될 필요가 있다.[58]

4) 조세소위의 최종 심사 결과와 논거

이 개정안에 대해서 2017년 11월 국회 기획재정위원회 조세소위원회에서는 영세사업자의 납세편의 등을 고려해야 한다는 의견에도 불구하고 과세인프라 확대로 사업자조합은 폐지를 검토하여야 한다는 입장이 대두되었으나, 과도한 세제혜택의 조정 차원에서 우선적으로 10%에 달하는 납세조합공제율을 5%로 하향조정하는 것으로 결론을 내렸다.

그러나 납세조합 관련 내용은 본회의에 자동부의된 정부 제출 소득세법 개정안에 포함되어 있지 않아 국회 본회의 의결과정에서 원안과 직접 관련 있는 내용만 수정안에 반영할 수 있도록 한 '국회법' 제95조 제5항[59]에 따라 최종적으로 본회의 수정안에 반영되지 못하였다.

---

56. 2013년 납세조합공제를 받은 10,668명(공제세액 45.2억 원) 중 78.9%에 해당하는 8,415명(공제액 30.9억 원)이 내국인 근로자로 확인됨(앞의 감사원 감사결과보고서, pp. 40–42).
57. 앞의 감사원 감사결과보고서, pp. 40–41
58. 감사원은 기획재정부장관에 대하여 거주자가 일시적·부정기적 국외 근로소득 등에 대해 납세조합을 통해 과도한 세액공제 혜택을 받는 것 등으로 조세지원의 형평성이 저해되지 않도록 납세조합공제제도의 적용범위를 조정하는 등의 방안을 마련할 것을 통보하였음(앞의 감사원 감사결과보고서, p. 42).

5) 향후 쟁점과 입법논의 전망

이 개정안은 조세소위원회에 납세조합공제율을 10%에서 5%로 인하하는 것으로 잠정 합의되었음에도 본회의 절차상 의결되지 못함에 따라 납세조합공제율을 10%에서 5%로 하향조정하는 정부의 세법개정안이 8월 말에 제출되어 2018년 정기회 조세소위원회에서도 논의될 것으로 보이며, 납세조합공제율 인하와 함께 납세조합제도의 실효성 여부에 대한 문제제기가 계속될 것으로 예상된다.

7. 고향납세제도 도입

1) 소득세법 개정안의 주요 내용

고향납세제도 도입에 대한 개정안은 다음의 2건이다. 첫째는 서울·경기·인천 거주자에 대하여 서울·경기·인천을 제외한 지방자치단체에 대하여 세액이전 신청을 허용하려는 것이다(홍의락 의원안). 둘째는 서울·경기 및 광역시 거주자에 대하여 인천·경기 소재 시·군을 제외한 시·군에 대하여 세액이전 신청을 허용하려는 것이다(주승용 의원안).*

이 개정안은 수도권 및 광역시 거주자가 국세인 소득세의 일부를 수도권이 아닌 본인의 고향 또는 본인이 후원하려는 지방을 관할하는 지방자치

---

59. 국회법 제95조(수정동의)

⑤ 제1항에 따른 수정동의는 원안 또는 위원회에서 심사보고(제51조에 따라 위원회에서 제안하는 경우를 포함한다)한 안의 취지 및 내용과 직접 관련이 있어야 한다. 다만, 의장이 각 교섭단체 대표 의원과 합의를 하는 경우에는 그러하지 아니하다.

* **홍의락 의원안** : 2017. 6. 1. 발의, **주승용 의원안** : 2017. 9. 29. 발의

단체의 세입으로 납세하도록 함으로써 상대적으로 재정자립도가 낮은 비수도권 지자체를 지원하고 지자체간 재정 불균형을 해소하려는 입법취지가 있다.

개정안과 관련하여 지자체간 재정 격차를 완화하기 위하여 지방자치단체가 해당 지자체의 관할 구역 밖에 주민등록이 되어 있는 사람으로부터 받는 고향기부금제도를 도입하는 '기부금품의 모집 및 사용에 관한 법률 일부개정법률안', 고향기부금에 대한 세액공제 특례를 신설하는 '조세특례제한법 일부개정법률안'(이상 전재수 의원·강효상 의원·김두관 의원·이개호 의원 대표발의) 등이 함께 논의될 필요가 있다.

2) 쟁점과 논쟁의 근거

(1) 반대논거

첫째, 납세자의 자의에 의하여 국세를 지방세로 이전하도록 하는 것은 국세와 지방세를 별도의 법률로 엄격하게 구분하고 있는 현행 법체계와 부합하지 않는다는 의견이 있다.[60] 또한 개인의 의사에 따라서 세수가 이전함에 따라 국세와 지방세에 대한 세수전망 추계가 불안정해지고 국가 및 지방자치단체의 사업을 안정적으로 수행하는 데 어려움이 발생할 수 있다.

둘째, 거주자의 신청에 따라 최대 개인별 소득세의 10%를 지방세수로 이전하게 되어 국세세수가 상당 규모 감소할 수도 있다. 2015 귀속연도 기준 소득세수 62.4조 원 중 수도권에서 납입된 금액은 67.0%인 41.8조 원, 광역시까지 포함하면 83.9%인 52.4조 원으로,[61] 개정안에 의하면 이의 10%

---

60. 고향납세제도는 개인의 의사 존중과 납세대상인 지방자치단체를 자유롭게 선택할 수 있는 임의성을 갖고 있어 조세의 권력성에 어긋난다는 의견도 있음(양성빈, 고향기부제 도입 가능성에 대한 시론적 연구, 황주홍 의원실 고향세법 추진 정책간담회 자료, 2016. 6. 29.).

인 최대 4.2조 원~5.2조 원의 소득세수가 비수도권 지방자치단체로 이전될 수 있다. 지방교부세 등 세수의 감소로[62] 지방재정조정제도의 실효성이 약화되는 등의 문제가 있으므로, 국세-지방세 이전체계 및 구조개선 등 다른 지방재정 강화 방안들과 종합적으로 논의될 필요가 있다.

셋째, 지방재정 격차 해소라는 당초 의제도 취지와 달리 비수도권 내에서 재정자립도가 상대적으로 양호한 지방자치단체에 세수 이전 신청이 집중되어 오히려 지방재정 격차를 심화시킬 가능성을 전혀 배제할 수는 없다.[63]

넷째, 고향납세제도에 따라 지방자치단체가 얻는 세입은 자체수입이 늘어나는 지방자치단체에 귀속되나, 지방자치단체로 세금을 배분·이전하는 시스템이 구축되어야 하는 등 고향납세제도에 따른 징세비용이 증가할 가능성이 높다.

(2) 찬성논거

첫째, 우리나라 지방자치단체의 재정자립도가 열악하고 지방자치단체간에도 재정격차가 상당히 큰 상황에서 개정안은 지방재정 강화 및 수도권·비수도권 간 격차 해소를 위한 실효적인 방안이 될 수 있다. 2017년 예산 기준 국세 대 지방세 비율은 77.3% 대 22.7%에 불과하고,[64] 최근 10년간 지방자치단체의 재정자립도는 50%대에 머물고 있으며, 2017년 기준 재정자립도가 20%대인 광역자치단체가 4곳(전남, 전북, 강원, 경북)에 이르고

---

61. 2016년 국세통계연보
62. 지방교부세법 제4조(교부세의 재원) ① 교부세의 재원은 다음 각 호로 한다.
　　1. 해당 연도의 내국세(목적세 및 종합부동산세, 담배에 부과하는 개별소비세 총액의 100분의 20 및 다른 법률에 따라 특별회계의 재원으로 사용되는 세목의 해당 금액은 제외한다. 이하 같다) 총액의 1만분의 1,924에 해당하는 금액
63. 실례로, 일본에서 고향기부금에 대한 세액공제를 내용으로 하는 고향납세제도가 도입된 첫 해에 광역지방자치단체 중 도쿄도(14.5억 엔)가 기부액이 가장 많았고, 오사카부(4.0억 엔)가 4번째로 많았음(원종학, 일본의 고향납세제도와 시사점, 〈재정포럼〉 2017년 6월호, 한국조세재정연구원).

있다.

둘째, 지자체 입장에서는 해당 지역 출생자가 성인이 될 때까지 제공한 각종 서비스에 대한 투입비용을 회수할 수 있다.

셋째, 고향납세제도의 경우 국세만 지자체 세입으로 이전하는 것이므로 개인지방소득세를 통하여 세액공제하는 고향기부금 세액공제와 비교하여 직접적으로 지방자치단체간 갈등 소지가 상대적으로 적다.[65] 거주자의 입장에서는 소득세 등의 납세 이외에 지방자치단체에 대한 별도의 기부행위가 필요한 고향기부금보다는 국세청에 세입 이전 신청만 하면 되는 고향납세제도의 편의성이 더 높다.

넷째, 고향납세제도의 도입은 지방자치제도를 한층 더 발전시키는 계기가 될 수 있다. 각 지방자치단체가 더 많은 고향납세를 신청받기 위하여 서로 경쟁하게 되면서 고향 발전을 위한 다양한 정책을 개발하려고 노력하게 될 것이며, 납세자의 입장에서도 지방행정에 대한 관심과 참여의식이 제고되는 순기능이 있다.[66]

3) 추가 검토사항

이 개정안과 관련하여 찬반 논거 이외에서 다음과 같은 추가적인 사항의 검토가 선행될 필요가 있다.

첫째, 재정자립도나 재정자주도 등을 기준으로 수도권·광역시 거주자로 신청대상을 한정할 필요성에 대한 검토가 필요하다. 비수도권·비광역시 거주자도 재정자립도가 낮은 본인의 고향에 대한 재정적 지원을 위하여 세

---

64. 2017년 총국세 세입예산 241.8조 원, 지방세 세입예산 71.2조 원
65. 다만, 여전히 고향납세제도로 인한 지방자치단체간 재정격차 심화 및 지방교부세 감소 가능성 등의 문제점은 있음
66. 양성빈, 앞의 토론문

입 이전을 원할 수 있다.

둘째, 개정안과 같이 세입 이전 대상을 비수도권 소재 지자체로 한정하게 되면 재정이 열악한 수도권 지자체와 비수도권 지자체간 그리고 그에 대응하는 거주자간 형평성 문제가 제기될 우려가 있다. 비수도권 지역에도 서울·인천·경기에 준하는 우수한 재정자립도를 가진 광역자치단체들이 있고, 재정자립도가 30% 미만인 수도권 소재 기초자치단체가 전체(66개)의 28.8%인 19개에 이르고 있어 개정안은 수도권·비수도권 지자체간 구체적인 형평성을 저해할 수 있다. 수도권·광역시를 고향으로 둔 거주자의 입장에서는 재정이 열악한 수도권 소재 시·군의 고향발전을 위하여 세액이전 신청을 하고 싶어도 개정안에 따라 신청이 금지되어 수도권·광역시 거주자와 비수도권·비광역시 거주자간 형평성이 위배[67]될 수 있다.

셋째, 기초 지방자치단체와 광역 지방자치단체 모두에 대하여 세입이전 신청을 허용할 필요가 있다. 홍의락 의원안의 경우 세액이전 대상을 '서울·인천·경기를 제외한 지방자치단체'로 규정하고 있어 이전대상이 광역 지방자치단체만 해당하는지 기초 지방자치단체도 포함하는지 불명확하다. 주승용 의원안의 경우 세액이전 대상을 '인천광역시·경기도 관할구역에 두는 시·군을 제외한 기초 지방자치단체'로 한정하고 있다. 일본의 경우에도 광역·기초 지자체 모두에 대하여 고향납세제도를 적용하고 있으며, 광역 지자체간에도 상당한 재정격차가 존재하므로 지자체간 재정격차 완화라는 입법취지를 감안할 때 광역 지방자치단체도 세액이전 대상에 포함할 필요가 있다.

---

67. 일본도 고향납세제도를 도입하면서 거주지에 따른 신청제한을 두지 않았음.

4) 조세소위의 최종 심사 결과와 논거

이 개정안에 대해서 2017년 11월 국회 기획재정위원회 조세소위원회에서는 지방재정 강화 차원에서 필요하다는 의견과 국세세수 감소, 지자체간 갈등 유발 등 부작용을 우려하는 입장이 대립함에 따라 다른 상임위원회의 관련 법안에 대한 논의 진행 경과를 보아가며 조세소위원회에 계류하여 계속 논의하기로 하였다.

5) 향후 쟁점과 입법논의 전망

이 개정안은 조세소위원회에 계류되어 있으므로 2018년 정기회 조세소위원회에서도 논의될 것으로 보이며, 이 개정안은 국세 비중의 감소 및 지방교부금의 문제와 연결되어 있어 국세-지방세 이전체계 및 구조개선 등 다른 지방재정 강화 방안과 함께 논의될 필요가 있다. 참고로 이와 관련하여 정부는 2018년 2월 '재정분권 종합대책'을 발표할 예정이었으나 아직 발표되지 못하고 있다.

8. 연금계좌세액공제 한도 축소 및 적용기한 신설

1) 소득세법 개정안의 주요 내용

이 개정안은 연금계좌세액공제의 한도를 연금저축계좌 납입액에 대하여는 현행 연 400만 원 또는 300만 원에서 연 200만 원으로 낮추고, 연금저축계좌와 퇴직연금계좌 납입액의 총합에 대한 한도도 현행 연 700만 원에서 연 500만 원으로 하향조정하는 것이다. 개정안은 연금계좌세액공제의 혜택이 고소득자에게 집중되고 있어 소득역진적이므로 공제혜택을 축소하고 조세형평성을 높이며, 재정건전성을 강화하려는 취지이다.[*]

2) 현황과 개정연혁

연금계좌세액공제는 국민의 자발적인 노후생활 준비를 위한 연금저축 장려를 통해 사회안전망을 강화하는 차원에서 종합소득이 있는 거주자가 연금계좌에 납입한 금액에 대하여 12%~15%를 세액공제하는 제도로, 조세지출 규모는 연 1조 원 수준이다.

2000년 이전에는 각종 연금에 대한 납입액에 대하여 소득공제를 허용하지 않고 연금소득에 대하여 비과세하여 왔으나, 2000년 세법개정으로 연금소득에 대하여 '불입 시 소득공제, 수령 시 과세'체계로 전환함에 따라 연 240만 원 한도로 불입액 전액을 소득공제하도록 하였다.[68] 2005년 세법개정으로 납입액에 대한 공제한도를 240만 원에서 300만 원으로, 2010년 세법개정 시 400만 원으로 상향하였고, 2013년 세법개정으로 고소득자에 대한 과도한 세 감면 혜택 부여 방지를 위하여 소득공제를 공제율 12%의 세액공제로 전환하였다.

2014년 세법개정에서는 연금저축계좌 납입액 한도 외에 퇴직연금계좌 납입액과의 합산액 한도 700만 원을 신설하였으며, 2015년 연말정산 보완대책으로 종합소득금액 4,000만 원 이하(총급여액 5,500만 원 이하)인 경우 공제율을 12%에서 15%로 인상하였다. 제20대 국회에서는 개정안과 동일하게 연금계좌세액공제 한도를 축소하고 일몰규정을 신설하는 '소득세법

---

[*] 박주현 의원안 : 2017. 10. 10. 발의
68. 윤충식 · 장태희, 《조세특례제한법 해설과 실무》, 삼일인포마인, 2008. 10. p. 1130, 1136

일부개정법률안'(박주현 의원 대표발의)이 발의되어 2016년 정기회에서 논의된 결과, 종합소득금액 1억 원(총급여액 1.2억 원) 초과에 대하여는 연금저축계좌 납입액 공제한도를 현행 400만 원에서 300만 원으로 하향하는 것으로 수정하여 의결되었다.

3) 쟁점과 논쟁의 근거

(1) 반대논거

첫째, 연금계좌세액공제는 납입 시 연 400만 원 한도로 세액공제하고, 추후 연금수령 시 공제받은 납입액과 이자에 대하여 과세하는 과세이연제도의 성격을 가지고 있어, 다른 과세특례 금융상품과는 성격이 다르다는 점을 감안할 필요가 있다.

둘째, 우리나라는 국민-퇴직-개인연금의 다층노후소득 보장체계 기반이 마련되어 있으나 아직까지 내실화되지 않아 연금 소득대체율(45.0%)[69]이 OECD 34개국 평균(63.2%)보다 낮은 수준임을 감안할 필요가 있다.[70] 현재 실질소득대체율이 약 24%에 불과한 국민연금만으로[71]는 노령자의 인간적인 노후생활 보장이 어려운 상황이나[72] 국내 사적연금의 자발적인 가입율은 23.4%로서 미국 47.1%, 영국 43.3%, 독일 71.4% 등 선진국에 비하여 상당히 낮은 편이다.[73] 2016년 말 연금저축 가입자는 556.5만 명으로

---

69. 연금 소득대체율은 은퇴 전 소득 대비 은퇴 후 받는 연금 수령액의 대체율을 의미함.

70. OECD, Pension at glance, 2015

71. 보건복지부 보도참고자료, 〈조선일보〉, "노인빈곤율 전망 기고 관련", 2017년 8월 30일자

72. 국민연금 가입기간이 길지 않아 노령연금 수급자의 월평균 수령액은 34.6만 원(2016년 7월 기준)으로 기초연금(65세 이상 노인층 소득 하위 70%) 추가 시 월 50~60만 원 수준에 그쳐 부부 기준 최소 생활비 236만 원, 개인 기준 월 136만 원에 부족함(김지현, 국내 노후준비의 실태와 시사점, 하나금융경영연구소, 2016. 9.).

73. 김지현, 앞의 보고서

근로소득자 1,733만 명의 32.1% 수준이고,[74] 같은 해 연금저축 가입자의 계약당 연금수령액은 307만 원(월평균 26만 원)으로[75] 노후생활비에 충당하기에는 부족한 금액이다. 퇴직연금제도도 사업장 도입률이 16.8%에 불과하고 특히 영세·중소기업의 도입률(10인 미만 사업장 12.0%)이 저조하다. 이에 따라 2016년 3월 기준 전체 상용근로자의 52.4%인 606만 명만이 퇴직연금에 가입되어 있는 상황이다.

셋째, 우리나라의 사적연금에 대한 세제지원 비율은 OECD 34개국 중 23위인 15.7%로 OECD 평균 21.5%보다 낮다는 점에서,[76] 오히려 사적연금에 대한 세제지원 확대가 필요하다는 견해도 있다.

(2) 찬성논거

공제한도 축소에 대한 찬성의견의 논거를 살펴보면 다음과 같다.

첫째, 연금계좌세액공제의 혜택이 저축 여력이 있는 고소득자에게 집중되고 있는 것으로 나타나고 있다. 전체 근로소득자의 6.7%인 8천만 원 초과 고소득자의 65.9%가 연금계좌세액공제를 적용받고 있으며, 이들에 대한 공제세액은 전체 공제세액의 40.1%를 차지하고 있는 것으로 나타나고 있다.

둘째, 소득 하위 계층의 연금저축 가입율이 매우 낮은 상황에서, 고소득 가구가 많이 가입하는 연금저축에 대하여 세제혜택을 주는 것은 소득양극화를 더욱 심화시킬 수 있다는 우려가 제기될 수 있다. 연소득 2천만 원 이하자의 연금저축 가입률은 3.8%인 반면, 8천만 원 초과자의 가입률은 약 7배나 높은 25.7%이다.[77]

---

74. 실제로 2015년 귀속소득 기준 연금계좌세액공제를 적용받은 인원은 245.0만 명이었음(2016년 국세통계연보).
75. 금융감독원 보도자료, "근로자 세 명 중 한 명만 연금저축 가입", 2017년 4월 27일자
76. 일본 23.8%, 미국 26.8%, 프랑스 30.5%, 독일 36.2%(김지현, 앞의 보고서)
77. 김지현, 앞의 보고서

셋째, 개정안과 같이 연금저축에 대한 공제한도를 400만 원 또는 300만 원에서 200만 원으로 축소하더라도 저소득층에 대한 세제지원 감소효과는 제한적일 것으로 보인다. 개정안에 따라 연금저축 공제한도가 소득수준에 관계없이 200만 원으로 축소되더라도 4천만 원 이하자의 경우에는 1인당 평균 공제대상금액이 200만 원 미만이므로 공제한도 축소에 따른 영향은 적을 것으로 예상된다. 또한 개정안에 따른 연금저축 공제한도 200만 원을 다 채우더라도 모든 소득계층에서 1인당 퇴직연금 공제대상금액이 잔여 퇴직연금 공제한도 300만 원보다 적어(1억 원 초과 구간 1인당 공제대상금액 290만 원) 개정안에 따른 퇴직연금 공제액 감소효과는 미미할 것으로 예상된다.

2015년 귀속소득 기준 총급여 수준별 연금저축 공제대상금액 현황

(단위 : 명, 백만 원)

총급여	적용인원(A)	공제대상금액(B)	1인당 평균 공제대상금액(B/A)
3천만 원 이하	141,778	121,305	0.856
3천만 원~4천만 원	183,828	326,987	1.779
4천만 원~5천만 원	266,411	587,789	2.206
5천만 원~8천만 원	950,135	2,561,310	2.696
8천만 원~1억 원	343,549	1,045,101	3.042
1억 원 초과	394,895	1,312,646	3.324
합계	3,380,596	5,955,139	1.762

자료 : 2016년 국세통계연보

넷째, 사적연금시장이 빠른 속도로 성장하고 있다는 점에서 세제지원 규모의 적정화를 검토할 시기가 되었다. 금융감독원에 따르면, 개인연금 적립금은 2013년 말 244.4조 원에서 2016년 말 310.3조 원으로 27% 증가하였고, 퇴직연금 적립금은 같은 기간 84.3조 원에서 147.0조 원으로 74% 증가하는 등 사적연금 전체 납입액이 3년 만에 39% 늘어난 것으로 나타나고 있다.

4) 조세소위의 최종 심사 결과와 논거

이 개정안에 대해서 2017년 11월 국회 기획재정위원회 조세소위원회에서는 세제혜택이 저축 여력이 있는 고소득층에 집중되어 공제한도 축소가 필요하다는 입장과 자발적인 노후준비를 지원할 필요가 있다는 입장이 대립함에 따라 조세소위원회에 계류하여 계속 논의하기로 하였다.

5) 향후 쟁점과 입법논의 전망

이 개정안은 조세소위원회에 계류되어 있으므로 2018년 정기회 조세소위원회에서도 논의될 것으로 보이며, 고소득층에 대한 과도한 세제혜택을 제한하는 방향으로 공제제도를 개편하자는 의견이 지속적으로 제기될 것으로 예상된다.

9. 의료비 세액공제 범위 및 기본공제대상자 의료비 공제한도 축소

1) 소득세법 개정안의 주요 내용

2017년 정기국회에서는 의료비 특별세액공제의 공제범위를 현행 총급여의 3% 초과 지출분에서 총급여의 4% 초과 지출분으로 축소하고, 기본공제대상자에 대한 의료비 공제한도도 현행 연 700만 원에서 연 500만 원으로 한정하려는 개정안이 논의되었다. 개정안은 의료비에 대한 세액공제 혜택을 축소하여 고소득자에 대한 의료비 세액공제 혜택을 제한하고 재정지출 소요 증가에 대응하기 위한 재원을 확보하려는 취지이다.*

2) 현황과 개정연혁

의료비에 대하여는 1977년 세법개정으로 신설된 이래 지속적으로 세제혜택을 확대하여 왔다. 1994년 세법개정으로 급여액의 3%를 초과하는 의료비를 100만 원 한도로 소득공제하도록 하였고, 공제한도는 1999년 200만원, 2000년 300만 원, 2002년 500만 원으로 상향조정되어 왔다.

2003년 세법개정으로 거주자, 경로우대자 및 장애인에 대하여는 공제한도를 적용하지 않고 그 외의 기본공제대상자에 대하여만 500만 원의 공제한도를 적용하도록 하였고, 2008년 세법개정으로 기본공제대상자에 대한 공제한도를 700만 원으로 상향조정하였다.

2013년 세법개정으로 고소득층에 대한 과도한 세 감면을 방지하기 위하여 소득공제에서 세액공제(공제율 15%) 방식으로 전환하였고, 2014년 세법개정으로 난임시술비가 의료비 세액공제 대상에 추가되었으며 2016년 세법개정으로 난임시술비에 대한 세액공제율이 20%로 인상되었다. 이에 따라 의료비 특별세액공제에 따른 조세지출 규모도 2014년 7,113억 원에서 2017년에는 1조 1,591억 원으로 빠른 속도로 증가할 것으로 전망되고 있다.

---

* 박주현 의원안 : 2017. 10. 27. 발의

3) 쟁점과 논쟁의 근거

(1) 반대논거

의료비에 대한 특별세액공제 규모를 축소하는 것에 대한 기본적인 반대 논거는 다음과 같다.

첫째, 의료비에 대한 특별세액공제 규모를 축소하는 경우 근로소득자들의 조세저항을 심화시킬 가능성이 있다. 2015년도 귀속분 근로소득금액 신고인원 1,733.3만 명의 17.1%에 해당하는 296.1만 명이 의료비 특별세액공제 혜택을 받았다. 고소득 자영업자의 소득탈루율이 여전히 높은 상황에서 의료비 특별세액공제 등 근로소득자의 공제규모를 축소하면 근로소득자와 자영업자간 과세형평성이 저해되는 측면이 있다.[78]

둘째, 최근 가계의 의료비 부담이 급속도로 증가하고 있다는 점을 감안할 필요가 있다. 한국은행에 따르면, 2007년 17.7조 원이었던 가계의 의료보건지출이 2017년에는 41.0조 원으로 2배 이상 늘어났다. 이에 따라 가계의 전체 국내소비지출 대비 의료보건지출 비중도 같은 기간 3.4%에서 5.5%로 크게 증가하였다. 미국, 호주 등을 제외한 주요 선진국과 비교하여 가계의 의료비 부담이 매우 높으므로, 이를 경감하기 위한 세제지원이 유지될 필요가 있다.

주요 국가별 2016년 기준 가계 최종소비지출 대비 의료지출 비중

우리나라	미국	영국	독일	프랑스	호주 (2015년)	스웨덴	일본
5.5%	21.8%	1.8%	5.3%	4.2%	6.5%	3.5%	3.7%

주) 가계 국내최종소비지출(Final consumption expenditure of households on the territory) 대비 의료지출(Health)을 의미함.
자료 : OECD stat, National Accounts - Annual National Accounts - 5. Final consumption expenditure of households(current price)를 기초로 자체 가공

셋째, 의료의 공공성 강화 방향에도 불구하고 국가재정을 통하여 민간의 의료비 부담을 근본적으로 해소하는 것은 한계가 있다는 점에서 의료비에 대한 세제지원 규모가 유지될 필요가 있다. 정부의 '건강보험 보장성 강화 대책'[79]에 따라 건강보험 보장률이 2015년 63.4%에서 2022년 70% 수준으로 높아지더라도 나머지 30%는 여전히 가계의 부담으로 남아 있다.

넷째, 우리나라 근로자가구의 평균적인 의료비 지출 비중을 감안할 때 개정안에 따른 '총급여의 4%'라는 공제기준은 상당히 까다로운 수준이다. 통계청에 따르면, 전국 2인 이상 근로자가구가 2016년에 지출한 보건비용[80]은 17.9만 원으로 근로소득 421.6만 원의 4.2% 수준이다. 개정안에 따르면 2분위 이상의 가구는 총급여의 4% 이상 의료비 지출이라는 높은 공제기준으로 인하여 주로 면세점 이하일 것으로 추정되는 1분위 가구는 공제받을 세액이 없어 상당수가 의료비 세액공제를 적용받지 못할 것으로 보인다.

소득분위별 전국 2인 이상 근로자가구의 2016년 근로소득 대비 보건비용 지출 비중

(단위 : 천원, %)

구분	1분위	2분위	3분위	4분위	5분위	전체
근로소득	1,525	2,894	3,818	5,019	7,818	4,216
보건비용	121	143	175	199	255	179
비중	7.9	4.9	4.6	4.0	3.3	4.2

자료 : 통계청, 가계동향조사

---

78. 과세당국의 세원투명성 제고노력에도 불구하고 사업소득자의 소득파악율(74.7%)은 근로소득자 (94.3%)에 비해 여전히 낮은 수준임.
    사업소득자 소득파악률 = 2014년 기준 국세통계의 사업·부동산 소득(89조 9,563억 원) / 국민계정의 개인영업잉여(120조 4,139억 원)
    근로소득자 소득파악률 = 2014년 기준 국세통계의 근로소득 총급여(533조 7,269억 원) / 국민계정의 피용자 보수 중 임금 및 급여(565조 9,855억 원)
79. 정부는 보장성 강화 대책을 추진하기 위하여 2022년까지 총 30.6조 원의 건보재정을 투입할 계획임.
80. 의약품, 의료용소모품, 보건의료용품 및 기구, 외래의료서비스, 치과서비스, 기타의료서비스, 입원서비스 등으로 세부항목이 구성되어 있음.

(2) 찬성논거

의료비에 대한 특별세액공제 규모를 축소하는 것에 대한 기본적인 찬성 논거는 다음과 같다.

첫째, 의료비 특별세액공제의 공제혜택이 고소득층에 집중되고 있다는 점에서 개정안은 소득계층 간 과세형평성을 제고하는 데 도움이 된다.

2015년 총급여 규모별 근로소득자 1인당 평균 공제대상 의료비 현황

(단위 : 명, 백만 원)

구분	인원	공제대상금액	평균 공제대상금액
3천만 원 이하	654,884	367,380	0.561
3천만 원~6천만 원	1,327,186	2,457,560	1.852
6천만 원~1억 원	794,067	2,527,215	3.183
1억 원 초과	184,463	731,276	3.964
합계	2,960,600	6,083,432	2.055

자료 : 2016년 국세통계연보

2015년 기준 총급여 3천만 원 이하의 1인당 평균 공제대상 의료비는 56.1만 원인 반면, 총급여 1억 원 초과는 7.1배인 396.4만 원에 이르고 있다. 특히 총급여 5억 원 초과 구간의 경우 182명이 29.4억 원의 의료비를 공제받아 1인당 1,613.7만 원을 공제받았다.

둘째, 세수 확보는 물론 2015년 전체 근로소득자의 46.8%에 달하는 면세자 비율을 줄이고 과세기반을 넓히는 데 기여할 수 있다.

셋째, 향후에도 의료의 공공성 강화를 위한 국가의 지원이 강화될 예정이므로, 의료비 세액공제 축소에 따른 부작용은 제한적이다. 정부는 2017년 8월 '건강보험 보장성 강화 대책'[81]에서 미용·성형 등을 제외한 모든 의학적 비급여를 건강보험으로 편입하고, 소득 하위 50% 계층에 대한 건강보

---

81. 정부는 보장성 강화 대책을 추진하기 위하여 2022년까지 총 30.6조 원의 건보재정을 투입할 계획임 (보건복지부 보도자료, "모든 의학적 비급여, 건강보험이 보장한다!", 2017년 8월 9일자).

험 의료비 상한액을 연소득 10% 수준으로 인하하는 등의 정책을 발표하였다.

넷째, 대부분의 서민과 중산층은 개정안에도 불구하고 세제혜택 감소 폭이 크지 않을 것으로 예상된다. 2015년 귀속소득 기준 의료비 특별세액공제를 받은 296.1만 명의 1인당 평균 공제대상 의료비는 205.5만 원이다. 소득구간별로도 총급여 2억 원 이하까지는 1인당 평균 공제대상 의료비가 개정안에 따른 기본공제대상자에 대한 공제한도인 500만 원 미만이다.

2015년 총급여 1억 원 초과 근로소득자의 1인당 평균 공제대상 의료비 현황

(단위 : 명, 백만 원)

구분	인원	공제대상금액	평균 공제대상금액
1억 원~2억 원	177,648	687,539	3,870
2억 원~3억 원	5,120	27,965	5,462
3억 원~5억 원	1,161	8,497	7,319
5억 원 초과	182	2,937	16,137
1억 원 초과 합계	184,463	731,276	3,964
전체 근로소득자	2,960,600	6,083,432	2,055

주) 총급여 1억 원 초과 면세자는 국세통계연보상 소득구간별로 구분할 수 없어 각 소득구간별 공제인원 및 공제대상금액에는 포함하지 않았음.
자료 : 2016년 국세통계연보

4) 조세소위의 최종 심사 결과와 논거

이 개정안에 대해서 2017년 11월 국회 기획재정위원회 조세소위원회에서는 의료비 조세지출이 과도하므로 건강보험 지원 강화 추세를 감안하여 의료비 공제를 축소할 필요가 있다는 입장과 근로소득자의 세 부담 증가를 우려할 필요가 있다는 입장이 논의과정에서 대립함에 따라 조세소위원회에 계류하여 계속 논의하기로 하였다.

5) 향후 쟁점과 입법논의 전망

이 개정안은 조세소위원회에 계류되어 있으므로 2018년 정기회 조세소위원회에서도 논의될 것으로 보이며, 전반적인 공제 축소 방향에는 공감대가 형성되어 있으나 중·저소득층의 공제 혜택은 유지하는 대안이 모색될 수 있다.

10. 고위험 임산부, 미숙아 및 선천성 이상아 의료비 세액공제율 인상

1) 소득세법 개정안의 주요 내용

이 개정안은 고위험 임산부, 미숙아 및 선천성 이상아를 위하여 지급한 의료비에 대해서 세액공제율을 현행 15%에서 20%로 인상하고, 공제한도를 적용하지 않도록 하려는 것이다. 개정안의 취지는 임신과 출산에 따른 의료비 부담을 경감하고자 고위험 임산부, 미숙아 및 선천성 이상아에 대한 의료비도 기존의 난임시술비와 동일한 세제혜택을 부여하려는 것이다.[*]

2) 현황과 개정연혁

통계청에 따르면,[82] 산모의 평균연령이 1996년 28.1세에서 2016년 32.4세로 20년만에 4.3세 증가했으며, 35세 이상 산모의 출생아수는 2006년

---

[*] 김관영 의원안 : 2017. 9. 14. 발의
[82] 통계청 보도자료, 2016년 출생 통계(확정), 2017년 8월 30일자

전체 출생아의 11.1%인 5.3만 명에서 2016년 전체 출생아의 26.3%인 10.7만 명으로 2배 증가하였다. 이에 따라 보건복지부에 따르면 2014년 기준 입원진료를 받은 고위험 임산부[83]는 6.7만 명에 달하고 있다.

또한 2016년 기준 미숙아[84] 중 2.5kg 미만 저체중아는 전체 출생아의 5.9%인 2.4만 명이며, 37주 미만 출생자는 전체 출생아의 7.2%인 2.9만 명으로 나타나고 있다.[85]

선천성 이상아[86]의 경우 최근 작성통계는 없으나 보건복지부가 2009년에 발표한 '선천성 이상아 조사' 결과 2005년 출생아 43.5만 명 중 2.7%인 1.2만 명, 2006년 출생아 44.8만 명 중 3.2%인 1.4만 명이 선천성 이상아인 것으로 조사되었다.[87]

3) 쟁점과 논쟁의 근거

(1) 찬성논거

이 개정안에 대한 긍정적인 논거는 다음과 같다.

첫째, 우리나라의 저출산 문제가 그 어느 때보다 심각한 상황이라는 점을 감안할 필요가 있다. 1971년 102.5만 명에 달했던 출생자수는 2016년 40.6만 명으로 45년 전의 40% 수준에 불과하다. 우리나라의 합계출산

---

83. 고위험 임산부는 산모나 태아가 정상적인 경우보다 사망 또는 질병에 이완될 확률이 높거나 분만 전후 합병증이 정상 임신보다 더 많이 발생할 수 있는 임산부로서, 구체적으로 35세 이상의 임신부로서 임신과 관련하여 입원이 필요하다고 의사가 판단한 경우 또는 임신부로서 고혈압, 당뇨병 등 하나 이상의 질환으로 입원치료가 필요한 경우를 말함.

84. 미숙아는 신체의 발육이 미숙한 채로 출생한 영유아로서 임신 37주 미만의 출생아 또는 출생 시 체중이 2,500그램 미만인 영유아를 말함.

85. 통계청, 앞의 보도자료

86. 선천성 이상아는 선천성 기형(奇形) 또는 변형(變形)이 있거나 염색체에 이상이 있는 영유아로서 선천성 이상으로 사망할 우려가 있거나, 기능적 장애가 현저하거나, 기능적 회복이 어려운 영유아를 말함.

87. 보건복지부, "선천성 이상아 순환기계통 질병이 45% 차지", 2009년 1월 28일자

율은 2016년 기준 1.17명으로 2009년 1.15명 이후 가장 낮았으며 OECD 국가 중에서도 최저 수준이다.[88] 2017년 상반기까지의 출생자수는 18만 8,500명으로 전년 동기 대비 12.3% 감소하였고, 합계출산율은 0.55명(연율 환산 시 1.10명)이다.[89]

둘째, 고위험 임산부, 미숙아 및 선천성 이상아의 경우 일반적인 산모 및 출생아에 비하여 의료비 부담이 크다. 고위험 임산부의 경우 일반 산모들에 비해 산전관리부터 분만까지 총 진료비 부담이 평균 205만 원 많은 것으로 조사되었다.[90] 또한 미숙아의 경우 퇴원 이후에도 생후 2~3년간 호흡기질환 등 합병증으로 인한 진료비 부담이 크며,[91] 선천성 이상아는 선천성 기형·변형 등으로 인하여 항시 의료비 지출이 클 수밖에 없다는 점에서 세제지원의 필요성이 높다.

셋째, 고위험 임산부, 미숙아·선천성 이상아에 대하여 건강보험 급여 대상 확대 등을 통하여 의료비 본인 부담을 지속적으로 완화하고 있어,[92] 개정안에 따라 늘어나는 조세지출 규모는 크지는 않을 것으로 예상된다.

(2) 반대논거

다만, 이 개정안에 대해서는 국가재원의 효율적인 집행의 측면에서 보건복지부가 2017년 현재 고위험 임산부 의료비 지원사업(41억 원), 미숙아

---

88. 통계청 보도자료, 2016년 출생 통계(확정), 2017년 8월 30일자
89. 통계청 보도자료, 2017년 6월 인구동향, 2017년 8월 23일자
90. 보건복지부 보도자료, "7.1일부터 고위험 임산부의 입원진료비 부담이 줄어듭니다", 2015년 6월 30일자
91. 보건복지부 보도자료, "언제 어디서든 안심하고 출산! 미숙아·신생아 진료 보장 확대, 분만 인프라 지원 강화", 2016년 9월 21일자
92. 고위험 임산부의 경제적 부담을 덜어주기 위해 7월 1일부터 입원 시 건강보험 법정 본인부담금을 20%에서 10%로 완화하였고(보건복지부 보도자료, "7월 1일부터 고위험 임산부의 입원진료비 부담이 줄어듭니다", 2015년 6월 30일자), 미숙아의 입원진료비 본인부담을 면제하며 중환자실 이용 시 발생하는 비급여 부담을 완화하였음(보건복지부 보도자료, "언제 어디서든 안심하고 출산! 미숙아·신생아 진료 보장 확대, 분만 인프라 지원 강화", 2016년 9월 21일자).

및 선천성 이상아 의료비 지원사업(58억 원 : 미숙아 41억 원, 선천성 이상아 17억 원) 등의 재정지출사업을 추진 중[93]이라는 점을 고려할 필요가 있다.

고위험 임산부, 미숙아 및 선천성 이상아 의료비 지원사업 현황

구분	고위험 임산부 의료비 지원사업(41억 원)	미숙아 및 선천성 이상아 의료비 지원사업(58억 원)
지원대상	3대 고위험 임신질환(조기진통, 분만 관련 출혈 및 중증 임신중독증)으로 진단받고 입원치료 받은 임산부	출생 직후에 입원하여 수술 및 치료를 필요로 하는 미숙아 및 선천성 이상아
선정기준	기준 중위소득 180% 이하인 가구	– 기준 중위소득 180% 이하 가구의 미숙아 출산 가정 – 셋째아 이상 출생아가 미숙아 및 선천성 이상아인 경우(첫째아 이후 출생한 쌍둥이 및 삼태아는 모두 셋째아로 인정하며 소득수준에 관계없이 지원)
지원내용	– 지원한도 300만 원 내에서 비급여 본인부담금(상급병실료, 환자특식 제외)의 90% 지원 – 의료급여수급자에 대해서는 비급여 본인부담금에 대해 지원한도 300만 원 내에서 본인부담 없이 전액 지원	– 미숙아 : 체중별 최고 1,000만 원까지 지원 – 선천성 이상아 : 최고 500만 원까지 지원

자료 : 복지로 홈페이지(http://www.bokjiro.go.kr)

4) 조세소위의 최종 심사 결과와 논거

이 개정안에 대해서 2017년 11월 국회 기획재정위원회 조세소위원회에서는 저출산 문제의 완화 측면에서 긍정적으로 볼 필요가 있다는 입장과 유사 재정지출사업이 시행 중이어서 개정 필요성이 낮다는 입장이 논의과정에서 대립함에 따라 조세소위원회에 계류하여 계속 논의하기로 하였다.

---

93. 보건복지부, 2017년도 보건복지부 소관 예산 및 기금운용계획 개요, 2016. 12.

5) 향후 쟁점과 입법논의 전망

이 개정안은 조세소위원회에 계류되어 있으므로 2018년 정기회 조세소위원회에서도 논의될 것으로 예상되며, 개정안이 입법되려면 재정지출과의 중복 지원의 타당성 및 필요성에 대한 입증이 필요할 것으로 보인다.

11. 교육비 세액공제율 인상

1) 소득세법 개정안의 주요 내용

이 개정안은 교육비에 대한 세액공제율을 현행 15%에서 20%로 5% 포인트 상향조정하려는 것이다.*

2) 쟁점 및 논쟁의 근거

(1) 찬성논거

이 개정안에 대한 긍정적인 논거는 다음과 같다.

우선 통계청에 따르면,[94] 2016년 근로자가구당 월평균 소비지출 272.1만 원 중 교육비는 11.8%인 32.0만 원인 것으로 나타나고 있다. 이에 가계의 전체 소비에서 차지하는 비중이 높고 필요경비의 성격이 강한 교육비에 대하여 세제지원을 강화함으로써, 대학 등록금 부담[95] 등으로 어려움을 겪고

---

* 윤호중 의원안 : 2016. 7. 28. 발의
94. 통계청, 가계동향조사
95. 2016년 기준 우리나라 대학교의 연평균 등록금은 국공립 4,578달러, 사립 8,205달러임(교육부 보도자료, "'OECD 교육지표 2017' 결과 발표", 2017년 9월 12일자).

있는 가계경제의 부담을 완화하고 내수경기 회복에 기여할 수 있다.

둘째, 사업소득자, 자산소득자에 비해 상대적으로 높은 세 부담을 지는 근로소득자의 세 부담을 경감함으로써 소득원천간 과세형평성 제고에도 기여할 수 있을 것으로 기대된다. 2012년 이후 근로소득세수의 증가율은 전체 소득세수의 증가율을 상회하여 전체 소득세수에서 근로소득세가 차지하는 비중이 2012년 9.7%에서 2016년 12.8%로 상승하는 추세이다. 그러나 과세당국의 세원투명성 제고노력에도 불구하고 사업소득자의 소득파악율(74.7%)은 근로소득자(94.3%)에 비해 여전히 낮은 수준이며,[96][97] 부동산·금융상품 등 자산소득자의 경우 각종 비과세, 저율 분리과세 등의 조세특례 적용에 따라 근로소득자에 비해 낮은 실효세율을 적용받고 있어 소득원천간 과세형평이 저해되고 있다는 점을 감안해 볼 때 입법적인 타당성이 인정된다.

최근 5년간 근로소득세 수납액 실적 및 증가율

(단위 : 조 원, %)

구분	2012년 실적(A)	2013년 실적	2014년 실적	2015년 실적	2016년 실적(B)	증가율 [(B-A)/A]
총국세 수납액(C)	203.0	201.9	205.5	217.9	242.6	19.5
전체 소득세 수납액	45.8	47.8	53.3	60.7	68.5	49.7
근로소득세 수납액(D)	19.6	22.0	25.4	27.1	31.0	57.9
근로소득세수 비중(D/C)	9.7	10.9	12.3	12.4	12.8	-

자료 : 기획재정부

---

96. 사업소득자 소득파악률 = 2014년 기준 국세통계의 사업·부동산 소득(89조 9,563억 원) / 국민계정의 개인영업잉여(120조 4,139억 원)

근로소득자 소득파악률 = 2014년 기준 국세통계의 근로소득 총급여(533조 7,269억 원) / 국민계정의 피용자 보수 중 임금 및 급여(565조 9,855억 원)

97. 국회 예산정책처에 따르면, 2011년 기준 사업소득 파악률은 59.7%, 근로소득 파악률은 99.5%였음(국회 예산정책처, 자영업자의 소득 탈루율 및 탈세규모의 추정, 2014. 2., p. 1).

(2) 반대논거

이 개정안에 대한 반대논거는, 교육비 공제는 필요경비에 대한 공제제도라기보다 비재량적 지출 부담을 경감하기 위한 세제지원 성격의 공제항목이므로, 다른 세액공제 항목보다 현저히 높은 공제율(20%)을 적용하는 것은 현행 세액공제 체계(12~15%)에 미부합하다는 것이다.[98] 의료비 및 교육비의 세액공제율을 20%로 인상할 경우 대규모 세수감소(5년간 △3조 347억 원)에 따른 소득세 세원 잠식이 우려되며, 교육비 지출이 많은 고소득자에게 혜택이 집중될 수 있다는 점도 함께 고려할 필요가 있다는 것이다.

3) 조세소위의 최종 심사 결과와 논거

이 개정안에 대해서 2017년 11월 국회 기획재정위원회 조세소위원회에서는 가구의 교육비 부담을 완화하려는 개정안의 긍정적인 취지에도 불구하고 12~15%의 세액공제율을 적용하는 현행 세액공제 체계와 부합하지 않는 측면이 있어 조세소위원회에 계류하여 계속 논의하기로 하였다.

4) 향후 쟁점과 입법논의 전망

이 개정안은 조세소위원회에 계류되어 있으므로 2018년 정기회 조세소위원회에서도 논의될 것으로 보이며, 비과세·감면 정비 방향에도 불구하고 개정안이 입법되려면 가구의 교육비 부담 문제가 매우 심각하다는 점이 입증될 필요가 있다.

---

98. 교육비는 근로소득 창출과 직접 대응되는 비용으로 보기 어렵고, 특히 부양가족에 지출된 교육비는 본인의 근로제공과는 관련이 없다는 것임.

12. 기본공제대상자의 대학교 교육비 세액공제 적용 제외 및 교육비 공제한도 하향조정

1) 소득세법 개정안의 주요 내용

이 개정안은 교육비 특별세액공제 대상에서 기본공제대상자를 위하여 대학교에 지급한 교육비를 제외하고, 기본공제대상자의 교육비 공제한도를 취학 전 아동 및 초·중학생은 현행 연 300만 원에서 100만 원으로, 고등학생은 현행 연 300만 원에서 200만 원으로 하향조정하는 것이다.*

2) 현황과 개정연혁

교육비 특별세액공제는 가계의 높은 교육비 부담을 완화하고 국민들에게 고등교육에 대한 학력취득 기회를 제공하며 평생학습을 통한 학습사회를 구현하고자[99] 거주자 및 기본공제대상자를 위하여 지출한 각종 교육비의 15%에 대하여 세액공제하는 제도이다. '소득세법 시행령' 제118조의 6 제1항은 특별세액공제 대상이 되는 교육비를 ① 수업료·입학금·보육비용·수강료 및 그 밖의 공납금, ② 급식비, ③ 초·중·고 교과서대금, ④ 연 50만 원 한도의 교복구입비용, ⑤ 방과 후 학교나 방과 후 과정 등의 수업료 및 특별활동비, ⑥ 연 30만 원 한도의 초·중·고 현장체험학습비 등으로 정하고 있다.

교육비 특별세액공제는 1977년 세법개정으로 신설된 이래 지속적으로 세제혜택을 확대하여 왔다. 2008년 세법개정으로 기본공제대상자의 소득공

---

* 박주현 의원안 : 2017. 10. 26. 발의
99. 2018년 조세지출예산서

제1장 소득세제 개정의 주요 쟁점 및 결정논거와 전망 ●●●●●●● 81

제 한도를 대학생은 연 700만 원에서 900만 원으로, 취학 전 아동 및 초·중·고등학생은 연 200만 원에서 300만 원으로 확대하였다. 2013년 세법 개정으로 고소득층에 대한 과도한 세 감면을 방지하기 위하여 소득공제에서 세액공제(공제율 15%) 방식으로 전환하였고, 2016년 세법개정으로 거주자 본인을 위하여 지출한 학자금 대출의 원리금 상환액 및 연 30만 원 한도의 현장체험학습비(시행령 개정)가 세액공제 대상에 추가되었다.

이에 따라 교육비 특별세액공제에 따른 조세지출 규모도 2014년 1조 803억 원에서 2017년에는 1조 1,845억 원으로 증가하고 있다.

3) 쟁점 및 논쟁의 근거

(1) 찬성논거

이 개정안에 대한 찬성논거는 다음과 같다.

첫째, 교육비 특별세액공제의 공제혜택이 고소득층에 집중되고 있어 개정안은 소득계층 간 과세형평성을 제고하는 데 도움이 된다. 2015년 기준 총급여 3천만 원 이하 구간의 공제대상 교육비는 73.4만 원인 반면, 총급여 1억 원 초과 구간은 6.3배인 460.4만 원이다. 개정안에 따라 고등학교 이하 자녀에 대한 공제한도를 100만 원~200만 원으로 축소하면

2015년 총급여 규모별 납세자 1인당 평균 공제대상 교육비 현황

(단위 : 명, 백만 원)

구분	인원	공제대상금액	평균 공제대상금액
3천만 원 이하	130,911	96,029	0.734
3천만 원~6천만 원	1,013,063	2,134,531	2.107
6천만 원~1억 원	1,034,805	3,620,106	3.498
1억 원 초과	363,205	1,672,425	4.605
합계	2,541,984	7,523,091	2.960

자료 : 2016년 국세통계연보

총급여 3천만 원 이하의 저소득자를 제외한 중산층 및 고소득자 대다수의 교육비 공제규모가 감소하여 소득구간별 교육비 공제규모 격차가 줄어들 수 있다.

둘째, 개정안은 세수 확보는 물론 전체 근로소득자의 46.8%에 달하는 면세자 비율을 줄이고 과세기반을 넓히는 데 기여할 수 있다.

셋째, 향후에도 교육의 공공성 강화가 추진됨에 따라[100] 교육비 특별세액공제 축소에 따른 부작용은 제한적일 수 있다.

넷째, 우리나라의 진학률 및 교육과정 이수율 등 교육 참여 수준은 세계 최고 수준이라는 점에서 교육을 장려하고자 하는 교육비 특별세액공제의 도입 목적이 어느 정도 달성되었다고 볼 수 있다. 'OECD 교육지표 2017'에 따르면[101] 2015년 기준 연령별 취학률은 5~14세 98%, 15~19세 86%, 20~24세 51%로 OECD 평균보다 높았으며, 청년층(25~34세)의 고등교육 이수율은 70%로 2008년 이후 OECD 국가(평균 43%) 중 최고 수준을 유지 중이다.

(2) 반대논거

이 개정안에 대한 반대 논거는 다음과 같다.

첫째, 교육비에 대한 특별세액공제 규모를 축소하는 경우 근로소득자들의 조세저항을 심화시킬 가능성이 있다. 2015년도 귀속분 근로소득금액 신고인원 1,733.3만 명의 14.7%에 해당하는 254.2만 명이 공제혜택을 받고 있으며, 2016년 교육비 특별세액공제 조세지출 규모 1조 1,659억 원은 2016년도 근로소득세수 30조 9,938억 원의 3.8%에 해당하는 금액이다.

---

100. 문재인 정부는 '국정운영 5개년 계획(2017. 7.)'에서 2018년에 어린이집 누리과정을 전액 국고로 지원하고, 2020년부터 2022년까지 고등학교 무상교육을 단계적으로 실시하며, 2018년부터 대학 등록금 부담 경감 등을 추진함으로써 공교육 비용에 대한 국가 책임을 강화하겠다고 발표하였음.

101. 교육부 보도자료, "'OECD 교육지표 2017' 결과 발표", 2017년 9월 12일자

둘째, 가계의 교육비 부담이 매우 높아 가계의 실질소득이 증가하기 어렵고 위축된 소비가 회복되지 못하고 있으며,[102] 특히 대학 교육비 부담으로 중장년층 가구가 노후준비도 제대로 하지 못하고 있는[103] 현실을 감안할 필요가 있다. 2016년 기준 우리나라의 가계의 최종소비지출 대비 교육비 지출액의 비율은 5.4%로 0.3%~4.7%인 주요 선진국[104]과 비교하여 높다.

셋째, 개정안은 최근 확대된 공제대상 교육비 범위를 고려했을 때 공제한도가 다소 낮게 설정한 측면이 있다. 의무교육 실시 및 보육료·유아학비의 국가 지원에 따라 수업료 등의 가계 부담은 거의 없으나, 급식비, 방과 후 학교 등의 수업료, 특별활동비, 연 50만 원 한도의 교복구입비, 연 30만 원 한도의 초·중·고 현장체험학습비 등은 원칙적으로 가계의 부담이다.

넷째, 우리나라의 공교육비에 대한 정부지출 비중(초·중등교육 87%, 고등교육 34%)이 OECD 평균(초·중등교육 91%, 고등교육 70%)에 미치지 못하고 있다는 점을 고려할 필요가 있다. 특히 고등교육의 경우 우리나라의 학생 1인당 공교육비 지출액이 9,570달러로 OECD 평균 16,143달러보다 많이 낮은데, 이는 우리나라의 고등교육에 대한 정부지출 비중이 OECD 평균 70%의 절반 수준인 34%에 불과하기 때문이다. 이처럼 고등교육에 대한 정부지출 부족분을 가계가 부담하고 있는 상황에서 대학생

---

102. 소비를 위축시키는 가장 큰 요인으로 '소득 감소'(22.1%)에 이어 '자녀교육비 부담'(19.3%)이라는 응답이 2번째로 많았음(현대경제연구원, 경제적 행복의 장애 요인, 현안과 과제 16-30호, 2016. 7. 20. pp. 2-3).
103. 소득 대비 교육비가 1% 증가하면 0.2%~0.4% 정도 연금·보험에 납입하는 가구의 비율이 낮아지며, 특히 고소득분위의 경우에는 소득 대비 교육비가 1% 증가할 때 납입가구 비율이 0.5% 정도 낮아지는 것으로 나타남(이규복·이석호, '국내 가구의 교육 및 주거관련 비용 부담이 노후소득 준비에 미치는 영향 : 연금·보험을 중심으로', KIF 연구보고서 2017-10, 한국금융연구원, 2017. 4. pp. 37-39).
104. 미국 2.3%, 영국 1.8%, 독일 0.9%, 프랑스 1.0%, 호주(2015년) 4.7%, 스웨덴 0.3%, 일본 2.0%(OECD stat)

자녀에 대한 교육비 세액공제까지 폐지하게 되면, 가계의 대학교 교육비 부담[105]으로 인한 경제적인 어려움이 더 심화될 수 있다는 점을 감안할 필요가 있다.

4) 조세소위의 최종 심사 결과와 논거

이 개정안에 대해서 2017년 11월 국회 기획재정위원회 조세소위원회에서는 각종 교육비에 대한 국가 지원 확대로 교육비 공제한도를 축소할 필요가 있다는 입장과 개정안에 따른 일반가구의 추가적인 세 부담을 우려하는 입장이 대립함에 따라 조세소위원회에 계류하여 계속 논의하기로 하였다.

5) 향후 쟁점과 입법논의 전망

이 개정안은 조세소위원회에 계류되어 있으므로 2018년 정기회 조세소위원회에서도 논의될 것으로 보이며, 국가의 교육비 지원 확대 추세, 가구의 자녀 학령별 실질 교육비 부담 등을 감안하여 개정안의 입법 필요성에 대한 심도 있는 검토가 필요하다.

---

105. 2016년 기준 우리나라 대학교의 연평균 등록금은 국공립 4,578달러, 사립 8,205달러임.

13. 문화비 또는 도서구입비에 대한 소득·세액공제 신설

1) 소득세법 개정안의 주요 내용

문화비 등에 대한 소득공제에 관한 개정안은 다음의 3건이다.

첫째, 종합소득이 있는 거주자가 그 거주자와 기본공제대상자를 위하여 지출한 도서 구입, 공연·연극·영화·전시회 관람 등 문화활동 경비에 대하여 연 100만 원 한도로 15%의 세액공제를 신설하려는 것이다(김해영 의원안). 둘째, 과세표준 8,800만 원 이하 근로소득자가 간행물 구입에 지출한 비용에 대하여 연 100만 원 한도로 15%의 특별세액공제를 신설하려는 것이다(김영주 의원안). 셋째, 근로소득자의 도서구입비에 대하여 연 100만 원 한도로 특별소득공제를 신설하려는 것이다(박인숙 의원안).*

2) 쟁점과 논쟁의 근거

(1) 찬성논거

문화비 등에 대한 소득공제에 관한 개정안에 대한 찬성논거는 다음과 같다.

첫째, 국민들의 문화예술활동 및 독서활동이 정체되거나 오히려 위축되고 있는 양상을 보이고 있다. 문화예술관람 경험률이 2014년 68.7%에서 2015년 65.2%로 3.5% 포인트 하락하였고, 관람횟수도 35.5회에서 31.3회로, 연간 문화관람 총 지출비용도 559,632원에서 477,358원으로 줄어드는 등 전년도에 비하여 문화활동이 위축되었다. 성인의 연간 독서량(전자

---

* 김해영 의원안 : 2016. 8. 9 발의, 김영주 의원안 : 2017. 1. 5 발의, 박인숙 의원안 : 2017. 3. 17 발의

책 포함)이 2013년 전체 평균 10.2권, 독서자 평균 19.8권에서 2015년 전체 평균 9.9권, 독서자 평균 14.6권으로 감소하였고, 1년간 책을 단 한 권도 읽지 않은 사람이 같은 기간 27.8%에서 32.6%로 4.8% 포인트 증가하였다.[106] 문화체육관광부의 문화향수실태조사에 따르면, 2016년 기준 문화예술활동 관람 애로사항으로 높은 비용이라는 응답이 31.9%로 가장 높았고, 1회 이상 관람자를 대상으로 한 관람 시 보완점에 대해서도 관람비용 인하라는 응답이 34.0%로 가장 높았다.

둘째, 장기적인 관점에서 문화예술 관련 지출은 사회적 생산성을 높이고 양질의 노동력을 안정적으로 공급하는 데 도움을 주어, 의료비와 보험료 등 기존의 특별공제 항목과 같이 노동력 유지에 필수적으로 소요되는 경비로 볼 수 있다. 2016년 기준 우리나라 가계의 최종소비지출 대비 문화여가지출 비율은 8.4%로 9%~11%인 주요 선진국에는 못 미치는 수준이므로, 국가의 재정적 지원을 통해 문화여가지출 수요를 촉진할 필요가 있다.

주요 국가별 2016년 기준 가계 최종소비지출 대비 문화여가지출 비중

우리나라	미국	영국	독일	호주 (2015년)	스웨덴	핀란드
8.4%	9.2%	10.0%	9.1%	10.0%	11.0%	10.5%

주) 가계 국내 최종소비지출(Final consumption expenditure of households on the territory) 대비 문화여가지출(Recreation and culture)을 의미함.
자료 : OECD stat, National Accounts – Annual National Accounts – 5. Final consumption expenditure of households(current price)를 기초로 자체 가공

셋째, 근로소득자의 문화예술 경비에 대해서도 소득공제를 인정함으로써, 법인과 개인사업자에게 문화접대비에 대한 손금산입 특례를 인정하고 있는 것과 균형을 맞출 필요가 있다.[107]

---

106. 문화체육관광부, 2015년 국민 독서실태 조사, 2015. 12.
107. '조세특례제한법' 제136조 제3항에 따라 공연·전시회 입장권 구입 등 문화비로 지출한 접대비에 대해서는 접대비 한도액의 20% 내에서 추가로 손금산입할 수 있음.

(2) 반대논거

이에 대한 반대논거는 다음과 같다.

첫째, 우리나라는 경비지출 증명 없이도 근로소득의 상당부분을 공제하는 개산공제방식의 근로소득공제·근로세액공제제도를 운영하고 있으며, 문화비용 등 일상적인 경비(교통비·통신비 등)는 근로소득공제에 포함되는 것으로 볼 수 있다. 문화비 등에 대해서만 별도의 소득·세액공제를 인정하는 것은 현행 공제 체계에 부합하지 않을 뿐만 아니라, 교통비, 통신비 등 일상경비에 대한 소득공제 요구를 유발할 우려가 있으며, 전체 근로소득자의 46.8% 수준인 과세미달자 비율이 확대될 우려가 존재한다.

둘째, 소득수준이 높을수록 공제혜택이 커져 조세형평성을 저해할 수 있다. 2015년 기준 46.8%에 달하는 면세자의 경우 세제혜택을 받을 수 없고, 소득공제의 방식을 택하는 경우 기본적으로 한계세율이 높을수록 유리하여 서민의 세 부담을 줄이는 데 미흡한 측면이 있다. 문화예술 향유에 있어서도 빈부격차가 큰 것으로 나타났다. 2016년 기준 월평균소득 200만 원 미만인 일반인이 17.0만 원을 문화예술활동에 지출한 반면, 500만 원~600만 원인 일반인은 24.8만 원을 지출하였다.[108] 문화예술행사 관람률도 월평균소득 100만 원 미만인 가구가 30.9%인 반면, 500만 원~600만 원인 가구는 89.1%로 거의 3배에 달하고 있다.[109]

셋째, 문화예술활동의 정체·위축이 금전적인 측면보다는 근로시간 과다, 과다한 학업·취업준비 부담 등으로 인하여 시간적·심리적인 여유가 없거나 문화예술활동 기반 부족, 개인적인 성향 등 복합적인 요인 때문일 수 있다. 국민독서실태조사에 따르면 2015년 기준 독서 장애요인으로 성인의 경우 일이나 공부, 다른 여가활동 등으로 바쁘거나 마음의 여유가

---

108. 서울문화재단, 2016 서울시민 문화향수실태조사, 2017. 6. p. 111
109. 문화체육관광부, 2016년 문화향수실태조사

없는 응답이 59.7%였으며, 독서 습관 미형성이라는 응답도 23.2%에 달했다.[110]

넷째, 근본적으로 식료품비와 의복비, 주거비 등 생활필수품에 대한 지출액과 달리 사치재의 성격이 있는 문화비 및 도서구입비에 대하여만 별도의 공제혜택을 부여하는 것은 조세형평성에 미부합하며 불합리한 측면이 있다.

3) 조세소위의 최종 심사 결과와 논거

이 개정안에 대해서 2017년 11월 국회 기획재정위원회 조세소위원회에서는 문화활동 장려 차원에서 정부가 제출한 조세특례제한법 개정안에 따른 신용카드 사용금액 소득공제에 도서 · 공연사용분에 대한 추가 공제제도를 신설하는 것으로 결정함에 따라 개정안의 입법취지가 반영되었다고 보아 2018년 2월 9일 폐기되었다.

4) 향후 쟁점과 입법논의 전망

도서 · 공연사용분에 대한 추가 공제제도가 2018년 7월 1일부터 도입됨에 따라 해당 제도의 문화활동 장려 효과 등 운용 성과를 지켜볼 필요가 있다. 또한 정부가 올해(2018년) 8월 말에 제출할 세법개정안에 박물관 · 미술관 입장료를 도서 · 공연분 추가 공제 대상에 포함하기로 하는 등 도서 · 공연 이외의 문화활동에 대하여 도서 · 공연사용분과 마찬가지로 세제혜택을 신설하는 내용의 법안이 향후에 발의될 가능성이 있으므로 관련 논

---

110. 문화체육관광부, 2015년 국민 독서실태조사, 2015. 12. pp. 93-94

의도 함께 살펴보아야 할 것이다.

14. 자녀세액공제 축소·정비

1) 소득세법 개정안의 주요 내용

이 개정안은 1명당 15만 원(셋째부터 30만 원)을 공제하는 자녀세액공제를 2021년부터 6세 이상의 자녀에 대해서만 적용하도록 하고, 6세 이하 자녀양육비 추가 공제는 2018년부터 폐지하려는 것이다. 개정안은 정부가 2018년부터 6세 미만 자녀에 대하여 월 10만 원의 보편적 아동수당을 지급하기로 함에 따라 중복적 세제지원을 정비하려는 취지이다. 다만, 자녀세액공제 적용대상 축소의 경우 시행일을 2021년 1월 1일부터로 하여 아동수당 도입 초기 3년간에는 5세 이하 자녀에 대하여 아동수당과 자녀세액공제를 중복지원하고자 하는 것이다.*

따라서 개정안은 아동수당의 도입을 내용으로 하는 '아동수당법안'(정부 제출, 의안번호 제9740호)의 통과 여부에 따라 결론이 달라질 수 있으므로 해당 법안의 논의 경과를 지켜볼 필요가 있다.

2) 쟁점과 논쟁의 근거

(1) 찬성논거
이 개정안에 대한 찬성논거는 다음과 같다.

---

* 정부안 : 2017. 9. 1. 제출

첫째, 개정안은 자녀 양육 지원에 대한 재정지원 확대를 전제로 유사한 성격에 조세지출제도를 정비하려는 것으로 국가정책 및 조세지출의 효율성과 효과성을 제고한다는 측면에서 입법적 타당성이 인정될 수 있다. 영국, 독일 등은 조세지출제도를 평가할 때 재정지출과의 중복 여부를 확인하고, 한 번 도입되면 폐지가 어려운 조세지출 지원은 지양하고 재정지출로 일원화하도록 지침으로 권고하고 있다.[111]

둘째, 자녀세액공제의 2017년 조세지출 전망액은 1조 3,174억 원이나, 정부에 의하면 개정안에 따라 2019년부터 2021년까지 3년간은 연 685억 원, 2022년에는 연 3,483억 원 등 4년간 총 5,538억 원(연평균 1,385억 원)의 조세지출 감소효과가 있을 것으로 추정된다.[112] 비록 자녀세액공제 규모는 줄어들지만 6세 미만 자녀 1인당 연 120만 원의 아동수당이 지급되면 국가의 자녀육아에 대한 지원규모는 현행보다 상당히 증가하게 된다.

셋째, 자녀세액공제의 경우 납부할 소득세 규모 자체가 적은 저소득층에 대한 조세 감면 효과가 상대적으로 작다는 점에서 자녀세액공제를 축소·정비하고 아동수당을 지급할 경우 국가 지원에 따른 소득재분배 효과가 제고될 수 있다. 국회 예산정책처에 따르면,[113] 소득 1~3분위에 대한 자녀세액공제는 40억 원으로 전체의 0.3%에 그치는 등 공제혜택이 4분위 이상에 귀속됨에 따라 자녀세액공제를 폐지하는 경우 지니계수가 0.0002 감소[114]하여 소득분배가 개선되는 것으로 나타나고 있다.

---

111. 국회 예산정책처, 아동 관련 복지 분야의 조세지출과 재정지출 지원 현황 및 시사점, 2016. 6. p. 49

112. 정부가 추계한 아동수당 도입에 따른 예산소요는 2018년 1.5조 원, 2019년 이후 연 3조 원 내외임 ('아동수당법안'(정부 제출) 비용추계서 참조).

113. 국회 예산정책처, 앞의 보고서, pp. 45-46

114. 0.3227 → 0.3225

(2) 반대논거

이 개정안에 대한 반대논거는 다음과 같다.

첫째, 우리나라의 심각한 저출산 상황 및 자녀 양육에 따른 막대한 경제적 부담을 감안할 때 재정지출과 조세지출이라는 이중지원 자체가 반드시 부정적이라고 보기는 힘든 측면이 있다. 우리나라의 합계출산율은 2016년 기준 1.17명으로 OECD 국가 중에서도 최저 수준이며,[115] 2017년 상반기 출생자수는 18.9만 명으로 전년 동기 대비 12.3% 감소하였고 합계출산율이 0.55명(연율 환산 시 1.10명)으로[116] 저출산 문제가 매우 심각한 상황이다. 월 10만 원의 아동수당을 도입한다고 하더라도 양육비 부담 완화에 충분한 수준으로 보기 어려우며 자녀세액공제의 축소·정비는 아동수당 도입에 따른 경제적인 지원 효과를 상쇄하는 측면이 있으므로, 저출산 문제 극복 및 자녀 양육 지원에 대한 국가의 적극적인 정책의지를 표명하는 차원에서 자녀세액공제를 존속할 필요성이 있다.

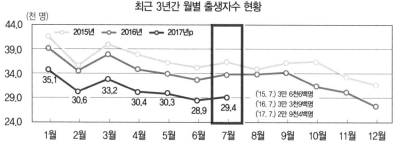

최근 3년간 월별 출생자수 현황

자료 : 통계청 보도자료, 2017년 7월 인구동향, 2017년 9월 27일자

둘째, 우리나라는 자녀가 있는 가구에 대한 세제혜택이 선진국과 비교하여 적은 것으로 나타나고 있다. OECD에 따르면, 2016년도 평균임금 수준

---

115. 통계청 보도자료, 2016년 출생 통계(확정), 2017년 8월 30일자
116. 통계청 보도자료, 2017년 6월 인구동향, 2017년 8월 23일자

의 2자녀 외벌이가구의 조세격차는 20.0%로 22.2%인 독신가구에 비하여 불과 2.2% 포인트 낮은 것으로 나타났는데,[117] 이는 세제와 가족보조금제도 등에서 결혼과 출산, 자녀양육에 대한 지원이나 혜택이 적기 때문이다.

셋째, 아동수당은 '만 6세 미만'의 자녀를 지급대상으로 하는 반면, 개정안에 따라 폐지되는 6세 이하 자녀양육비 추가 공제(6세 이하 자녀가 2명 이상인 경우 2번째 자녀부터 연 15만 원 공제)의 경우 적용대상이 '만 6세 이하'이기 때문에 만 6세 자녀에 대한 정부 지원이 현행에 비하여 감소하는 정부지원의 사각지대가 발생할 수 있다.

넷째, 자녀세액공제의 다자녀가구에 대한 세제지원 효과를 감소시키고 있다.[118] 개정안은 6세 이하 자녀양육비 공제를 폐지하고, 자녀세액 기본공제의 경우 공제대상을 6세 이상으로 한정하여 자녀수가 많더라도 6세 미만 자녀는 자녀세액 기본공제액 산정 시 고려대상에서 배제함으로써 다자녀가구에 대한 세제지원을 약화시켰다.[119] 정부는 연말정산 보완대책의 일환으로 2015년 5월 '소득세법' 개정에 따라 신설된 6세 이하 자녀양육비 추가 공제를 불과 1년 반 만에 폐지하는 개정안을 제출함으로써 조세정책의 신뢰성을 저하시킨 측면이 있다.

3) 조세소위의 최종 심사 결과와 논거

이 개정안에 대해서 2017년 11월 국회 기획재정위원회 조세소위원회에서

---

117. 조세격차(Average Tax Wedge)는 사회보험료를 포함한 세 부담 수준을 나타내는 지표임.
118. 2018년 조세지출예산서는 자녀세액공제의 도입 목적을 다자녀 가정에 대한 적극적인 사회적 우대 분위기 조성을 통한 출산의 장려로 적시하고 있음.
119. 예를 들어, 6세인 자녀가 1명인 경우 15만 원의 자녀세액 기본공제를 받게 되는데, 각각 6세, 4세, 2세인 3명의 자녀가 있는 경우에도 6세 이상인 자녀는 1명뿐이므로 개정안에 따른 자녀세액 기본 공제액은 15만 원으로 동일하게 됨.

는 저출산 대책 차원에서 자녀세액공제와 아동수당을 중복지원하자는 의견 또는 오히려 자녀세액공제를 확대하자는 의견도 있었으나, 아동수당과 중복지급 문제를 해소할 필요가 있다는 입장을 수용하여 6세 미만 자녀에 대한 자녀세액공제를 폐지하되, 폐지시점을 2021년에서 2019년으로 앞당겨 당초 3년이었던 아동수당과 자녀세액공제의 중복 적용기간을 3년에서 1년으로 축소하는 것으로 수정 의결되었다.

4) 향후 쟁점과 입법논의 전망

2017년 12월 6일 아동수당 지급대상이 모든 가구에서 2인 이상 가구의 소득 하위 90%까지로 조정되어 국회 본회의에서 수정 의결됨에 따라 소득 상위 10%의 경우 아동수당을 지급받지 못하면서 자녀세액공제도 적용받지 못하게 되는 결과가 발생하였다. 이에 기획재정부는 올해(2018년) 8월 말에 제출될 세법개정안에 직전 연도에 아동수당을 지급받은 사실이 없는 자녀에 대하여는 기존 자녀세액공제를 적용받을 수 있도록 하는 내용을 포함할 예정이다.

15. 소기업·소상공인 공제부금의 해지일시금에 대한 원천징수세율 인하

1) 소득세법 개정안의 주요 내용

이 정부 개정안은 소기업·소상공인이 소기업·소상공인 공제금 지급사유가 발생하기 전에 공제계약을 중도 해지하는 경우 환급받는 해지일시금에 대한 원천징수세율을 현행 20%에서 15%로 5% 포인트 인하하려는 것이다. 개정안은 경영상 어려움 등으로 부득이하게 중도 해지하는 소기업 사업자 및 소상공인의 세 부담을 경감하려는 것이다.*

2) 현황과 개정연혁

현행법상 폐업·사망·노령[120] 등의 사유가 발생하기 전에 소기업·소상공인 공제계약이 임의 해지되는 경우 해외이주 등의 특별한 사유가 없는 한 기타소득으로 보아, 해지일시금 지급 시 20%의 세율로 소득세를 원천징수하게 된다.[121]

현행법상[122] 해지일시금이 300만 원을 초과하는 경우 원칙적으로 종합과세 대상이 되어 6~42%의 종합소득세율이 적용되나, 300만 원 이하이면서 지급 시 원천징수된 경우 분리과세 대상이 되어 원천징수로 과세가

---

* 정부안 : 2017. 9. 1. 제출

120. 만 60세 이상으로 공제부금 납입월수가 120개월 이상인 공제 가입자가 공제금의 지급을 청구하는 경우('조세특례제한법 시행령' 제80조의 3 제4항 제4호)

121. 조세특례제한법 제86조의 3(소기업·소상공인 공제부금에 대한 소득공제 등)
④ 폐업 등 대통령령으로 정하는 사유가 발생하기 전에 소기업·소상공인 공제계약이 해지된 경우에는 다음의 계산식에 따라 계산한 금액을 '소득세법' 제21조에 따른 기타소득으로 보아 소득세를 부과한다. 다만, 해외이주 등 대통령령으로 정하는 사유로 해지된 경우에는 제3항을 적용한다.
기타소득 = 해지로 인하여 받은 환급금 − 실제 소득공제받은 금액을 초과하여 납입한 금액의 누계액
소득세법 제21조(기타소득) ① 기타소득은 이자소득·배당소득·사업소득·근로소득·연금소득·퇴직소득 및 양도소득 외의 소득으로서 다음 각 호에서 규정하는 것으로 한다.
18. 대통령령으로 정하는 소기업·소상공인 공제부금의 해지일시금

122. 소득세법 제14조(과세표준의 계산)
③ 다음 각 호에 따른 소득의 금액은 종합소득과세표준을 계산할 때 합산하지 아니한다.
8. 다음 각 목에 해당하는 기타소득(이하 '분리과세기타소득'이라 한다)
가. 제21조 제1항 제1호부터 제20호까지 및 제22호의 규정에 따른 기타소득(라목 및 마목의 소득은 제외한다)으로서 같은 조 제2항에 따른 기타소득금액이 300만 원 이하이면서 제127조에 따라 원천징수된 소득(해당 소득이 있는 거주자가 종합소득과세표준을 계산할 때 이를 합산하려는 경우는 제외한다)

종결된다. 해지일시금이 300만 원 이하인 경우 원천징수세율을 20%에서 15%로 5% 포인트 인하하는 개정안에 따라 세 부담이 최대 15만 원 감소하게 된다.

 소기업·소상공인 공제는 2007년 9월에 도입되었는데, 소기업 사업자 및 소상공인이 폐업하거나 노령으로 은퇴할 경우 생활안정 및 사업재기를 위한 자금을 마련하거나 노후를 대비할 수 있다는 점에서 4대 보험을 보완하는 역할을 하고 있다.[123] 소기업·소상공인 공제의 2017년 8월 기준 누적가입자수는 106.2만 명,[124] 누적부금은 7.7조 원, 공제액 지급액은 8,930억 원이다. 소기업 및 소상공인 공제의 가입인원 및 가입부금액이 증가함에 따라 해약건수 및 해약지급액도 매년 증가하고 있는데, 2017년에는 8월 말 기준 9,092건의 해약에 대하여 482억 원의 해약금이 지급되었다.

소기업·소상공인 공제 해약 현황

(단위 : 건, 억 원)

구분	2012년 이전	2013년	2014년	2015년	2016년	2017년 8월	합계
해약건수	4,004	4,356	5,986	7,241	10,311	9,092	40,990
해약지급액	145	128	230	330	498	482	1,813

자료 : 중소기업중앙회

 해지일시금 중 분리과세되어 원천징수세율 인하에 따른 세 부담 감면 효과를 누리는 인원이 상당할 수 있다. 2017년 8월 기준 해약건당 평균 해지일시금 지급액은 기타소득 분리과세 한도(300만 원)를 넘어서는 531만 원이다. 그러나 기획재정부에 따르면, 2016년 기준 전체 해지인원의 77.3%가 500만 원 이하의 금액을 해지하였고 해당 구간의 평균 해지금

---

123. 중소기업중앙회가 2015년 5월에 공제가입자를 대상으로 한 설문조사 결과에 따르면, 공제가입 목적으로 절세효과(31.0%), 보험역할(27.7%), 노후보장(26.9%) 등을 들고 있음.
124. 전체 소기업·소상공인 340만 명의 약 30%에 해당하는 인원임.

액이 146만 원으로 상당수가 분리과세 대상이 된다.

3) 쟁점과 논쟁의 근거

(1) 찬성논거
이 개정안에 대한 찬성의견은 다음과 같다.

첫째, 일반적으로 소기업 사업주 및 소상공인이 임의 해지하는 이유는 경영상 또는 사업자 개인의 일신상의 큰 어려움이 발생했기 때문일 가능성이 높으므로, 임의 해지한 사업주 등에 대하여 세 부담을 일정 부분 경감할 정책적인 필요성이 있다.

둘째, 6~15%의 한계세율을 적용받는 저소득 사업주의 공제계약 중도 해지에 따른 제재를 어느 정도 완화하는 측면이 있다. 중도 해지에 따른 해지일시금에 대한 기타소득 과세는 공제부금 납입 시 적용된 소득공제 혜택을 환수하는 성격이 있다. 개정안에 따라 해지일시금에 대한 원천징수세율을 15%로 인하하면 한계세율이 15%인 사업주·소상공인은 중도 해지에 따른 추가 세 부담 5% 포인트(20%-15%)에서 0% 포인트로 없어지게 되고 (15%-15%), 한계세율이 6%인 사업주·소상공인은 추가 세 부담이 14% 포인트 (20%-6%)에서 9% 포인트(15%-6%)로 줄어들게 된다.

셋째, 소기업·소상공인 공제금과 성격이 유사한 연금소득의 경우에도 연금 외 수령을 하게 되면 기타소득으로 보아[125] '소득세법' 제129조 제1항 제6호 나목에 따라 15%의 원천징수세율이 적용된다.

---

125. 소득세법 제21조(기타소득) ① 기타소득은 이자소득 · 배당소득 · 사업소득 · 근로소득 · 연금소득 · 퇴직소득 및 양도소득 외의 소득으로서 다음 각 호에서 규정하는 것으로 한다.
    21. 제20조의 3 제1항 제2호 나목 및 다목의 금액을 그 소득의 성격에도 불구하고 연금 외 수령한 소득

(2) 반대논거

이 개정안에 대한 반대의견은 다음과 같다.

첫째, 개정안은 중도 해지에 대한 제재를 완화하여 공제계약의 중도 해지 유인을 높임으로써 소기업·소상공인 공제제도의 효과성을 저하시킬 우려가 있다. 소기업·소상공인 공제의 근본 목적은 소기업 사업자 및 소상공인이 폐업하거나 노령으로 은퇴한 이후를 대비하기 위한 자금 축적이라는 점에서 공제제도가 당초 제도 목적을 달성하기 위해서는 중도 해지를 최소화할 필요가 있다.[126]

둘째, 24% 이상의 한계세율을 적용받는 중·고소득 사업주가 중도 해지하는 경우 얻게 되는 세 절감 효과를 확대시키는 부작용이 있다. 개정안에 따라 해지일시금에 대한 원천징수세율이 5% 포인트 인하되면 중·고소득 사업주의 중도 해지에 따른 세 절감 효과는 현행 4% 포인트(24%-20%)~20% 포인트(40%-20%)에서 9% 포인트(24%-15%)~25% 포인트(40%-15%)로 확대되어 저소득 사업주와의 과세형평 및 조세특례의 구체적 타당성을 저해하게 된다.[127] 참고로 소기업·소상공인 공제금과 성격이 유사한 연금소득에 대하여는 12%~15%의 세액공제율이 적용되고, 연금 외 수령되는 소득에 대하여 15%의 원천징수세율이 적용됨에 따라 위와 같은 문제점은 발생하지 아니한다.

셋째, 2016년 세법개정에서 가입일부터 5년 이내 소기업·소상공인 공제계약을 해지한 경우에 부과되던 2%의 해지가산세[128]를 폐지하여 중도 해지에 따른 세 부담이 어느 정도 경감되었다는 점을 감안할 필요가 있다.

---

126. 반면, 기획재정부는 공제부금의 시장 평균이자율보다 높은 수익률, 압류 제한 등 제도 자체의 유리한 측면 때문에 중도 해지 유인의 증가는 제한적일 것으로 판단하였음.

127. 다만, 고소득자의 경우 공제부금 연간 납입금액 규모가 커(종합소득 7천만 원 이상 연평균 264만 원 납입) 상당수가 해지금액이 300만 원이 넘어 합산과세됨으로써 세 절감 효과가 없을 수 있음.

4) 조세소위의 최종 심사 결과와 논거

이 개정안에 대해서 2017년 11월 국회 기획재정위원회 조세소위원회에서는 소기업·소상공인의 세 부담을 경감하는 기본적인 취지에는 공감하였으나 고소득 전문직종이나 임대사업자가 가입하여 혜택을 받는 문제점이 제기됨에 따라 "소기업·소상공인 공제 가입자 중 세제혜택 부여 취지에 벗어나는 수혜자를 가려내기 위한 개편안을 마련하여 보고할 것"이라는 부대의견을 채택하고 당초 개정안대로 원안 의결하였다.

5) 향후 쟁점과 입법논의 전망

2017년 정기회 조세소위원회 부대의견에 따라 정부는 올해(2018년) 8월 말에 발표될 세법개정안에서 부동산임대업에 대하여는 소득공제 적용을 배제하는 방안을 포함할 예정이며, 고소득 전문직종이나 임대사업자 등 소기업·소상공인 공제제도의 취지에 부합하지 않는 공제 가입자의 세제혜택을 축소하는 방안에 대하여 논의가 이루어질 가능성이 있다.

---

128. 조세특례제한법[법률 제13560호, 2015. 12. 15, 일부개정]
제86조의 3(소기업·소상공인 공제부금에 대한 소득공제 등)
⑤ 가입일부터 5년 이내에 소기업·소상공인 공제계약이 해지된 경우에는 '중소기업협동조합법'에 따른 중소기업중앙회(이하 이 조에서 '중소기업중앙회'라 한다)는 매년 납입한 금액(300만 원을 한도로 한다)의 누계액에 100분의 2를 곱하여 계산한 해지가산세와 제4항에 따른 소득세를 해당 공제 환급금에서 추징하여 해지일이 속하는 달의 다음 달 10일까지 원천징수 관할 세무서장에게 납부하여야 한다. 다만, 해외이주 등 대통령령으로 정하는 사유로 해지된 경우에는 해지가산세를 부과하지 아니한다.

16. 종교인소득 과세 시행시기 2년 유예

1) 소득세법 개정안의 주요 내용

이 개정안은 2018년부터 시행될 예정인 종교인소득에 대한 과세의 시행시기를 2020년으로 2년 유예하려는 것이었다. 과세당국과 종교인 간 종교인소득 과세를 위한 충분한 협의가 없어 구체적인 세부 시행기준 및 절차 등이 마련되어 있지 않아 과세 시행에 따른 마찰과 부작용이 우려되므로, 철저한 과세준비 및 홍보를 위하여 종교인소득 과세를 2년 더 유예하고자 하는 것이다.*

2) 현황과 개정연혁

정부는 2015년에 종교인소득의 과세근거를 법률에 명시하고 비과세소득을 구체적으로 규정하며, 소득수준에 따라 필요경비율을 차등 적용하고 종교단체의 원천징수의무를 선택사항으로 규정하는 내용의 '소득세법' 개정안을 제출하였다. 해당 법률안이 2015년 정기회 조세소위에서 논의된 결과 ① 종교인소득에 대하여 근로소득으로 원천징수 또는 신고한 경우에는 근로소득으로 보도록 하였고, ② 세무공무원의 질문·조사 시 종교인소득과 관련된 부분에 한하여 조사할 수 있도록 하였으며, ③ 종교인소득 과세의 면밀한 준비를 위하여 2년의 유예기간을 부여하여 2018년부터 과세를 시행하도록 하였다.

이에 따라 정부는 2016년 2월에 '소득세법 시행령'을 개정하여 과세요건

---

* 김진표 의원안 : 2017. 8. 9. 발의

및 절차 등을 구체화하였다. 종교를 목적으로 설립된 비영리법인으로부터 받은 소득을 과세대상으로 규정하고[129] 비과세소득을 구체화하였으며, 종교인소득의 필요경비율(20~80%)을 정하고, 원천징수세액의 반기별 납부 특례 대상에 종교인소득을 원천징수하는 종교단체를 포함하도록 하였다.

국세청은 종교인소득 과세의 원활한 시행을 위하여 전담인력(107명) 및 예산(전산시스템 구축예산 5억 원)을 확보하고, 원천징수 및 연말정산 등을 위한 전산시스템 개발, 간이세액표 및 종교인소득 신고서식 작성 등의 준비 노력을 하고 있다.

아울러 기획재정부도 2017년 6월부터 주요 종교계와 소통을 위한 간담회를 실시하였고,[130] 7월부터 8월까지 국세청과 공동으로 21개 주요 교단(연합회 포함)을 방문하여 종교인소득 과세제도에 대하여 설명하고 각 교단별 애로사항을 청취하였으며, 종교계별로 종교인 과세 전담팀과 협의를 지속하는[131] 등 종교계 의견 수렴을 진행하였다. 기획재정부장관도 2017년 8월 30일부터 10월 26일까지 7대 종교계 9대 종단의 지도자를 직접 예방하여 당부말씀을 경청하였다.

---

129. 소득세법 시행령 제41조(기타소득의 범위 등)
　⑭ 법 제21조 제1항 제26호에서 '대통령령으로 정하는 종교단체'란 종교를 목적으로 '민법' 제32조에 따라 설립된 비영리법인(그 소속 단체를 포함하며, 이하 '종교단체'라 한다)을 말한다.
130. 1차(2017. 6. 23.) : 종교인 과세 유예 주장 교단(한국기독교총연합회, 한국교회연합)
　2차(2017. 6. 30.) : 7대(불교, 개신교, 천주교, 유교, 천도교, 원불교, 민족종교협의회) 주요 종교계
131. 개신교의 경우 개신교 종교인 과세 TF와 실무협의를 3회 실시하였고, 불교의 경우 조계종 총무원 과세대책부서와 3차례 협의, 불교종단협의회 사무국과의 협의 등을 실시하였음.

3) 쟁점과 논쟁의 근거

(1) 찬성논거

이 개정안의 찬성의견은 기본적으로 종교인소득 과세의 원활한 시행을 위한 정부의 준비가 충분하지 못하다는 것이다.

우선 2015년 세법개정으로 2년의 과세 유예기간을 부여받았음에도, 기획재정부는 과세 시행을 불과 6개월 앞둔 2017년 6월에서야 처음으로 종교계에 대한 의견수렴을 시작하는 등 종교인소득 과세 시행을 위한 종교계와의 소통 노력이 충분하지 못했다는 것이다.

둘째, '소득세법' 및 같은 법 시행령으로 과세대상이 어느 정도 구체화되어 있음에도, 각 종단·교단별로 종교인소득의 종류가 다양하고 유형이 상이하여 과세대상 포함 여부 및 과세기준을 둘러싼 논란이 여전히 해소되지 못하고 있다는 것이다.[132] 정부는 종교계의 요청에 따라 이해를 돕기 위하여 '종교인 세부 과세기준(안)'을 9월에 마련하여 배포하였으나, 과세대상의 범위 및 종교간 형평성 등의 측면에서 각 종파·교파의 반발을 초래하여[133] 정부는 해당 과세기준을 백지화하였다.

셋째, 과세대상 인원,[134] 소득수준[135][136] 등 기초자료 파악이 충분하지 못하여 종교인소득 과세에 따른 세수규모[137] 및 근로소득으로 신고·납부하

---

132. 게다가 기획재정부는 과세대상을 비영리법인 소속 종교인으로 한정하여 비법인 종교단체 소속 종교인과의 과세형평 등의 문제점이 지적되자 2017년 11월에 종교단체의 범위를 조정하기 위한 시행령을 재차 개정할 예정임.

133. 한국교회와 종교간 협력을 위한 특별위원회(TF)는 2017년 10월 24일에 발표한 성명서에서 세부 과세기준은 '종교인소득 과세'가 아닌 '종교소득 과세'의 측면이 있고 타 종교와의 형평성과 현실성을 잃고 있어 수용 불가라는 입장을 밝혔음.

134. 통계청 인구총조사(20% 표본조사)에 따르면 국내 종교 관련 종사자는 2015년 기준 총 11만 1,556명이다. 문화체육관광부가 한국학중앙연구원에 의뢰해 작성한 '한국의 종교 현황'을 보면 국내 종교 단체에서 일하는 교직자 수는 모두 23만 2,811명으로 통계청 집계보다 2배 정도 많음(《이데일리》, "[팩트체크]종교인 과세의 역설… 국민 稅부담 오히려 커진다고요?", 2017년 8월 10일자)

는 경우 신청할 수 있는 근로·자녀장려금의 예상 지출규모[138]를 공식적으로 제시하지 못하고 있다는 것이다. 특히 '소득세법' 제170조는 종교단체에 대하여 종교인소득 관련 부분에 한하여 조사할 수 있다고 명시하고 있음에도, 종교인소득 과세를 매개로 국가권력이 세무조사 등을 통해 종교단체에 간섭하여 종교의 자유를 침해할 수 있다는 일부 종교단체의 우려가 여전히 해소되지 못하고 있는 실정이다.

(2) 반대논거

종교인과세가 예정대로 2018년부터 시행될 필요가 있다는 논거는 다음과 같다.

첫째, 종교인소득에 대한 과세는 헌법이 정하는 납세의 의무의 보편적 구현 및 조세형평성의 측면에서 반드시 이루어질 필요가 있다.

둘째, 1968년 이낙선 초대 국세청장이 종교인소득에 대한 과세 필요성을 제기한 이후 약 50년간 사회적 공론화 과정을 거쳐 어렵게 결정된 사안이라는 점을 감안할 필요가 있으며, 우리나라 조세정책의 신뢰성 및 일관성을 회복하기 위해서도 과세가 예정대로 진행될 필요가 있다.

셋째, 불교와 천주교, 원불교뿐만 아니라 일부 개신교 단체에서도 정부의 과세방침에 찬성하고 있으며, 이미 일부 종교인은 자발적으로 소득세를

---

135. 한승희 국세청장은 2017년 6월 24일 국회에 제출한 인사청문 자료에서 종교인 과세대상 인원이 20만 명에 달할 것으로 추정되나, 종교인 대다수는 소득이 과세 기준에 미치지 못할 만큼 적어 세부담은 크지 않을 것으로 전망하였음.

136. 한국고용정보원의 '한국직업정보'에 따르면 2015년 기준 목사의 평균 소득은 연 2,855만 원, 승려는 연 2,051만 원, 신부는 연 1,702만 원이었음.

137. 언론에 따르면, 정부는 일단 종교인 과세 시 전체 종교인 23만 명의 20%선인 4만 명~5만 명에게 연간 100억 원 안팎의 세금을 걷을 수 있을 것으로 추산하고 있다고 함(〈한국일보〉, "종교인 세수보다 장려금이 많은 '과세의 역설' 가능성", 2017년 9월 29일자).

138. 국회 예산정책처는 2013년 종교인 과세 시행에 따른 개신교 교직자 8만 명에 대한 근로장려금 추가 지출액을 737억 원으로 추산하였음.

납부하고 있다.[139] 최근 여론조사에 따르면 대다수의 국민이 종교인소득에 대한 과세 필요성에 공감[140]하고 있음을 감안할 때 종교계에 대한 국민의 신뢰를 제고한다는 측면에서 과세 시행이 필요하다.

넷째, 정확한 통계는 없으나 상당수의 종교관련 종사자는 소득수준이 낮아 근로장려금(가구유형별 총급여액 1,300만 원~2,500만 원 미만) 및 자녀장려금(총급여 4,000만 원 미만)의 수혜대상이 된다는 점에서, 세제지원의 사각지대에 있던 저소득 종교인의 소득 지원 및 빈곤 완화[141]를 위하여 조속히 과세가 시행될 필요가 있다.

다섯째, 정부는 종교계에 대한 의견 수렴을 거쳐 종교단체 범위 확대, 납부 편의 제고 등 보완방안을 마련하고, 신고·납부 부담을 최소화하기 위하여 전산시스템을 준비하고 있어 종교인소득에 따른 납세협력비용이 여타 소득세 납세자에 비하여 크지 않을 것으로 보고 있다.

4) 조세소위의 최종 심사 결과와 논거

이 개정안에 대해서 2017년 11월 국회 기획재정위원회 조세소위원회에서는 종교인소득 과세 시행을 위한 행정부의 준비가 부족하여 과세 시행시기

---

139. 기획재정부에 따르면 전국에서 활동하고 있는 종교인은 23만 명으로, 이들 가운데 2.6만 명(11%)은 이미 자발적으로 소득세를 납부하고 있음. 천주교는 2011년부터 모든 성직자들이 소득세를 내고 있으며, 기독교도 은혜교회, 사랑의교회, 온누리교회 등 20개 교회가 세금을 납부하고 있음. 이들이 낸 세금은 연간 80억 원으로 과세 종교인 1인당 30만 원 수준임(《비즈니스워치》, "종교인 1억 벌면 소득세 400만 원", 2017년 8월 16일자).

140. 여론조사기관인 리얼미터가 전날 〈tbs〉의 의뢰로 성인 505명을 상대로 설문한 결과(95% 신뢰수준에 표본오차 ±4.4% 포인트)에 따르면 '예정대로 내년부터 종교인 과세를 해야 한다'는 의견이 78.1%를 기록했고, '종교인 과세 반대' 의견은 9.0%, '유예해야 한다'는 답변은 5.2%였음(《연합뉴스》, "종교인 과세… 내년 시행 78.1% vs 유예·반대 14.2%", 2017년 8월 24일자).

141. 2017년 5월 정기 신청분에 대한 가구당 평균 지급액은 전체 수급가구 78만 원, 근로장려금만 받는 가구 63만 원, 자녀장려금만 받는 가구 41만 원, 둘 다 받는 경우는 166만 원으로 나타남(국세청 보도자료, "근로·자녀장려금 260만 가구에 1조 7천억 원 지급", 2017년 9월 21일자).

를 유예할 필요가 있다는 의견이 있었으나 오랫동안 공론화를 거쳐 결정된 사안이고 종교인에 대하여도 과세가 필요하다는 국민적 여론을 감안하여 예정대로 2018년부터 종교인소득에 대한 과세를 시행하는 것으로 결론을 내렸다.

5) 향후 쟁점과 입법논의 전망

2018년부터 종교인소득에 대한 과세가 실시되면서 종교계의 수용성을 높이기 위해 종교활동비 과세대상 제외, 세무조사 기준 완화 등의 시행령 개정이 이루어졌다. 종교인소득에 대한 과세가 성공적으로 정착될 수 있도록 과세과정에서 제기되는 문제점에 대하여는 입법적·제도적 보완이 이루어질 필요가 있다.

17. 근로장려금 산정액 인상

1) 조세특례제한법(소득세) 개정안의 주요 내용

윤호중 의원안은 근로장려금 산정액을 가구 유형별로 현행 대비 최대 50만 원을 인상하여 저소득가구를 지원하려는 것이다.

정부안은 근로장려금 산정액을 가구 유형별로 현행 대비 10% 수준으로 인상하여 저소득가구에 대한 근로장려 및 소득지원을 강화하려는 것이다.

개정안은 2016년 세법개정에 이어 1년 만에 다시 근로장려금 산정액을 인상하려는 것이다. 2016년에 169.5만 가구가 가구당 평균 77만 원의 근로장려금을 수급하였다는 점에서, 정부안에 따라 가구당 약 7만 원 추가

지급이 추산되고, 윤호중 의원안의 경우 가구 유형별로 각각 21.7%(맞벌이), 27.0%(홑벌이), 64.9%(단독가구) 인상됨에 따라 정부안보다 지급액이 크게 증가할 것으로 예상된다.*

2) 현황과 개정연혁

근로장려세제는 저소득가구의 소득지원 및 근로능력이 있는 빈곤층의 근로를 통한 빈곤탈출을 지원하기 위하여 2008년부터 시행되었는데, 연령요건과 같은 근로장려금 신청자격을 완화하는 등 지원대상을 지속적으로 확대하여 왔다. 2013년 세법개정으로 종전의 부양가족수에 따라 차등 지원하던 방식을 가구 유형(결혼 및 맞벌이 여부)에 따라 산정하는 방식으로 변경하여 단독가구는 최대 70만 원, 홑벌이가구는 최대 170만 원, 맞벌이가구는 최대 210만 원까지 근로장려금을 받을 수 있도록 하였다.

2016년 세법개정 시 근로장려금 산정액을 단독가구는 최대 77만 원, 홑벌이가구는 최대 185만 원, 맞벌이가구는 최대 230만 원으로 가구 유형별로 8.8%~10%만큼 상향조정하였다.

이에 따라 근로장려세제를 통한 조세지출이 2009년 4,537억 원에서 2017년에는 1조 704억 원으로 2.4배 증가할 것으로 전망된다.

3) 쟁점과 논쟁의 근거

(1) 찬성논거

개정안에 의하면 추가적인 근로에 따른 근로장려금 수급액이 늘어나게

---

* 윤호중 의원안 : 2017. 11. 13. 발의, 정부안 : 2017. 9. 1. 제출

되므로 저소득층의 근로유인을 제고하고, 저소득층의 가처분소득을 높여 빈곤 완화 및 소비 증진에도 어느 정도 효과가 있을 것으로 보인다. 특히 기획재정부에 따르면 최근 소득 1분위(하위 20%) 가구 평균 소득이 2016년 1분기부터 5분기 연속 전년 동기 대비 감소하고,[142] 지니계수 및 소득 5분위 배율이 2015년 대비 2016년에 상승하는[143] 등 소득불평등이 최근 심화되고 있다. 국회 예산정책처도 단순노동 시장에서는 기업 측면에서 고용세제지원을 강화하는 방안보다 개인의 노동참여를 확대하는 근로장려금 지급액 확대가 고용증가에 더 효과적일 것으로 보았다.[144]

(2) 반대논거

다만, 근로장려금 산정액을 인상한 지 1년밖에 되지 않아 산정액 인상에 따른 효과도 파악되지 않은 상황에서 다시 근로장려금 산정액 인상을 추진하는 것은 다소 이른 측면이 있다는 점도 고려할 필요가 있다. 윤호중 의원안은 연 5천억 원,[145] 정부안은 연 1천억 원의 추가적인 조세지출이 발생하는데, 산정액 인상에 따른 세수손실은 항구적이다.

4) 조세소위의 최종 심사 결과와 논거

이 개정안에 대해서 2017년 11월 국회 기획재정위원회 조세소위원회에서

---

142. 기획재정부 보도자료, 2017년 세법개정안 문답자료, 2017. 8. 2. p. 38 참조
143. 지니계수 : ('15) 0.295 → ('16) 0.304, 소득 5분위 배율 : ('15) 5.11 → ('16) 5.45
144. 국회 예산정책처, 2016년 세법개정안 분석, 2016. 10. p. 55
145. 국회 예산정책처에 따르면 윤호중 의원안의 소득기준 및 재산기준 상향조정에 따른 근로장려금 지급가구수를 대상으로 개정안 중 지급액 인상에 따른 2017년 세수효과는 5,718억 원으로 추정되고, 명목소득 증가 등으로 인하여 연간 5.9% 감소하는 것으로 전제하여 2018년 세수효과는 5,381억 원으로 전망됨[국회 예산정책처, '조세특례제한법 일부개정법률안'(윤호중 의원 대표발의)의 비봉추계 의뢰에 대한 회답, 2017. 8.].

는 근로장려금 지급 확대에 대한 전반적인 공감대에 따라 당초 개정안대로 원안 의결하되, 근로장려금 지급 소득기준, 재산기준 등 다른 제도개편사 항에 대하여는 "정부는 연령·소득·재산요건 등 맞춤형 EITC제도 개편방 안을 검토하여 마련할 것"을 부대의견으로 채택하고 조세소위원회에 계류 하여 계속 논의하기로 하였다.

5) 향후 쟁점과 입법논의 전망

근로장려금 지급 소득기준, 재산기준 등의 확대를 내용으로 하는 개정안 들이 조세소위원회에 계류되어 있고, 정부도 올해 심층평가를 바탕으로 아 래와 같이 근로장려금의 지급대상 및 지급액을 대폭 확대하는 근로장려금 제도 확대·개편 방안을 올해(2018년) 8월 말에 제출할 세법개정안에 포함

		현행	개정안
연령요건		30세 미만 단독가구 배제	30세 미만 단독가구도 포함
소득요건	단독	1,300만 원 미만	2,000만 원 미만
	홑벌이	2,100만 원 미만	3,000만 원 미만
	맞벌이	2,500만 원 미만	3,600만 원 미만
재산요건		가구당 1.4억 원 미만 *재산 1억 원 이상 시 지급액 50% 감액	가구당 2억 원 미만 *재산 1.4억 원 이상 시 지급액 50% 감액
최대 지급액 (만 원)	단독	85	150
	홑벌이	200	260
	맞벌이	250	300
최대 지급액 구간 (만 원)	단독	600~900	400~900
	홑벌이	900~1,200	700~1,400
	맞벌이	1,000~1,300	800~1,700
지급방식		다음 연도 연 1회 지급	당해 연도 반기별 지급* (근로소득자)
지급규모		1.2조 원	3.8조 원
		166만 가구	334만 가구

자료 : 기획재정부

할 예정이므로 2018년 정기회 조세소위원회에서도 근로장려금제도 전반에 대하여 논의될 것으로 보인다.

지난 2017년 정기회에서 일자리 안정자금에 대한 재정지원은 현행 현금 직접지원방식을 근로장려세제 확대, 사회보험료 지급연계 등 간접지원 방식으로 전환하는 추진계획 등을 2018년 7월에 국회에 보고하는 것으로 합의함에 따라 다른 사회보장제도와의 연계 개편 논의도 함께 이루어질 것으로 예상된다.

18. 배우자·부양자녀 없이 70세 이상 부모 부양 시 홑벌이 가구 인정

1) 조세특례제한법(소득세) 개정안의 주요 내용

이 개정안은 배우자와 부양자녀가 없으나 연간 소득금액의 합계액이 100만 원 이하이고 동거하는 70세 이상 부모가 있는 가구를 단독가구가 아닌 홑벌이 가구로 보아 근로장려금을 지급하여 노부모 부양 가구에 대한 지원을 강화하려는 것이다.*

2) 쟁점과 논쟁의 근거

(1) 찬성논거
개정안은 노부모를 부양하는 자녀에 대하여 국가가 일정 부분 부양비용

---

* 정부안 : 2017. 9. 1. 제출

을 분담하는 효과를 가져와 서민·저소득자의 부모 부양에 대한 유인을 제공할 수 있을 것으로 기대된다.[146] 가족 간 부양은, 과거는 물론 현재까지도 사회안전망을 보완하는 전통적인 안전망으로서 최근 큰 사회문제가 되고 있는 노인빈곤 문제[147]에 대한 하나의 해결방안이 될 수 있다.

(2) 반대논거

개정안에 대하여는 다음과 같은 부정적인 측면을 함께 고려할 필요가 있다.

첫째, 현재도 직계존속을 부양하는 거주자에게 소득세 기본공제(60세 이상 연 150만 원)와 추가 공제(70세 이상 연 100만 원)를 적용하는 등 세제지원이 이루어지고 있으므로, 개정안은 중복지원이 될 수 있다.

둘째, 자녀에 의한 부양을 장려하는 것보다는 재정지출을 통하여 저소득 노인가구에 직접 지원하는[148] 것이 노인빈곤 문제 해소에 더 효과적일 수 있다는 의견이 있다.

셋째, 개정안은 노부모 부양 지원을 목적으로 하므로, 저소득층의 근로 장려 및 소득지원이라는 근로장려세제의 당초 목적과 부합하지 아니하며 제도를 복잡하게 만들고 효과성을 떨어뜨리는 부작용을 유발할 수 있다.[149]

---

146. 통계청에서 실시한 2014년 사회조사에 따르면, 우리나라 만 13세 이상의 국민들은 노인부양의 책임이 누구에게 있는지에 관한 질문에, 32%는 가족이 부양해야 한다고 응답하였고, 약 47%는 국가가 책임져야 한다는 응답을 하였음(김유경·이여봉 등, 가족형태 다변화에 따른 부양체계 변화전망과 공사 간 부양분담 방안, 한국보건사회연구원, 2015. 11. p. 343).
147. 우리나라는 2016년 기준 가구주가 은퇴하지 않은 가구 중 노후준비를 잘 하지 못했다고 응답한 가구가 56.6%에 달하여 국민 개개인의 노후준비가 미흡하고, 66세 이상 노인의 빈곤율이 2014년 기준 48.8%로 OECD 국가 중 가장 높은 상황임[OECD DATA(https://data.oecd.org/inequality/poverty-rate.htm)].
148. 65세 이상 노인 중 소득인정액이 119만 원(부부가구 190.4만 원) 이하인 저소득노인에 대하여 최대 월 20만 6,050원의 기초연금을 지원하고 있는데, 기초연금 등과 같은 재정지출을 확대하여 노인가구의 공적소득을 높이는 것이 바람직하다는 의견도 있음.

넷째, 개정안은 부모를 동거봉양하는 거주자에 대해서만 세제혜택을 부여하고 있어 동거하지 않으나 정기적으로 생활비를 지원하는 거주자를 차별하는 측면이 있다.[150]

다섯째, 개정안은 70세 이상 부모가 동거할 것을 요건으로 하고 있어 거주자가 부모를 주민등록표상의 동거가족으로 형식상 합가를 하여 부당수급받을 가능성이 있으나 과세관청에서 이를 확인하기는 현실적으로 어려운 문제점이 있다.

3) 조세소위의 최종 심사 결과와 논거

이 개정안에 대해서 2017년 11월 국회 기획재정위원회 조세소위원회에서는 근로장려금 지급 확대에 대한 전반적인 공감대에 따라 당초 개정안대로 원안 의결하되, 근로장려금 지급 소득기준, 재산기준 등 다른 제도개편사항에 대하여는 "정부는 연령·소득·재산요건 등 맞춤형 EITC제도 개편방안을 검토하여 마련할 것"을 부대의견으로 채택하고 조세소위원회에 계류하여 계속 논의하기로 하였다.

4) 향후 쟁점과 입법논의 전망

근로장려금 지급 소득기준, 재산기준 등의 확대를 내용으로 하는 개정안들이 조세소위원회에 계류되어 있고, 정부도 올해 심층평가를 바탕으로 아

---

149. 직계존속에 대하여 매달 10만 원 이상의 생활비를 전용계좌를 사용하여 입금하는 총소득 4천만 원 미만의 거주자에 대하여 30만 원~50만 원의 효행장려금을 지급하는 내용의 '조세특례제한법 일부개정법률안'(심재권 의원 대표발의, 의안번호 1884)이 계류 중임.

150. 한국보건사회연구원의 연구 결과에 따르면 부모에 대하여 정기적으로 현금을 지원하는 가구의 월평균 현금지원액은 44.1만 원에 달함(김유경·이여봉 등, 가족형태 다변화에 따른 부양체계 변화 전망과 공사 간 부양분담 방안, 한국보건사회연구원, 2015. 11. p. 238).

래와 같이 근로장려금의 지급대상 및 지급액을 대폭 확대하는 근로장려금 제도 확대·개편 방안을 올해(2018년) 8월 말에 제출할 세법개정안에 포함할 예정이므로 2018년 정기회 조세소위원회에서도 근로장려금제도 전반에 대하여 논의될 것으로 보인다.

지난 2017년 정기회에서 일자리 안정자금에 대한 재정지원은 현행 현금 직접지원방식을 근로장려세제 확대, 사회보험료 지급연계 등 간접지원 방식으로 전환하는 추진계획 등을 2018년 7월에 국회에 보고하는 것으로 합의함에 따라 다른 사회보장제도와의 연계 개편 논의도 함께 이루어질 것으로 예상된다.

19. 근로장려금 신청 재산요건 상향조정

1) 조세특례제한법(소득세) 개정안의 주요 내용

두 개정안은 근로장려금 신청을 위한 재산요건을 현행 가구원 재산의 합계액 1억 4천만 원 미만에서 2억 원 미만으로 상향하여 근로장려금 지급대상을 확대하려는 것이다.*

2) 현황과 개정연혁

근로장려금제도가 시행된 2008년 당시 재산가액 1억 원 미만이며 무주택자에 대하여 신청자격을 부여하였다. 2013년 세법개정으로 1억 4천만 원

---

* 이언주 의원안 : 2017. 9. 14. 발의, 윤호중 의원안 : 2017. 11. 13. 발의

미만으로 재산가액 기준을 상향조정하고 1가구 1주택자에 대하여도 신청을 허용하였다. 2016년 세법개정 시에는 주택요건이 폐지되어 재산가액 요건만 남게 되었다.

3) 쟁점과 논쟁의 근거

(1) 찬성논거

현행법상 근로장려금을 신청할 수 있는 소득요건 상한은 맞벌이 가구의 경우 2,500만 원으로, 2016년 기준 소득 2분위 소득평균액 수준이다.

연도별 소득 5분위별 소득평균액 현황

(단위 : 만 원)

구분	2010년	2011년	2012년	2013년	2014년	2015년	2016년 (잠정)
소득 1분위	679	630	761	814	827	864	890
소득 2분위	1,812	1,826	1,991	2,179	2,299	2,355	2,409
소득 3분위	3,000	3,113	3,344	3,589	3,794	3,896	3,989
전체 평균	3,773	4,012	4,233	4,479	4,658	4,770	4,883

자료 : 통계청, 가계금융복지조사(패널)

개정안과 같이 재산가액 기준을 현행 1.4억 원에서 소득 2분위 가구의 자산평균액(1억 9,981억 원) 수준인 2억 원으로 높여 근로장려금을 지급받는 소득 2분위 가구가 1주택을 보유하였다는 이유 등으로 재산요건을 불충족하여 근로장려금 신청에서 배제되는 제도의 사각지대가 발생하지 않도록 할 필요가 있다.

개정안에 따라 근로장려금 지원대상이 확대되면 저소득층의 근로유인을 제고하고 저소득층의 가처분소득을 높여 빈곤 완화 및 소비 증진에도 기여할 수 있을 것으로 기대된다.

연도별 소득 5분위별 자산평균액 현황

(단위 : 만 원)

구분	2010년	2011년	2012년	2013년	2014년	2015년	2016년 (잠정)
소득 1분위	11,138	10,846	9,840	10,034	10,951	11,908	12,036
소득 2분위	15,089	16,130	16,894	18,056	19,122	19,561	19,981
소득 3분위	19,857	22,813	23,556	24,422	25,294	26,944	28,100
전체 평균	27,684	29,765	32,324	32,688	33,539	34,685	36,187

자료 : 통계청, 가계금융복지조사(패널)

(2) 반대논거

근로장려금제도가 지난 수년간 빠르게 확대되어 왔다는 점에서 제도 확대의 효과를 좀 더 지켜볼 필요가 있다는 의견이 있다. 제도 도입 이후 지원대상을 지속적으로 확대함에 따라 근로장려세제를 통한 조세지출은 2009년 4,537억 원에서 2017년에는 1조 704억 원로 2.4배 증가할 것으로 전망하고 있다.

4) 조세소위의 최종 심사 결과와 논거

이 개정안에 대해서 2017년 11월 국회 기획재정위원회 조세소위원회에서는 근로장려금 지급 확대를 위하여 재산요건을 상향조정해야 한다는 의견이 있었으나, 2018년에 심층평가를 거쳐 근로장려금제도를 전반적으로 재검토하기로 함에 따라 "정부는 연령·소득·재산요건 등 맞춤형 EITC제도 개편방안을 검토하여 마련할 것"을 부대의견으로 채택하고 조세소위원회에 계류하여 계속 논의하기로 하였다.

5) 향후 쟁점과 입법논의 전망

근로장려금 지급 소득기준, 재산기준 등의 확대를 내용으로 하는 개정안들이 조세소위원회에 계류되어 있고, 정부도 올해 심층평가를 바탕으로 근로장려금 신청을 위한 재산요건을 1.4억 원 미만에서 2억 원 미만으로 상향조정하는 등 근로장려금의 지급대상 및 지급액을 대폭 확대하는 근로장려금제도 확대·개편 방안을 올해(2018년) 8월 말에 제출할 세법개정안에 포함할 예정이므로 2018년 정기회 조세소위원회에서도 근로장려금제도 전반에 대하여 논의될 것으로 보인다.

		현행	정부 개정안
연령요건		30세 미만 단독가구 배제	30세 미만 단독가구도 포함
소득요건	단독	1,300만 원 미만	2,000만 원 미만
	홑벌이	2,100만 원 미만	3,000만 원 미만
	맞벌이	2,500만 원 미만	3,600만 원 미만
재산요건		가구당 1.4억 원 미만 *재산 1억 원 이상 시 지급액 50% 감액	가구당 2억 원 미만 *재산 1.4억 원 이상 시 지급액 50% 감액
최대 지급액 (만 원)	단독	85	150
	홑벌이	200	260
	맞벌이	250	300
최대 지급액 구간 (만 원)	단독	600~900	400~900
	홑벌이	900~1,200	700~1,400
	맞벌이	1,000~1,300	800~1,700
지급방식		다음 연도 연 1회 지급	당해 연도 반기별 지급* (근로소득자)
지급규모		1.2조 원	3.8조 원
		166만 가구	334만 가구

자료 : 기획재정부

지난 2017년 정기회에서 일자리 안정자금에 대한 재정지원은 현행 현금 직접지원방식을 근로장려세제 확대, 사회보험료 지급연계 등 간접지원 방식으로 전환하는 추진계획 등을 2018년 7월에 국회에 보고하는 것으로 합의함에 따라 다른 사회보장제도와의 연계 개편 논의도 함께 이루어질 것으로 예상된다.

20. 조합 등 출자금·예탁금 비과세 적용기한의 계속적 연장

1) 조세특례제한법(소득세) 개정안의 주요 내용

이 개정안은 2018년 12월 31일자로 일몰될 예정인 농·어민 및 상호유대를 가진 자를 조합원 등으로 하는 농협과 수협, 산림조합, 신협, 새마을금고 등의 출자금 및 예탁금에 대한 비과세의 적용기한을 2020년 12월 31일까지로 2년 연장하여 조합 등에 출자·예탁한 거주자의 세 부담을 경감하고, 이에 맞추어 5% 및 9% 저율과세 일정도 현행보다 각각 2년 연기하려는 것이다.*

2) 현황과 개정연혁

조합 등에 대한 출자금·예탁금 비과세제도는 조합 등이 서민 금융지원 업무를 수행하는 점을 감안하여 해당 기관의 재무구조 개선 및 원활한 자금조달을 지원하기 위한 목적으로 1976년부터 시행되고 있다. 현행법에 따르면 조합 등의 출자금에 대한 배당소득에 대하여 1명당 1천만 원을 한도로, 20세 이상인 거주자가 가입한 조합 등 예탁금에서 발생하는 이자소

---

* 김정재 의원안 : 2017. 7. 13. 발의

득에 대하여는 1명당 3천만 원을 한도로 비과세하고 있다.[151]

조합 등 출자금·예탁금 비과세에 따른 2018년 조세지출 금액은 6,369억 원으로 전망되며, 저축지원 조세지출항목 중 가장 큰 규모이다.

3) 쟁점과 논쟁의 근거

(1) 찬성논거

조합 등 출자금·예탁금 비과세의 적용기한을 연장하는 개정안에 대하여는 다음과 같은 측면에서 타당성이 인정될 수 있다.

첫째, 조합 등의 출자금·예탁금 비과세 혜택을 받는 상당수가 재산형성 및 저축 지원이 필요한 농어민·서민·소상공인 등이다. 2014년 기준 종합소득금액 2천만 원 이하 소득구간의 예탁금 과세특례금액은 전체 금액의 77.8%, 출자금 과세특례금액은 전체 금액의 76.3%로 비과세 혜택이 저소득층에 집중되고 있어 해당 과세특례는 수직적 형평성을 제고하는 데 기여하고 있다.[152]

둘째, 농협 등 상호금융기관은 금융사각지대에 있는 이들에게 대출의 기회를 제공하는 등 긍정적인 외부효과를 창출하고 있으므로 서민금융기관의 재무구조 안정을 위한 세제지원이 정당화될 수 있다.[153] 약 3분의 2의 점포가 수도권에 집중된 시중은행과 달리[154] 5개 상호금융기관의 경우

---

151. 출자금은 조합 등의 조합원이 되기 위한 일종의 가입비 성격의 금액으로서 각 조합별로 요구하는 출자금을 납입한 경우에만 조합원의 자격을 획득하게 되는데, 자금의 예탁, 대출 등 조합원으로의 혜택을 향유할 수 있으며, 이용실적 등에 따라 배당금을 지급받을 수 있음. 예탁금은 조합원 자격을 취득한 자가 이자소득의 수취를 목적으로 해당 조합에 예탁한 금액으로 은행의 예·적금과 유사한 성격을 지님.

152. 또한 최근 10년간 농·어가소득은 도시근로자 가구소득의 60~80% 수준으로 상대적으로 낮고, 농어촌 지역이 많은 강원, 충북 등 8개 도의 2016년 가구당 금융소득(5,950만 원~7,879만 원)은 서울(13,864만 원)의 절반 수준에 불과하다는 점을 감안할 필요가 있음.

68.5%~82.7%의 점포가 비수도권에 소재하여 수익성이 낮은 지방 또는 농어촌을 중심으로 금융서비스를 지원하고 있다.

셋째, 상호금융기관은 취급상품 및 업무구역의 제한 등으로 제1금융권 대비 경쟁력이 취약하다는 점을 감안할 필요가 있다.[155] 최근 농·어가인구의 감소로 농협과 수협의 정조합원수가 정체 또는 감소하고 있는 상황에서 예탁금·출자금에 대한 세제지원 중단은 준조합원 등의 이탈을 유발하여 농협과 수협의 구조적인 부실을 가져올 수 있다.[156]

(2) 반대논거

개정안에 대하여는 다음과 같은 의견을 함께 고려할 필요가 있다.

첫째, 개정안은 지속적·단계적으로 금융소득에 대한 과세를 강화해 나가고자 하는 정부의 조세정책 방향[157]과 부합하지 않는 측면이 있다.

둘째, 현행법상 조합 등의 출자금·예탁금은 거주요건[158] 등만 충족하면 누구나 가입하여 비과세 혜택을 누릴 수 있어 고소득·고자산가의 세 부담 회피수단으로 악용될 우려가 있다. 준조합원제도가 있는 농협과 수협 및 산림조합의 비과세 예탁금 중 준조합원의 비과세예탁금 비중은 2016년 말

---

153. 은행권의 저신용자(6~10등급) 대출건수 비중은 17.5%인 반면, 새마을금고는 32.8%, 신협은 40.0%, 산림조합은 38.9%로 서민금융 활성화에 크게 기여하고 있음(김우철, 재정정책을 통한 서민금융활성화 방안 – 새마을금고 세제지원방안을 중심으로, 새마을금고연구 제22호 제2권, 새마을금고, 2012. 7.).

154. 한국조세재정연구원, 2015년 조세특례 심층평가 I, 2015. 9. pp. 208-209

155. 상호금융기관 취급 불가 상품 : 신탁, CD, 당좌, 환매채, 외국환(환전 등 일부 업무만 제한적 취급), 신용카드, 국공채창구판매, 주택신용보증서대출, 주택청약예금(부금) 등

156. 수협 수산경제연구원에 따르면, 수협 정조합원의 예대율은 194.4%, 준조합원은 61.9%로서, 준조합원의 예탁금을 재원으로 정조합원에게 대출이 이루어지고 있는 상황임((어업in수산), "비과세 예탁금 폐지가 수협 상호금융에 미치는 영향", 2014년 10월 23일자).

157. 기획재정부는 '2017년 중장기 조세정책 운용계획'에서도 비과세·감면 상품이 많아 금융소득 종합과세의 실효성이 저하되고 있으므로 중장기적으로 금융소득 과세 합리화 및 정상화 방안을 검토하겠다고 밝힌 상황임.

기준 각각 81.0%, 94.4%, 82.3%로, 출자금·예탁금 비과세 혜택의 대부분이 농·어민이 아닌 일반인에게 귀착되고 있다.

각 근거법률상 상호금융기관별 준조합원 가입요건

구분	준조합원 가입요건
농협	지역농협의 구역에 주소나 거소를 둔 자로서 그 지역농협의 사업을 이용함이 적당하다고 인정되는 자
수협	지구별 수협의 구역에 주소를 둔 어업인이 구성원이 되거나 출자자가 된 해양수산 관련 단체 또는 지구별 수협의 사업을 이용하는 것이 적당하다고 인정되는 자
산림조합	조합의 구역에 주소 또는 거소를 둔 자로서 그 조합의 사업을 이용함이 적당하다고 인정되는 자

2016년 말 기준 상호금융기관의 비과세예탁금 현황

(단위 : 억 원, %)

구분	농협	수협	산림조합	신협	새마을금고
조합원 (비중)	99,538(19.0)	2,914(5.6)	2,197(17.7)	234,853(100.0)	396,919(100.0)
준조합원 (비중)	425,488(81.0)	49,578(94.4)	10,243(82.3)	–	–
합계	525,026	52,492	12,441	234,853	396,919

주) 비중은 각 상호금융기관의 전체 비과세예탁금 중 조합원 또는 준조합원의 비과세예탁금이 차지하는 비율을 의미함.
자료 : 각 상호금융기관

셋째, 조합 등에 대한 출자금·예탁금 비과세는 1976년 도입 이래 30년 이상 유지되어 세제지원이 충분히 이루어졌다고 볼 수 있다. 산림조합을 제외한 농협과 수협, 신협, 새마을금고 등은 자산규모가 시중은행과 거의 대등한 수준에 도달했으며,[159] 신용사업의 수익성을 나타내는 명목 순이자

---

158. 농업협동조합법 제20조(준조합원) ① 지역농협은 정관으로 정하는 바에 따라 지역농협의 구역에 주소나 거소를 둔 자로서 그 지역농협의 사업을 이용함이 적당하다고 인정되는 자를 준조합원으로 할 수 있다.
　　수산업협동조합법 제21조(준조합원) ① 지구별 수협은 정관으로 정하는 바에 따라 다음 각 호의 어느 하나에 해당하는 자를 준조합원으로 할 수 있다.
　　1. 지구별 수협의 구역에 주소를 둔 어업인이 구성원이 되거나 출자자가 된 해양수산 관련 단체
　　2. 지구별 수협의 사업을 이용하는 것이 적당하다고 인정되는 자

마진[160]에 있어서도 농협과 수협이 시중은행에 뒤지지 않는다.[161]

(3) 비과세 폐지가 상호금융기관의 영업실적에 미치는 효과분석 및 대안탐색

각 조합별 비과세예탁금 잔액에 비과세가 폐지되어 5%로 저율과세되는 경우 비과세예탁금 이탈추정비율을 적용, 비과세 폐지에 따른 이익감소액을 추정하면, 농협 3,078억 원, 수협 116억 원, 산림조합 76억 원, 신협 2,722억 원, 새마을금고 3,100억 원이다.

상호금융기관별 비과세 폐지 후 5% 저율과세에 따른 이익감소액 추정치

(단위 : 억 원)

구분	농협	수협	산림조합	신협	새마을금고
2017년 비과세예탁금 잔액(A)	523,898	56,634	12,873	251,683	411,390
이탈추정비율(B)	24.9%	23.9%	36.9%	40.2%	47.4%
추정이탈액(C = A × B)	130,450	13,535	4,750	101,177	194,999
이익감소율(D)	2.36%	0.86%	1.61%	2.69%	1.59
이익감소액(E = C × D)	3,078	116	76	2,722	3,100

주) 1. 농협, 신협, 새마을금고의 이탈추정비율은 2015년 조세특례 심층평가 자료를 사용하였고, 수협의 이탈추정비율은 수산경제연구원의 2014년 연구 결과(비과세예탁금 폐지가 수협 상호금융에 미치는 영향)를 사용하였으며, 산림조합의 이탈추정비율은 2004년 금감원 연구 결과(고객이용 행태조사)를 사용함.
　2. 각 상호금융기관의 이익감소율은 2017년 운용수익률에서 조달금리를 뺀 수치임.
자료 : 농협중앙회 및 각 상호금융기관 자료를 가공하여 자체 작성

농협과 수협, 산림조합의 비과세 폐지에 따른 이익감소액 추정치는 각각 2017년 전체 단위조합 당기순이익 추정치의 7.3%~20.5%로 해당 기관이 어느 정도 감내할 수 있는 수준인 반면, 신협과 새마을금고의 경우 이익감

---

159. 2016년 말 상호금융기관별 총자산 규모 : 농협 157.7조 원, 수협 36.3조 원, 산림조합 8.4조 원, 신협 73.7조 원, 새마을금고 189.4조 원

　　2015년 말 기준 은행별 총자산 규모 : 국민 322.5조 원, 신한 303.9조 원, 우리 306.9조 원, 하나 330.5조 원, 한국SC 58.8조 원, 한국씨티 67.3조 원(금융감독원, 은행경영통계 2016)

160. 순이자마진(Net Interest Margin : NIM)은 은행 등 금융기관이 자산을 운용하여 낸 수익에서 조달비용을 차감해 운용자산 총액으로 나눈 수치임.

161. 한국조세재정연구원, 2015년 조세특례 심층평가 I , 2015. 9. pp. 211-220

소액 추정치 반영 시 전체 단위금고 당기순이익이 절반 이하로 줄어들 수도 있다.

또한 비과세 폐지 결정에 따라 비과세예탁금이 ISA 등 다른 비과세 상품으로 이탈함에 따른 유동성 위기 발생 가능성도 우려된다.

2017년 전체 단위조합·금고 당기순이익 대비 비과세 폐지에 따른 이익감소액 추정치 비율

(단위 : 억 원, %)

구분	농협	수협	산림조합	신협	새마을금고
2017년 신용부분 당기순이익 추정치(A)	15,651	1,595	370	3,345	6,146
이익감소액 추정치(B)	3,078	116	76	2,722	3,100
비율(B/A)	19.7	7.3	20.5	81.4	50.4

자료 : 농협중앙회 및 각 상호금융기관 자료를 가공하여 자체 작성

다만, 상당수의 연구 결과에 따르면 저축의 이자율 탄력성이 크지 않기 때문에 비과세 폐지에 따라 세후이자율이 감소하더라도 저축의 감소에 미치는 영향은 크지 않다.[162] 이러한 견해에 따르면 실제 비과세 폐지 후 5% 또는 9%의 저율과세로 전환됨에 따른 시중은행으로의 예금 자산 이동은 제한적일 것으로 예상되며, 각 상호금융기관별 예탁금 이탈규모도 위의 분석 결과에 비하여 적어질 수 있다.

또한 단위조합·금고 및 중앙회 차원에서 예·적립금을 효율적으로 운용하여 수익 창출을 제고하면 세제혜택이 줄더라도 급격한 자금 이탈 및 영업실적 악화는 일어나지 않을 수 있으며, ISA와 같은 비과세 상품 등 판매 허용 상품 범위 확대,[163] 영업구역 확대,[164] 동일인 대출한도 확대[165] 등 재

---

162. 한국조세재정연구원, 2015년 조세특례 심층평가 Ⅰ, 2015. 9. pp. 237–238

163. 펀드판매, 퇴직연금, 주택청약저축, 신용카드 발급, 골드바 판매, 각종 채권 발행 등은 시중은행에만 허용되고 있음.

164. 원칙적으로 하나의 시·군·구를 영업구역으로 함('농업협동조합법' 제14조 등 참조).

165. 동일인 대출한도는 최고 50억 원이며, 자기자본 500억 원 이상 농·축협의 경우 법인조합원에 한하여 대출한도가 100억 원임.

무구조 개선을 위한 정책적·제도적 개선 노력이 함께 뒷받침되면 비과세 종료가 상호금융기관에 미치는 부정적인 효과는 최소화될 수도 있다.

(4) 찬반의 핵심논거와 입법판단의 방향

따라서 이 개정안에 대하여는 올해 실시 예정인 조세특례 심층평가 결과 및 조합 등에 대한 비과세 도입 목적, 조합 등의 재무상태와 영업실적, 조세형평성, 세수효과, 금융기관 간 저축 이전 효과 등을 살펴보고, 상호금융기관의 재무구조 및 수입구조 개선을 위한 정책적·제도적 방안도 함께 종합적으로 고려하여 비과세 적용기한 연장 여부에 대하여 올해 정기회에서 심도 있는 논의가 이루어져야 할 것이다.

4) 조세소위의 최종 심사 결과와 논거

이 개정안에 대해서 2017년 11월 국회 기획재정위원회 조세소위원회에서는 당초 취지와 달리 준조합원제도를 통하여 농어민이 아닌 일반인이 비과세 혜택을 보고 있어 폐지해야 한다는 입장과 농어민·서민의 자산형성 및 서민금융기관에 대하여 지원 필요성이 있다는 입장이 대립함에 따라 조세소위원회에 계류하되 2018년 심층평가 결과가 나오면 이를 반영하여 계속 논의하기로 하였다.

5) 향후 쟁점과 입법논의 전망

이 개정안은 조세소위원회에 계류되어 있고, 이 개정안과 동일하게 출자금·예탁금에 대한 비과세의 적용기한을 연장하고자 하는 다수의 의원안이 발의되어 있다. 정부는 조합원·회원에 한하여 비과세를 3년 연장하고 준조합원에 대하여는 예정대로 2019년부터 저율 분리과세를 시행하는 내용의 세법개정안을 올해(2018년) 8월 말에 제출할 예정이어서 2018년 정기회 조세소위원회에서도 논의될 것으로 보이며, 상호금융기관에 대한 세제지원을 적정화하면서도 제1금융권 대비 경쟁력이 취약한 상호금융기관이 사회적 역할을 지속적으로 수행할 수 있는 제3의 대안을 모색하는 논의가 이루어질 것으로 예상된다.

21. 조합 등 출자금·예탁금 비과세대상을 농협과 수협, 산림조합 정조합원으로 한정

1) 조세특례제한법(소득세) 개정안의 주요 내용

이 개정안은 조합 등의 출자금·예탁금 비과세대상을 현행 농협과 수협, 산림조합·신협·새마을금고 등의 준조합원·준회원 등을 포함한 모든 조합원·회원 등에서 ① 농협과 수협, 산림조합의 준조합원 및 ② 이들과 가입자격이 유사한 신협·새마을금고의 회원 등을 비과세 대상에서 제외하고, 농협과 수협, 산림조합의 정조합원으로 비과세대상을 한정하려는 것이다.*

2) 현황과 개정연혁

회원 구분이 없는 신협 및 새마을금고와 달리 농협과 수협, 산림조합의

---

* 박주현 의원안 : 2017. 11. 10. 발의

경우 정조합원·준조합원제도를 운용하고 있는데, '소득세법 시행령'은 가입자격이 엄격한 정조합원뿐만 아니라 준조합원도 해당 과세특례의 적용 대상으로 정하고 있다.[166][167] 2016년 말 기준 농협의 정조합원은 224.6만 명인 반면, 준조합원은 1,712.2만 명으로 전체 조합원의 88.4%를 차지하고 있으며,[168] 수협은 89.0%, 산림조합은 44.6%가 준조합원이다.

2016년 말 기준 상호금융기관의 조합원 현황

(단위 : 천명)

구분	농협	수협	산림조합	신협	새마을금고
정조합원(비중)	2,246(11.6)	158(11.0)	393(55.4)	5,800(100.0)	9,094(100.0)
준조합원(비중)	17,122(88.4)	1,283(89.0)	317(44.6)	–	–
합계	19,368	1,441	710	5,800	9,094

자료 : 각 상호금융기관

3) 쟁점과 논쟁의 근거

기본적인 인식상으로 개정안 중 농협, 수협, 산림조합의 준조합원을 출자금 비과세 대상에서 배제하는 것에 대하여는, 현행법상 준조합원 출자금에 대하여도 비과세한다고 규정하고 있으나,[169] 현행 '농업협동조합법', '수산업협동조합법', '산림조합법'은 조합원에 대하여만 출자의무를 부여하고[170] 있고 준조합원은 출자의무가 부여되지 않아 비과세 혜택대상이 아님에 따라 법체계상 입법정비가 필요한 측면이 있다.

---

166. 농업협동조합법 제19조(조합원의 자격) ① 조합원은 지역농협의 구역에 주소, 거소(居所)나 사업장이 있는 농업인이어야 하며, 둘 이상의 지역농협에 가입할 수 없다.
제20조(준조합원) ① 지역농협은 정관으로 정하는 바에 따라 지역농협의 구역에 주소나 거소를 둔 자로서 그 지역농협의 사업을 이용함이 적당하다고 인정되는 자를 준조합원으로 할 수 있다.
167. 소득세법 시행령 제82조의 5(조합 등 출자금의 비과세 요건 등) 법 제88조의 5에서 '대통령령으로 정하는 출자금'이란 다음 각 호의 1에 해당하는 조합 등의 조합원·준조합원·계원·준계원 또는 회원의 출자금으로서 제1호부터 제5호까지의 조합 등에 출자한 금액의 1인당 합계액이 1천만 원 이하인 출자금을 말한다.
168. 〈농민신문〉, "도시민 가입하면 세금우대 금융혜택… '자금순환' 농촌에도 보탬", 2016년 5월 2일자

(1) 찬성논거

개정안 중 농협, 수협, 산림조합의 준조합원을 예탁금 비과세 대상에서 제외하는 것에 대하여는, 다음과 같은 측면에서 입법적 타당성이 있다.

첫째, 현행법상 거주요건 등만 충족하면 누구나 가입하여 출자금·예탁금 비과세 혜택을 누릴 수 있어 고소득·고자산가의 세 부담 회피수단으로 악용[171]될 우려가 있으므로, 제도 목적에 맞게 정조합원으로 적용대상을 한정하여 조세의 수직적 공평성을 제고할 필요가 있다. 준조합원제도가 있는 농협, 수협 및 산림조합의 비과세 예탁금 중 준조합원의 비과세예탁금 비중은 2016년 말 기준 각각 81.0%, 94.4%, 82.3%로, 출자금·예탁금 비과세 혜택의 대부분이 농·어민이 아닌 일반인에게 귀착되고 있다.

둘째, 개정안은 현 정부의 금융소득 과세강화 방침[172]과 부합되는 측면이 있다.

셋째, 개정안은 세제지원 필요성이 낮은 준조합원을 과세특례 대상에서 제외함으로써 금융소득 과세 정상화를 통한 세원 간 과세형평성 제고 및 세수 확보에 기여할 수 있을 것으로 보인다.

---

169. 조세특례제한법 시행령 제82조의 5(조합 등 출자금의 비과세 요건 등) 법 제88조의 5에서 '대통령령으로 정하는 출자금'이란 다음 각 호의 1에 해당하는 조합 등의 조합원·준조합원·계원·준계원 또는 회원의 출자금으로서 제1호부터 제5호까지의 조합 등에 출자한 금액의 1인당 합계액이 1천만 원 이하인 출자금을 말한다.

　　1. '농업협동조합법'에 의한 조합 2. '수산업협동조합법'에 의한 수산업협동조합 3. '산림조합법'에 의한 조합 4. '신용협동조합법'에 의한 신용협동조합 5. '새마을금고법'에 의한 금고

170. 농업협동조합법 제21조(출자) ① 조합원은 정관으로 정하는 좌수 이상을 출자하여야 한다.

　　수산업협동조합법 제22조(출자) ① 조합원은 정관으로 정하는 좌수 이상을 출자하여야 한다.

　　산림조합법 제20조(조합원의 출자 및 책임) ① 조합원은 정관으로 정하는 좌수 이상을 출자하여야 한다.

171. 2013년 종합소득수준별 예탁금과 출자금 가입자 비중을 보면, 종합소득금액 6천만 원 이상 고소득자의 가입 비중이 각각 5.2%와 4.8%이며, 가입금액 비중은 각각 6.5%와 10.1%인 것으로 나타남(한국조세재정연구원, 2015년 조세특례 심층평가 I, 2015. 9. p. 214).

172. 기획재정부는 '2017년 중장기 조세정책 운용계획'에서도 비과세·감면 상품이 많아 금융소득 종합과세의 실효성이 저하되고 있으므로 중장기적으로 금융소득 과세 합리화 및 정상화 방안을 검토하겠다고 밝힌 상황임.

넷째, 개정안은 예탁금에 대한 비과세 혜택으로 최근 몇 년간 빠르게 늘어났던 상호금융기관의 예금수신 증가 속도를 적정 수준으로 낮추는 데 기여할 수 있을 것으로 보인다.[173]

(2) 반대논거

농협과 수협, 산림조합의 준조합원을 예탁금 비과세 대상에서 제외하는 개정안에 대하여는 다음과 같은 점을 함께 고려할 필요가 있다.

첫째, 상호금융기관에 가입한 준조합원의 상당수가 해당 지역에 거주하는 서민과 소상공인이라는 점을 감안할 필요가 있다. 2013년 기준 종합소득금액 5천만 원 이하의 예탁금과 출자금 가입 비중은 각각 94.8%와 95.2%이다.

둘째, 상호금융에 있어 준조합원의 비과세 예탁금은 정조합원을 위한 금융재원으로 활용되고 있다.[174]

셋째, 농협 등 상호금융기관은 금융사각지대에 있는 이들에게 대출의 기회를 제공한다는 점에서 서민금융기관의 재무구조 안정을 위한 세제지원이 정당화될 수 있다.

넷째, 개정안에 따라 준조합원의 예탁금 및 출자금이 이탈하면 조합 등의 재무구조와 자금조달[175]에 상당한 타격이 발생할 수 있다.[176] 특히 농협과

---

173. 한국은행에 따르면, 2017년 6월 말 기준 은행 정기예금은 2013년 말 대비 7.2%인 40.2조 원이 늘었으나, 농협과 수협, 산림조합의 수신액은 같은 기간 25.9%인 65.5조 원이 증가하였음. 이처럼 예탁금에 대한 비과세 혜택으로 최근 몇 년간 상호금융기관의 예금수신 증가 속도가 은행권에 비하여 빠르게 늘어났으며, 이는 상호금융기관의 가계에 대한 비주택담보대출 증가로 이어져 가계부채 증가의 주요한 원인이 되고 있음. 실제로 2016년 8월 말 기준 2013년 말 대비 비은행예금취급기관의 가계대출은 68.0조 원 증가(206.1조 원 → 274.1조 원)하였는데, 주택담보대출은 21.5조 원 증가(89.2조 원 → 110.7조 원)한 반면, 기타대출은 46.5조 원 증가(116.9조 원 → 163.4조 원)하였음(한국은행 경제통계시스템).

174. 수협 수산경제연구원에 따르면, 수협 정조합원의 예대율은 194.4%, 준조합원은 61.9%로서, 준조합원의 예탁금을 재원으로 정조합원에게 대출이 이루어지고 있는 상황임(《어업in수산》, "비과세 예탁금 폐지가 수협 상호금융에 미치는 영향", 2014년 10월 23일자).

수협의 경우 최근 농·어가인구의 감소로 정조합원수가 정체 또는 감소하고 있는 상황에서 준조합원의 예탁금·출자금에 대한 세제지원 중단은 농협과 수협의 구조적인 부실을 가져올 수 있다.

4) 조세소위의 최종 심사 결과와 논거

이 개정안에 대해서 2017년 11월 국회 기획재정위원회 조세소위원회에서는 당초 취지와 달리 준조합원제도를 통하여 농어민이 아닌 일반인이 비과세 혜택을 보고 있어 폐지해야 한다는 입장과 준조합원에 대한 세제혜택 폐지로 조합원이 감소하고 있는 상호금융기관이 부실화된다는 입장이 대립함에 따라 조세소위원회에 계류하되 2018년 심층평가 결과가 나오면 이를 반영하여 계속 논의하기로 하였다.

5) 향후 쟁점과 입법논의 전망

이 개정안은 조세소위원회에 계류되어 있고, 이 개정안과 동일하게 출자금·예탁금에 대한 비과세의 적용기한을 연장하고자 하는 다수의 개정안이 발의되어 있다. 정부는 조합원·회원에 한하여 비과세를 3년 연장하고 준조합원에 대하여는 예정대로 2019년부터 저율 분리과세를 시행하는 내용의 세법개정안을 올해(2018년) 8월 말에 제출할 예정이어서 2018년 정기회 조세소위원회에서도 논의될 것으로 보이며, 상호금융기관에 대한 세

---

175. 2014년 기준 농협과 수협, 산림조합의 자금조달에서 예탁금이 차지하는 비중이 기관별로 77.9% ~82.8%에 이르는데, 2016년 기준 전체 예탁금 중 비과세 예탁금의 비중이 18.9%~27.6%에 달하고 있음.

176. 2015년 조세특례 심층평가 결과 현행 예탁금 비과세를 폐지하고 5%의 저율과세로 전환하는 경우 농협은 24.9%가 예탁금을 일반 은행으로 이전할 의향이 있다고 답하였음.

제지원을 적정화하면서도 제1금융권 대비 경쟁력이 취약한 상호금융기관이 사회적 역할을 지속적으로 수행할 수 있는 제3의 대안이 모색될 것으로 예상된다.

22. 농어가목돈마련저축에 대한 비과세 일몰 계속연장

1) 조세특례제한법(소득세) 개정안의 주요 내용

이 개정안은 모두 2017년 12월 31일자로 일몰될 예정인 농어가목돈마련저축에 대한 비과세 특례의 적용기한을 2020년 12월 31일까지 3년 연장하여 저축상품에 가입하는 농어민의 세 부담을 경감하려는 것이다.*

2) 현황과 개정연혁

농어가목돈마련저축은 '농어가목돈마련저축에 관한 법률'에 따라 농어민의 재산 형성을 지원하고 저축 의욕을 높여 농어민의 안정된 생활기반을 조성하는 한편, 농·수·축산자금의 공급을 증대시켜 농·수·축산업의 발전에 이바지하기 위하여 1976년부터 도입되었다. 2017년부터 농어민 1인당 연 240만 원 한도로 불입할 수 있으며, 소득세·증여세·상속세가 비과세될 뿐만 아니라 기본금리(2017년 2.05%) 외에 연간 0.9%~4.8%의 저축장려금[177]이 지급되므로 농어민의 재산형성을 위한 중요한 저축수단이 되

---

* 정인화 의원안 : 2017. 6.20 발의. 추경호 의원안 : 2017. 8. 1 발의
177. 2016년 저축장려금 1,006억 원 지급(재원은 정부 출연금, 한국은행 출연금 및 농어가목돈마련저축장려기금 운용수익임.)

고 있다. 2015년 말 기준 농어가목돈마련저축의 가입실적은 34.6만 계좌,
1조 1,177억 원이며, 2015년 신규가입자는 6.6만 계좌로, 최근 수년간 가
입실적이 감소하고 있는 추세다.

'조세특례제한법'에서 2010년부터 농어가목돈마련저축에 대한 비과세 특
례를 규정한 이래 두 차례 적용기한이 연장되었으며,[178] 해당 비과세 특례
로 연 100억 원 내외의 조세지출이 발생하고 있다.

3) 쟁점과 논쟁의 근거

(1) 찬성논거

첫째, 농·어촌지역이 많은 강원과 충북, 충남, 전북, 전남, 경북, 경남,
제주 등 8개 도의 2016년 가구당 금융자산은 5,950만 원~7,879만 원으
로 서울(1억 3,864만 원)의 42.9%~56.8% 수준에 불과하여 금융자산 축
적이 미흡하다.[179]

둘째, 농어가는 도시거주자에 비해 상대적으로 금융기관 및 투자정보에
대한 접근성이 낮고 고령자가 많아 주식과 파생상품, 펀드 등의 투자를 통
한 자산증식을 기대하기 어려우므로 농어가목돈마련저축과 같이 안정성과
수익성을 확보할 수 있는 저축수단이 필요하다.

셋째, 농어가목돈마련저축은 '농어가목돈마련저축에 관한 법률'이라는
별도의 법률에 의하여 운용되고 있고, 가입한도도 연 240만 원으로 다른
비과세 금융상품에 비하여 높지 않다. 비과세혜택 외에 저축장려금[180]도

---

178. 당초 2011. 12. 31.까지 → 2014. 12. 31.까지 → 2017. 12. 31.까지
179. 또한 최근 10년간 농·어가소득은 도시근로자 가구소득의 60~80% 수준으로 상대적으로 낮은 편
    이므로 도·농간 소득격차 축소를 위해서도 농어가의 자산형성을 적극적으로 지원할 필요가 있음.
180. 2016년 저축장려금 1,006억 원 지급(재원은 정부 출연금, 한국은행 출연금 및 기금 운용수익임.)

지급하고 있어[181] 농어민에게는 금융자산 형성의 토대가 되는 중요한 금융상품이라는 점을 감안할 필요가 있다.

(2) 반대논거

이에 이자소득 비과세 혜택 외에 기본이자율이 2.05%로 시중이자율보다 높을 뿐만 아니라 연간 0.9%~4.8%의 저축장려금이 지급되고 있고, 소득수준에 관계없이 가입이 가능해 고소득 농어민도 비과세 혜택을 받을 수 있다는 점 등을 감안해야 한다는 의견이 있다.[182]

4) 조세소위의 최종 심사 결과와 논거

이 개정안에 대해서 2017년 11월 국회 기획재정위원회 조세소위원회에서는 금융자산 축적이 미흡한 농어민의 금융자산 형성을 지원하기 위하여 당초 개정안대로 원안 의결되었다.

5) 향후 쟁점과 입법논의 전망

2017년 세법개정으로 농어가목돈마련저축에 대한 비과세 적용기한이 2020년까지 3년 연장됨에 따라 일몰 연장 법안은 당분간 발의될 가능성이 낮으나, 다음 번 일몰 연장 법안 심사 시에는 향후 해당 비과세 특례의 운용현황 및 성과를 평가하여 일몰 연장 여부를 면밀하게 검토할 필요가 있다.

---

181. 2017년 3월 '농어가목돈마련저축에 관한 법률 시행령'의 개정으로 종전 1.5%~9.6%였던 장려금리가 0.9%~4.8%로 인하된 상황에서 비과세 혜택까지 폐지되면 농어가목돈마련저축에 대한 가입 유인이 크게 저하될 수 있다는 점도 고려할 필요가 있음.
182. 국회 예산정책처, 2018년도 조세지출예산서 분석, 2017. 11. p. 108

23. 개인종합자산관리계좌 비과세 혜택 확대

1) 조세특례제한법(소득세) 개정안의 주요 내용

개정안은 개인종합자산관리계좌(ISA)의 비과세 혜택을 확대하고 가입대상을 넓히며, 중도인출을 허용하고 성실가입자에 대한 가입기간을 연장하는 등 제도를 개선하여 서민과 중산층의 재산형성을 지원하고 ISA제도를 활성화하려는 것이다.[*]

김종석 의원안은 ① ISA에서 발생한 이자소득 및 배당소득에 대한 비과세 한도를 현행 200만 원~250만 원에서 400만 원~500만 원으로 2배 확대하고, ② 만 60세 이상인 자에 대하여는 소득 여부에 관계없이 ISA 가입을 허용하며, ③ 계약기간 중 중도인출하지 않은 가입자에 대하여 1회에 한하여 계약기간을 연장하되, 종전 계약기간 및 연장한 계약기간을 통산하여 비과세혜택을 1,000만 원 또는 1,250만 원으로 확대하고, ④ 납입원금의 30% 이내에서 연 1회 인출하거나, 사망이나 해외이주 등 대통령령으로 정하는 부득이한 사유로 인출하는 것을 허용하려는 것이다.

정부안은 ① ISA에서 발생한 이자소득 및 배당소득에 대한 비과세 한도를 현행 200만 원~250만 원에서 300만 원~500만 원으로 확대하고, ② 농어민의 의무가입기간을 5년에서 3년으로 단축하며, ③ 납입원금의 범위에서 인출하는 것을 허용하려는 것이다.

---

[*] 김종석 의원안 : 2016. 10. 24. 발의, 정부안 : 2017. 9. 1. 제출

2) 쟁점과 논쟁의 근거

(1) 찬성논거

첫째, 개정안은 가계의 저축 유도 및 금융자산 축적 지원이라는 ISA 과세 특례의 당초 도입 목적을 달성하기 위하여 필요성이 인정될 수 있다.

우리나라는 가계의 총자산 대비 금융자산 비율이 2014년 기준 34.3%로 일본 60.2%, 미국 70.4%, 유로존 58.3% 등에 비하여 상당히 낮은 상황이므로,[183][184] 가계 전반의 금융자산 축적을 장려할 필요가 있다.

둘째, 영국과 일본, 캐나다, 남아프리카공화국 등 ISA를 도입한 국가의 사례를 살펴보면, 소득이나 자산 규모에 관계없이 일정 연령 이상이면 가입이 가능하도록 하였고, 비과세 한도 및 인출 제한을 두지 않고 있다. 일본을 제외하고는 비과세 기간이 영구적이다. 일본은 1회에 한하여 5년 연장할 수 있도록 하고 있어 참조할 필요가 있다.[185]

셋째, 김종석 의원안 및 정부안은 비과세 한도를 상향하여 ISA의 기대수익을 높이고 중도인출 허용으로 ISA 가입에 따른 유동성 제약을 완화함으로써 최근 정체되고 있는 ISA의 가입유인을 제고하는 데 도움[186]을 줄 수

---

183. 현대경제연구원, 가계자산의 구조적 특징과 시사점, 2014. 6.
184. 가계 자산이 부동산에 편중되어 있어 국민경제의 부동산 경기 의존도를 심화시키고, 자산유동성 부족으로 응급상황에 대한 가계의 대응력을 저하시킨다. 뿐만 아니라 높은 부가가치를 창출하는 산업 분야로의 자금유입을 제한하는 문제가 있어 소득 수준에 관계없이 가계의 금융자산 축적을 지원할 필요성이 있음. 실제로 한국은행과 통계청이 발표한 2015년 국민대차대조표(잠정)에 따르면 가계 및 비영리단체의 순자산(7,176.2조 원) 중 부동산 자산(토지, 건물, 입목 등)은 5,305.1조 원으로 73.9%에 이르고 있음(〈연합뉴스〉, "가구당 순자산 3억 6천만 원… 4분의 3이 부동산", 2016년 6월 14일자).
185. 특히 영국과 캐나다의 경우 중·저소득층의 예비적 저축(Precautionary Saving) 또는 여유자금의 축적을 유인하기 위하여 언제든지 비과세로 인출할 수 있도록 설계하였음. 이에 따라 자금의 유동성을 저해하지 않으면서도 긴급상황이나 생애주기의 일정한 시점의 자금소요에 대비한 자금축적이 가능해지게 되었음(천창민, 캐나다와 남아공 비과세 저축계좌제도의 주요 내용과 시사점, 2015-12호, 자본시장연구원).

있을 것으로 보인다. 최근 ISA 운용수익률의 상승(2017년 8월 말 기준 일임형 ISA 출시 이후 누적수익률 6.32%[187 188])으로 ISA에 따른 기대수익이

각국의 ISA 제도 비교

구분	한국 ISA	영국 ISA	일본 NISA	캐나다 TFSA	남아공 TFSIA
도입 목적	국민 재산형성	가계 저축률 제고	자본시장 활성화	가계 저축률 제고	가계 저축률 제고
가입 대상	가입제한 有 근로·사업소득자, 농어민으로 제한	가입제한 無 • 예금형 : 16세 이상 • 증권형 : 18세 이상	가입제한 無 20세 이상 누구나	가입제한 無 18세 이상 누구나	가입제한 無 국민 누구나 (소득·나이 제한 없음)
제도 운영 기간	3년 (2016~2018년)	영구	10년 (2014~2023년)	2009. 1. 1. 시행	2015. 3. 1. 시행
비과세 기간	5년	영구	5년 (1회, 5년 연장가능)	영구	영구
납입 한도	연 2천만 원 총 납입한도 1억 원	연 15,240파운드 (약 2,204만 원)	연 120만 엔 (약 1,229만 원)	연 5,500달러 (약 486만 원) (* 총 납입한도 제한 없음)	연 3만 랜드 (약 257만 원) 평생 납입한도 50만 랜드 (약 4,276만 원)
인출 제한	인출제한 有 5년 * 서민, 청년, 자산 형성 지원대상자 3년	인출제한 無 –	인출제한 無* * 인출 시 연간한도에서 차감	인출제한 無 –	인출제한 無* * 한도 이월 불가
주요 혜택	비과세 한도 有 (5년간 200만 원 / 250만 원) • (비과세) 순소득 200만 원 까지 비과세(15.4%) • (과세) 초과분 9.9% 분리과세	비과세 한도 無 • (비과세) 이자 소득세(20%), 자본이득(18%), 배당소득(10%) 비과세	비과세 한도 無 • (비과세) 배당, 양도차익(20%) 비과세	비과세 한도 無 • (비과세) 이자·배당소득, 양도 차익(자본이득) 비과세	비과세 한도 無 • (비과세) 이자·배당소득, 양도 차익(자본이득) 비과세

주) TFSA(Tax Free Savings Account), TFSIA(Tax Free Savings and Investment Account)
자료 : 금융투자협회

---

186. 2016년 조사 결과 ISA에 대하여 세제혜택 확대(49.9%), 중도인출 허용(44.1%), 가입요건 완화(25.6%) 등의 제도개선 의견이 있었음(금융투자협회 · 자본시장연구원, '2016년 개인의 금융투자실태', 2016. 12.(복수응답 허용)).

높아짐에 따라 현행 비과세 한도는 ISA 기대수익에 비하여 다소 낮은 측면이 있다.[189]

넷째, 김종석 의원안은 60세 이상 노령자에 대하여 ISA 가입을 허용함으로써 개인의 노후자금 축적을 유도할 수 있다.[190] 실제로 2017년 8월 말 기준 60세 이상 ISA 가입자의 평균 납입액은 415만 원으로 다른 연령대에 비하여 매우 높아,[191] ISA가 60세 이상의 노후자금 적립 역할을 일정 부분 담당하고 있는 것으로 보인다.

다섯째, 정부안은 농어민에 대한 ISA 비과세 한도를 200만 원에서 500만 원으로 크게 높이고, 농어민의 의무가입기간을 5년에서 3년으로 단축함으로써 농어민[192]의 금융자산 축적[193] 및 도·농간 소득격차 축소[194]에 도움을 줄 수 있다.

---

187. 금융투자협회에 따르면 2017년 8월 말 기준 일임형 ISA의 누적수익률이 6.32%이고, 초고위험 모델포트폴리오의 평균 누적수익률은 12.69%를 기록하였다. 전체 모델포트폴리오의 16.7%인 34개의 상품은 수익률이 10%를 초과한 것으로 나타남(금융투자협회 보도자료, 2017년 8월 말 기준 일임형 ISA 누적수익률 6.3%를 기록", 2017년 9월 29일자).

188. 2017년 3월 3일 기준 전체 가입계좌수의 약 88.6%(207.9만 계좌), 전체 가입금액의 약 85.3%(3조 1,100억 원)가 신탁형 ISA이며, 일임형 ISA는 전체 가입계좌수의 약 11.4%(26.7만 계좌), 전체 가입금액의 약 14.7%(5,361억 원)에 불과하므로 일임형 ISA의 수익률만으로 전체 ISA의 수익성을 평가할 수는 없음(금융위원회 보도자료, "ISA 가입동향 분석", 2017년 3월 14일자).

189. 일반형 ISA의 경우 5년간 매년 1,000만 원을 납입하면 연 4%의 수익률을 가정할 때 현행 비과세 한도 200만 원의 3배가 넘는 633만 원의 수익이 발생하게 됨.

190. 우리나라는 노인(66세 이상) 빈곤율이 2014년 기준 48.8%로 OECD 국가 중 가장 높고, 가구주 은퇴 가구의 60.5%가 생활비 부족 상태에 있으며, 개인저축·사적연금을 통하여 생활비를 마련하는 은퇴가구가 9.8%에 불과함.

191. 20대 139.8만 원, 30대 97.5만 원, 40대 158.1만 원, 50대 256.3만 원, 60대 이상 415.0만 원(ISA 다모아 홈페이지(http://isa.kofia.or.kr/) – ISA 가입현황)

192. 2017년 8월 말 기준 농어민의 가입실적은 1,965계좌, 188억 원으로 전체 가입계좌수의 0.1%, 전체 가입금액의 0.5%에 불과하나(ISA다모아 홈페이지(http://isa.kofia.or.kr/) – ISA 가입현황), 현행법 제91조의 18 제1항에 따르면 근로소득 또는 사업소득이 조금이라도 있는 농어민은 근로소득자 또는 사업소득자로 분류되므로, 실제 농어민 가입자는 해당 수치보다는 훨씬 많을 것임.

193. 지역별 금융자산 현황을 살펴보면, 농·어촌지역이 많은 강원과 충북, 충남, 전북, 전남, 경북, 경남, 제주 등 8개 도의 2016년 가구당 금융자산은 5,950만 원~7,879만 원으로 서울(1억 3,864만 원)의 42.9%~56.8% 수준에 불과함(통계청, 가계금융·복지조사(패널)).

(2) 반대논거

첫째, 개정안은 비과세 한도 상향과 가입대상 확대, 가입기간 연장 허용 등 ISA에 대한 세제지원을 강화하고 있어 정부의 비과세·감면 정비 및 금융소득 과세강화 정책기조와 배치된다.

둘째, ISA에 대한 비과세혜택이 일부 고소득자에 집중되고 있다는 비판이 제기되고 있는 상황에서 개정안은 소득계층 간 과세형평성 문제를 심화시킬 우려가 있다. 서민형 ISA의 경우 현행 비과세 한도(250만 원)로도 연간 납입액 약 1,000만 원까지 발생소득 전액에 대하여 비과세될 것으로 예상된다는 점에서[195] 개정안에 의한 서민에 대한 추가적인 감세효과는 제한적이며,[196] 개정안에 따른 확대된 세제혜택은 저축 여력이 있는 일부 고소득자에 집중될 가능성이 높다.[197][198][199]

셋째, 최근 가계저축률의 상승 추세를 감안하면,[200] 개정안과 같이 저축 증가를 위한 조세지원 강화 필요성은 낮아진 측면이 있다. 오히려 지금은

---

194. 2016년 기준 도시근로자 가구소득에 비하여 농가소득은 63.5%, 어가소득은 80.3%에 불과함(통계청, 농가경제조사·어가경제조사·가계동향조사).

195. 서민형 ISA 가입자가 매년 1,000만 원 납입, 3년 만기, 연 수익률 4%를 가정할 때 발생하게 되는 총 이자·배당소득은 246만 원임.

196. 기획재정부에 따르면 일반형 ISA의 경우 연 수익률 4.5% 가정 시 연간 납입금액이 최소한 약 300만 원인 가입자의 경우에만 정부안에 따른 ISA제도 개선의 세제혜택이 발생하게 됨. 실제로 기획재정부는 연 300만 원 이상 납입하는 25만 명에 대하여 5년간 600억 원의 세수효과가 발생하는 것으로 추정하였음.

197. 총급여 5천만 원 이하의 서민만 가입할 수 있는 재형저축의 평균 불입액은 연간 240만 원(월 20만 원)에 불과하였음[기획재정위원회 전문위원, 조세특례제한법 일부개정법률안 검토보고(정부 제출), 2015. 10.].

198. 실제로 전체 근로소득자 및 종합소득자의 약 80%가 가입대상인 서민형 ISA 가입실적은 2017년 8월 말 기준 전체 계좌의 66.5%인 146.0만 계좌, 납입액은 전체 납입액의 57.2%인 2조 2,908억 원에 불과함. 또한 2017년 8월 말 기준 서민형 ISA 가입자의 평균 납입액은 156.9만 원에 불과한 반면, 일반형 ISA는 약 50% 더 많은 234.1만 원임.

199. 국회 예산정책처는 ISA 도입 당시 과세특례로 1천만 원 이하 소득자는 세 부담이 7,8만 원, 4천만 원~5천만 원 근로소득자는 34만 원이 감소되는 반면, 1억 원 초과 소득자는 세 부담이 78만 원 감소하는 것으로 나타나, 고소득자에 더 큰 세제혜택이 발생할 것으로 예상하였음(국회 예산정책처, 2015년 세법개정안 분석, 2015. 10. p. 32).

소비활성화를 통한 내수회복이 절실한 상황이라는 점에서,[201] 저축 여력이 부족한 저소득층에 한하여 선별적인 저축 지원이 필요하다는 의견도 있다.

넷째, 김종석 의원안 및 정부안에 따라 중도인출을 허용하게 되면 개인의 재산형성이라는 제도의 근본 목적을 달성하지 못한 자에 대하여도 세제혜택이 부여되는 문제점이 있다.[202] 조세특례의 효과성뿐만 아니라 성실하게 납입원금을 축적하여 금융자산을 형성한 자와 동일한 세제혜택이 부여된다는 점에서 조세형평성 및 조세정의의 측면에서도 바람직하지 아니하다.

다섯째, ISA의 가입실적 부진은 ISA 외에도 세법상 다양한 비과세 금융

세법상 주요 비과세 금융상품 현황

구분	법적 근거	지원대상	한도	과세특례 내용
ISA	조특법 제91조의 18	근로·사업소득자, 농어민	연 2천만 원(5년간)	200만 원·250만 원 한도 비과세, 초과분 9% 분리과세
비과세종합저축	조특법 제88조의 2	노인, 장애인, 독립유공자 등	5천만 원	비과세
조합 등 출자금	조특법 제88조의 5	조합원·회원 등	1천만 원	2018년까지 비과세 ('19 5%, '20 이후 9%)
조합 등 예탁금	조특법 제89조의 3	조합원·회원 등	3천만 원	2018년까지 비과세 ('19 5%, '20 이후 9%)
해외주식투자 전용집합투자기구	조특법 제91조의 17	거주자	3천만 원	비과세
장기저축성보험	소득세법 제16조 제1항 제9호	가입기간 10년 이상	일시납 1억 원, 적립식 월 150만 원	비과세
농어가 목돈마련저축	조특법 제87조의 2	농어민	연 144만 원	비과세

---

200. 2013년부터 종합과세 기준금액이 4천만 원에서 2천만 원으로 인하되었음에도 가계저축률은 2012년 3.9%에서 2013년 5.6%, 2014년 7.2%로 오히려 증가하였으며, 2016년에는 9.3%로 OECD 국가 25개국 중 5번째로 높았음.
201. 민간소비증감률(실질, 계절조정 전기대비) : △0.1%('16 1/4) → 0.8%('16 2/4) → 0.6%('16 3/4) → 0.2%('16 4/4) → 0.4%('17 1/4) → 1.0%('17 2/4) → 0.7%('17 3/4)(한국은행 경제통계시스템)
202. '조세특례제한법'상 상당수의 조세특례에서는 조세특례를 적용받은 자의 귀책사유로 조세특례가 추구하는 정책적 목적을 달성하지 못하는 경우 조세특례에 따른 감면세액 상당액을 추징하도록 하고 있음. 예를 들어 주택청약종합저축(법 제87조 제5항), 재형저축(법 제91조의 14 제3항), 장기집합투자증권저축(법 제91조의 16 제5항) 등의 경우에도 중도인출 시 추징하도록 규정하고 있음.

상품이 있어 ISA 가입유인이 저하되는 측면이 있기 때문이다. 다양한 비과세 상품들이 있어 어중간한 수익률에 투자자 개인이 일정 부분 투자위험을 부담하는[203] ISA의 투자상품으로서의 매력이 상대적으로 높지 않기 때문일 수 있다.

따라서 ISA에 대한 세제지원 확대 여부는 금융상품에 대한 전반적인 비과세·감면 정비와 함께 검토될 여지가 있다.

보다 근본적으로는 ISA제도 도입 당시에도 신규 저축 증대에 미치는 영향이 제한적이라는 비판이 있었고,[204] 종전의 비과세 금융상품과 달리 연 0.75%~1% 수준의 금융기관 수수료가 부과되어 가입자가 ISA에 따른 실질적인 혜택을 누리고 있지 못하다는 지적도 있으므로[205] ISA제도의 필요성, 효과 등에 대한 종합적인 검토가 이루어질 필요가 있다.

3) 조세소위의 최종 심사 결과와 논거

이 개정안에 대해서 2017년 11월 국회 기획재정위원회 조세소위원회에서는 ISA에 따른 세제혜택이 저축 여력이 있는 일부 고소득자에 집중될 가능성이 있다는 문제점이 제기됨에 따라 정부안과 달리 서민형·농어민 비과세 한도만 400만 원으로 확대하되 일반형은 현행 비과세 한도 200만 원을

---

203. 이는 ISA가 예금, 적금, 펀드, 파생결합증권 등 다양한 금융상품을 편입·운용하는 상품구조에 기인하는 측면이 있음('조세특례제한법' 제91조의 18 제3항 제3호 참조).
204. 많은 선행연구들이 저축상품에 비과세 혜택을 부여할 경우 과세상품에서 비과세상품으로 자금 이동이 일어날 뿐이고, 순수한 저축 증가 효과는 거의 없음을 보이고 있음. 이 경우 저축의 규모에 미치는 영향은 제한적이면서 대규모 세수손실만 초래할 가능성이 있음. 한국조세연구원도 영국의 ISA 도입효과에 대한 선행연구 결과들을 인용하면서 ISA 도입이 신규 저축 증대에 미치는 영향이 불명확함을 밝힌 바 있음[기획재정위원회 전문위원, 조세특례제한법 일부개정법률안(정부 제출) 검토보고서, 2015. 10.].
205. 금융소비자원 보도자료, "금소원, 'ISA제도 개선은 개악, 청와대는 즉각 중단시켜야'", 2017년 8월 23일자

유지하고, 농어민의 경우에도 종합소득금액 3,500만 원 이하일 때만 400만 원의 더 높은 비과세 한도를 적용하여야 한다는 전문위원의 수정 의견을 반영하여 수정 의결하였다.

4) 향후 쟁점과 입법논의 전망

ISA와 관련하여 개인종합자산관리계좌 과세특례의 적용대상자를 저소득자로 한정하자는 박주현 의원안이 조세소위원회에 계류되어 있으며, 2018년으로 일몰될 예정인 개인종합자산관리계좌 과세특례의 적용기한을 2021년까지 3년 연장하고 경력단절자 등을 위하여 가입대상인 근로·사업소득자의 소득 발생기간의 범위를 현행 직전년도까지에서 직전 3개년도까지 확대하는 정부 세법개정안이 올해(2018년) 8월 말에 제출될 예정이므로 2018년 정기회 조세소위원회에서도 ISA 관련 제도가 논의될 것으로 보이며, 2017년 세법개정에 따른 추가적인 세제혜택이 그동안 부진했던 ISA의 가입실적 제고로 이어졌는지에 대한 효과성 검증이 이루어질 필요가 있다.

24. 월세 세액공제율 인상

1) 조세특례제한법(소득세) 개정안의 주요 내용

개정안은 월세액에 대한 세액공제율을 현행 10%에서 15%로 5% 포인트 인상하고, 정부안은 12%로 2% 포인트 인상하여 월세 근로소득자의 세 부담을 경감하려는 것이다.*

2) 현황과 개정연혁

월세에 대한 공제혜택은 최근 수년간 지속적으로 확대되어 왔다. 종전에
는 '소득세법' 제52조 제4항에 따라 월세에 대하여 특별소득공제가 적용
되었는데, 2011년 세법개정으로 공제대상을 종전 총급여 3천만 원 이하에
서 5천만 원 이하로 확대하였고, 2012년 세법개정으로 소득공제율을 종전
40%에서 50%로 인상하였다.

2013년 세법개정으로 종합소득 4천만 원 이하인 자도 공제대상에 포함
하였고 소득공제율을 60%로 인상하였으며, 공제한도도 종전 300만 원에
서 500만 원으로 상향조정하였다. 2014년 세법개정으로 서민과 중산층에
대한 공제혜택을 확대하고 주택임대소득 과표를 양성화하기 위하여 세액
공제 방식으로 전환하였는데, 공제대상을 총급여 7천만 원 또는 종합소득
6천만 원 이하로 확대하고 공제한도도 750만 원으로 높였다. 월세 세액공
제의 조세지출 규모는 종전 소득공제 방식에서 세액공제로 전환된 2015년
415억 원에서 2017년에는 648억 원으로 증가할 것으로 전망된다.

월세 공제 개정 연혁

구분	2011년 이전	2011년 개정	2012년 개정	2013년 개정	2014년 개정(현행)
공제방식	소득공제				세액공제
공제대상	총급여 3천만 원 이하	총급여 5천만 원 이하		총급여 5천만 원 (종합소득금액 4천만 원) 이하	총급여 7천만 원 (종합소득금액 6천만 원) 이하
공제율	40%		50%	60%	10%
공제한도	300만 원			500만 원	750만 원

---

* 노회찬 의원안 : 2016. 11. 1. 발의, 노회찬 의원안 : 2017. 11. 10. 발의, 박광온 의원안 : 2017. 8. 2.
발의, 이언주 의원안 : 2017. 9. 14. 발의, 정부안 : 2017. 9. 1. 제출

3) 쟁점과 논쟁의 근거

(1) 찬성논거

개정안은 다음과 같은 긍정적인 측면이 있다.

첫째, 월세는 전세에 비해 실거주비용이 높을 뿐만 아니라 저소득층의 대표적인 임차형태이므로[206] 월세세입자의 주거비용 경감[207]을 위한 정책적 지원이 필요하다.[208] 한국감정원의 분석에 따르면 2015년 전세가구의 주거비부담 수준(가처분소득 대비 주거비용 비율)은 15.1%인데 비하여 월세가구는 24.0%로 월세의 주거비부담이 크고, 그 격차도 2012년 6.1% 포인트에서 2015년에는 8.9% 포인트로 점차 확대되고 있다.

둘째, 개정안은 월세가구의 세액공제 신청 유인을 높여 월세소득자료를 축적하는 데 기여할 수 있을 것으로 보인다. 실제로 최근 수년간 월세 공제혜택의 확대로 월세 소득공제 신청자는 2011년 1.4만 명에서 2012년 9만 명, 2013년 11만 명, 세액공제로 전환된 2014년에는 16만 명, 2015년 20만 명으로 증가하는 추세이다.

(2) 반대논거

첫째, 개정안에 따라 세액공제율을 인상하더라도 주거비용에 대한 세제지원 필요성이 높은 면세점 이하의 저소득 근로소득자(2015년 전체 근로

---

206. 소득계층별 임차가구의 임차유형을 비교해 보면, 전세는 고소득층(81.0%), 중소득층(59.1%)의 대표적인 임차형태로 나타났으나, 월세는 저소득층(69.9%)의 대표적인 임차형태로 나타남[한국감정원, 우리나라 월세시장의 특징과 정책적 시사점, 2013. 10. p. 2].
207. 3건의 의원안에 따라 세액공제율을 5% 포인트 인상하게 되면 세 부담 감소 규모가 현재보다 최대 37.5만 원 더 커지고, 정부안에 따라 2% 포인트 인상하게 되면 최대 15만 원 더 늘어남.
208. 2016년 주거실태조사에 따르면 재계약 시점에서 전세에서 보증부월세로 전환된 아파트 27,223가구의 평균 보증금액은 1.9억 원에서 1.8억 원으로 약 1,000만 원 하락한 반면, 평균 27만 원의 월세를 추가적으로 부담하게 되었음. 3%의 이자율을 가정할 때 27만 원의 월세 부담은 전세가격이 약 1억 원 상승한 것과 효과가 동일함(송인호, 앞의 보고서).

소득자의 46.8%)에게는 실질적인 혜택이 미치지 못하고 있다. 저소득층은 대부분 면세자이므로[209] 월세 세액공제 적용은 물론 개정안에 따른 세액공제율 인상 혜택을 누리기 힘들다는 점에서 주거급여[210]의 지원 강화 등 저소득 가계에 대한 직접적인 주거지원 확대방안을 강구할 필요가 있다.

둘째, 월세 세액공제 신청에 따르는 높은 기회비용으로 인하여 세액공제율을 인상하더라도 공제 신청 증가 효과는 제한적일 수 있다. 월세 세액공제 신청률이 4.7%[211]로 매우 저조한 것은 임대인이 세 부담을 월세액 인상으로 보전하거나 임대인의 세원이 국세청에 파악되는 것을 꺼려 세입자와의 합의로 월세를 신고하지 않기 때문일 가능성이 높다.[212]

셋째, 최근 월세시장이 비교적 안정되어 있어 추가적인 세제혜택의 필요성이 낮다. 최근 2년간 전세가격이 상승해 온 전세시장[213]과 달리 월세시장은 최근 2년간 공급 우위이며 월세가격도 보합세를 유지하고 있다.

종합주택의 월세가격 및 거래 현황

구분		'15. 7.	'16. 1.	'16. 7.	'17. 1.	'17. 7.	'17. 10.
종합주택	월세통합가격지수	100.0	100.3	100.2	100.1	99.9	99.9
	평균월세가격(단위 : 만 원)	56.0	56.0	55.7	56.0	56.0	56.1
	월세수급동향	94.8	94.7	94.2	94.0	94.3	93.9

주) 월세통합가격지수의 경우 2015년 6월을 100으로 하여 산정하며, 월세수급동향의 경우 100을 기준으로 100 미만이면 공급 우위를, 100 초과이면 수요 우위를 의미함.
자료 : 한국감정원 부동산통계정보시스템

---

209. 2015년 귀속소득 기준 총급여 1,000만 원 이하 면세자 비율 100.0%, 1,000만 원~1,500만 원 86.3%(2016년 국세통계연보)
210. 주거급여는 2017년 현재 소득인정액이 중위소득의 43% 이하(1인 가구 월 71만 원, 4인 가구 월 192만 원)이면서 부양을 받지 못하는 가구에 대하여 거주형태, 주거비 부담 등을 종합적으로 고려하여 가구당 월평균 약 11만 원 정도 지급되고 있음(마이홈포털, https://www.myhome.go.kr/).
211. 2015년 귀속소득 기준 월세세액공제를 신청한 자는 2016년도 전체 월세가구(438.8만 가구)의 4.7%인 20만 4,873명에 불과함.
212. 국회 예산정책처, 제19대 국회 세법개정안 주요 내용과 쟁점, 2016. 7., p. 127
213. 종합주택 전세가격지수('15. 7.) 100.3 → ('16. 7.) 103.0 → ('17. 7.) 103.9 → ('17. 10.) 104.1 종합주택 전세수급동향('15. 7.) 111.3 → ('16. 7.) 106.5 → ('17. 7.) 101.5 → ('17. 10.) 100.1(한국감정원 부동산통계정보시스템)

넷째, 2016년 세법개정 당시 소규모 주택임대소득에 대하여 과세를 2018년 말까지 2년 더 유예하였는데, 이 과정에서 주택임대소득에 대한 과세가 전제되지 않은 월세 세액공제 확대는 불합리하다는 지적[214][215] 등에 따라 월세 세액공제율을 12%로 2% 포인트 인상하려는 정부안은 통과되지 못하였다는 점을 감안할 필요가 있다.[216]

4) 조세소위의 최종 심사 결과와 논거

이 개정안에 대해서 2017년 11월 국회 기획재정위원회 조세소위원회에서는 서민의 주거비용 부담을 완화해야 한다는 입장과 2천만 원 이하 임대소득에 대해서는 과세하지 않는 상황에서 월세 세액공제율을 높이는 것은 맞지 않다는 입장이 대립하였으나, 서민의 월세에 따른 주거비 부담이 계속 높아지고 있다는 점을 감안하여 총급여액 5,500만 원(종합소득금액 4,000만 원) 이하에 한하여 세액공제율을 10%에서 12%로 인상하는 것으로 수정 의결하였다.

5) 향후 쟁점과 입법논의 전망

2017년 세법개정으로 월세 세액공제율 인상이 이루어짐에 따라 당분간 월세 세액공제제도에 대한 논의가 이루어질 가능성은 낮다. 그러나 부동산

---

214. 강병구, 2016년 세법개정안 토론문, 세제 개편안 라운드 테이블 토론회 자료(2016년 8월 18일) 참조
215. 과표 양성화 차원에서 이미 월세 세액공제를 허용하고 있는 상황에서 관련 소득에 대한 과세를 하지 않는 것은 세수 확보 차원에서도 문제가 될 수 있음[전병목, 2016년 세법개정안 점검 소득세 부문, 세제 개편안 라운드 테이블 토론회 자료(2016년 8월 18일)].
216. 당초 예정보다 1년 앞당긴 2018년부터 2천만 원 이하 주택임대소득에 대하여 과세를 실시하고자 하는 '소득세법 일부개정법률안'(박주현 의원 대표발의)이 발의되었음.

경기 및 전월세 시장 동향에 따라 전월세가구의 주거비용 부담이 다시 높아지는 상황이 오면 월세 세액공제율 인상 등을 통한 주거비 부담 완화 필요성이 다시 제기될 수 있다.

25. 중소기업 취업 청년 등에 대한 소득세 감면율 상향조정

1) 조세특례제한법(소득세) 개정안의 주요 내용

개정안은 중소기업 취업 청년에 한하여 소득세 감면율을 현행 70%에서 100%로 30% 포인트 인상하고, 감면기간도 3년에서 5년으로 확대하며, 중소기업 취업 청년에 대하여만 소득세 감면 특례의 적용기한을 2021년 12월 31일까지로 3년 연장하려는 것이다.*

2) 현황과 개정연혁

'조세특례제한법' 제30조에 따른 중소기업 취업자에 대한 소득세 감면은

중소기업 취업자에 대한 소득세 감면 개정 연혁

구분	2012년 시행(신설)	2014년 시행	2016년 시행	2017년 시행(현행)
적용대상	청년	청년·노인·장애인		청년·노인·장애인·경력단절여성
감면기간	취업 후 3년간			
감면율	100%	50%	70%	
감면한도	–		150만 원	
적용기한	2013년 말까지	2015년 말까지	2018년 말까지	

---

* 정부안 : 2018. 4. 3. 제출

경제적 약자인 청년, 노인, 장애인 및 경력단절여성의 취업난을 완화하고 중소기업의 인력난 해소를 지원하려는 입법취지에 따라 2012년부터 시행되고 있다.

중소기업 취업 청년 등에 대한 소득세 감면 특례의 조세지출 규모는 2014년 1,030억 원에서 2017년에는 3,704억 원, 2018년에는 3,966억 원으로 빠르게 증가할 것으로 전망된다.

3) 쟁점과 논쟁의 근거

(1) 찬성논거

중소기업 취업 청년 등에 대하여 감면율을 상향조정하고, 적용기한을 연장하고자 하는 개정안은 다음과 같은 측면에서 필요성의 근거가 있다.

첫째, 최근 수년간 지속적으로 악화되어 온 청년 고용 문제가 더욱 심각해질 것으로 예측되고 있어 청년의 고용문제를 완화하기 위한 전방위적이고 다각적인 지원 대책이 마련될 필요가 있다. 정부안에 따르면 현재 해당 조세특례를 적용받고 있는 40만 명 외에 청년 범위 확대(15세~29세 → 15세~34세) 등에 따라 새로이 감면을 적용받는 16만 명 등을 포함한 56만 명이 현행 대비 5년간 개인별 120만 원[217]의 추가적인 세 감면 혜택을 받게 된다.

둘째, 중소기업은 인력 부족으로 큰 어려움을 겪고 있으며, 기업의 규모

---

217. 3년간 감면율 인상에 따른 세 감면(연 10만 원) + 감면기간 2년 연장에 따른 세 감면(연 45만 원)
218. 고용노동부의 직종별 사업체 노동력조사 결과에 따르면, 현원 대비 인력부족율이 300인 이상 기업의 경우 1.1%에 불과하나, 사업체 규모가 영세해질수록 인력부족율이 높아져 5~9인 기업의 경우 3.5%로 300인 이상 기업의 3배가 넘는 것으로 나타남. 또한 2017년 하반기 300인 이상 기업의 경우 구인을 시도했음에도 충원하지 못한 인원의 비율인 미충원률이 5.1%인 반면, 300인 미만 기업의 경우 사업체 규모별로 11.2%~14.8%로 300인 이상 기업의 미충원률보다 2~3배나 높았음.

가 영세할수록 더 심각한 인력난을 겪고 있다는 점에서[218] 개정안과 같이 중소기업의 청년 고용을 지원할 수 있는 정책수단이 필요하다.

셋째, 개정안은 추가적인 세 감면 혜택을 통하여 대기업과 중소기업 간의 임금격차를 완화하는 효과가 있다. 실제로 2016년도 종업원 1~4인 기업의 종업원 1인당 월평균임금은 169.6만 원, 5~9인 기업은 250.3만 원, 10~99인 기업은 295.6만 원으로 500인 기업 541.6만 원 대비 31.3%~54.6% 수준에 불과하다.[219]

(2) 반대논거

중소기업 취업 청년 등에 대하여 감면율을 상향조정하고, 적용기한을 연장하고자 하는 개정안에 대하여는 다음과 같은 점이 검토되어야 한다.

첫째, 최근 중소기업 취업자에 대한 소득세 감면이 빠른 속도로 확대되어 왔으며, 정부의 세수추계에 따르면 5년간 9,624억 원(연평균 1,925억 원)의[220] 추가적인 조세지출이 발생하게 되므로 개정안은 국가재정에 상당한 부담으로 작용할 수 있다.

둘째, 개정안에 따른 소득세 감면율 인상만으로는 청년의 중소기업 취업을 유도하기 위한 충분한 유인이 되지 못할 수도 있다. 감면율을 현행(70%)보다 최대 30% 포인트 인상하더라도 개정안에 따른 추가적인 감면세액은 최대 5.8만 원~18.5만 원으로, 중소기업과 대기업 간 임금격차(2017년 신입사원 기준 1,332만 원[221])의 1% 수준에 불과하다.[222]

셋째, 청년들이 중소기업을 기피하는 이유가 단지 임금격차뿐만이 아니

---

219. 노민선, 기업 규모별 임금 격차 국제 비교 및 시사점, 중소기업 포커스 제17-13호, 2017. 9. 13.

220. 감면율 인상 외에도 감면기간 확대 및 청년의 연령범위 확대에 따른 세수효과를 모두 포함한 금액임.

221. 2017년도 중소기업 신입사원 평균연봉은 2,523만 원으로 대기업 신입사원 3,855만 원의 65.4% 수준임((잡코리아)(취업뉴스), "대기업 신입직 평균연봉 3,855만 원", 2017년 2월 27일자).

라면 감면율을 인상하는 개정안에 따라 실질임금이 상승하여 청년의 중소기업 취업을 유인하는 효과가 있다고 하더라도 그 취업유인효과의 크기는 제한적일 수 있다.[223][224]

4) 조세소위의 최종 심사 결과와 논거

이 개정안에 대해서 2018년 5월 국회 기획재정위원회 조세소위원회에서는 제대로 된 평가도 없이 감면을 확대하는 것은 바람직하지 않다는 입장이 제기되었으나 최근 심각한 청년 고용 부진 상황을 고려하여 청년에 대한 감면율을 70%에서 90%로 인상하는 것으로 수정 의결하면서, "정부는 중소기업 취업 청년에 대한 소득세 감면과 청년 창업 중소기업에 대한 법인세 감면의 일몰에 대한 심층평가를 실시하고 그 결과를 정기국회에 보고할 것"을 부대의견으로 채택하였다.

---

222. 2015년에 실시한 조세특례 심층평가에서는 설문조사를 통하여 응답자가 해당 조세특례의 세제혜택 규모와 기간을 인지한 후 7가지의 직장형태 중 중소기업을 취업 가능한 직장으로 선택한 확률이 어떻게 변하는지 분석하였는데, 소득세 감면율 인상에 따라 현실연봉을 증가시켰을 경우 중소기업에 취업할 가능성은 추가적인 세제혜택 100만 원당 0.6% 증가하는 것으로 나타났음.

223. 최근 한 연구 결과에 의하면 대졸자가 중소기업 취업을 기피하는 가장 큰 요소로 복리후생제도를 꼽았고 일자리나 직무에 대한 사회적 평판, 직무관련 교육·훈련, 근무환경 등이 그 다음 순인 것으로 분석되었다. 오히려 임금 또는 소득은 통계적으로 유의미한 요소로 작용하지 못한 것으로 나타났음(한국고용정보원 보도자료, "2017 고용패널조사 학술대회 개최", 2017년 5월 26일자(원출처 – 강순희·안준기, 대졸자들은 왜 중소기업을 기피하는가?)).

224. 한국개발연구원의 연구 결과에 의하면 첫 직장의 임금 수준이 향후 10년 동안 임금 수준에 큰 영향을 미치는 것으로 나타났으며, 특히 대졸 청년의 경우에는 경력 초기 임금과 더불어 경력 초기 기업규모 및 일자리 안정성 여부도 향후 10년 이상 개인의 노동시장 성과에 직접적인 영향을 미치는 것으로 나타남(한요셉, 청년기 일자리 특성의 장기효과와 청년고용대책에 관한 시사점, 정책연구시리즈 2017-7, 한국개발연구원, 2017. 12. pp. 73-80).

5) 향후 쟁점과 입법논의 전망

중소기업 취업자에 대한 소득세 감면의 일몰이 올해 말에 도래하여 해당 감면제도에 대한 심층평가 결과를 바탕으로 적용기한을 2021년까지 3년 연장하고 고엽제후유증 환자로서 장애등급 판정자 등을 감면대상인 장애인에 추가하는 내용의 정부 세법개정안이 올해(2018년) 8월 말에 제출될 예정이어서 2018년 정기회 조세소위원회에서도 논의될 것으로 보이며, 감면제도의 중소기업 취업 유인효과 여부 등에 대한 평가와 함께 청년 외의 노인, 장애인, 경력단절여성 취업자에 대한 세제혜택 조정에 대한 검토도 이루어질 것으로 예상된다.

26. 중소기업 취업 청년에 대한 소득세 감면기간 확대

1) 조세특례제한법(소득세) 개정안의 주요 내용

개정안은 중소기업 취업자 중 청년에 한하여 소득세 감면기간을 현행 취업 후 3년에서 5년으로 확대함으로써 중소기업 취업 청년의 세 부담을 경감하려는 것이다.*

---

* 정부안 : 2018. 4. 3. 제출

2) 쟁점과 논쟁의 근거

(1) 찬성논거

중소기업 취업 청년에 대하여 소득세 감면기간을 확대하고자 하는 개정안은 다음과 같은 근거로 필요성이 인정될 수 있다.

첫째, 대기업과 중소기업 간 임금격차는 취업 초기에는 상대적으로 적으나 근속연수가 길어질수록 확대되는 경향을 보이고 있으므로 취업 초기뿐만 아니라 그 이후에도 임금격차를 완화하기 위한 정책대안이 필요하다.

둘째, 감면기간을 3년에서 5년으로 확대하게 되면 중소기업 취업자의 장기재직을 유도하는 효과를 기대할 수 있다.

(2) 반대논거

다만, 개정안에 대하여는 다음과 같은 점을 함께 고려할 필요가 있다.

첫째, 2015년에 실시한 조세특례 심층평가에 따르면, 개정안에 따른 감면기간 확대는 청년의 중소기업 취업을 유도하기 위한 충분한 유인이 되지 못할 수 있다.

둘째, 개정안에 따라 감면기간을 3년에서 5년으로 확대하더라도 이미 3년차 이전에 70%가 넘는 취업자가 퇴사하고 그 이후에는 고용상태가 상대적으로 안정화되기 때문에 개정안에 따른 장기근속 유도효과는 그다지 높지 않을 수 있다. 한국고용정보원의 최근 연구자료에 따르면, 취업 후 3년까지는 고용유지율이 28.4%까지 가파르게 하락하다가 그 이후에는 4년차 22.7%, 5년차 19.0% 등 완만하게 하락하는 경향을 보이고 있다.

3) 조세소위의 최종 심사 결과와 논거

이 개정안에 대해서 2018년 5월 국회 기획재정위원회 조세소위원회에서는 제대로 된 평가도 없이 감면을 확대하는 것은 바람직하지 않다는 입장이 제기되었으나 최근 심각한 청년 고용 부진 상황을 고려하여 정부안대로 청년에 한하여 5년간 감면하는 것으로 원안 의결하면서, "정부는 중소기업 취업 청년에 대한 소득세 감면과 청년 창업 중소기업에 대한 법인세 감면의 일몰에 대한 심층평가를 실시하고 그 결과를 정기국회에 보고할 것"을 부대의견으로 채택하였다.

4) 향후 쟁점과 입법논의 전망

중소기업 취업자에 대한 소득세 감면의 일몰이 올해(2018년) 말에 도래하여 해당 감면제도에 대한 심층평가 결과를 바탕으로 적용기한을 2021년까지 3년 연장하고 고엽제후유증 환자로서 장애등급 판정자 등을 감면대상인 장애인에 추가하는 내용의 정부 세법개정안이 올해(2018년) 8월 말에 제출될 예정이어서 2018년 정기회 조세소위원회에서도 논의될 것으로 보이며, 감면제도의 중소기업 취업 유인효과 여부 등에 대한 평가와 함께 청년 외의 노인, 장애인, 경력단절여성 취업자에 대한 세제혜택 조정에 대한 검토도 이루어질 것으로 예상된다.

27. 소득세 감면 적용대상 중소기업 취업 청년 범위 확대

1) 조세특례제한법(소득세) 개정안의 주요 내용

이 개정안은 현행 시행령상의 청년의 연령범위를 '만 15~29세'에서 '만 34세 이하'로 각각 법률로 상향입법하려는 것이다.[*]

2) 쟁점과 논쟁의 근거

(1) 찬성논거

중소기업 청년 취업자의 연령 상한을 높이는 개정안에 대하여는 다음과 같은 측면에서 입법 필요성이 인정될 수 있다.

첫째, 최근 어학연수, 인턴십 참여 등으로 인하여 대학졸업이 늦어지고 취업난이 심화되어 첫 취업 연령이 높아짐에 따라 20대뿐만 아니라 30대 초반도 취업에 어려움을 겪고 있다.[225] 30세~34세 실업률은 2015년 3.3%에서 2017년 4.1%로 높아진 반면, 고용률은 같은 기간 75.3%에서 74.9%로 하락하고 있다.

둘째, 청년층의 취업이 어려워졌을 뿐만 아니라 청년층 첫 일자리의 고용의 질도 악화되는 추세이므로[226] 세액감면 적용대상 청년의 범위를 확대하여 청년 취업자의 경제적인 부담을 경감할 필요성이 있다.

---

[*] 조정식 의원안 : 2016. 7. 21. 발의, 박준영 의원안 : 2018. 1. 10. 발의, 정부안 : 2018. 4. 3. 제출

[225.] 한 취업포털의 분석에 따르면 1998년 신입사원 평균 연령은 25.1세였지만 10년 뒤인 2008년에는 27.3세, 2016년에는 남자 29.2세, 여자 27.9세까지 높아진 것으로 나타났으며(《한국경제신문》, "취업난에, 스펙 쌓기에… 30대 늦깎이 신입사원 많아졌다", 2016년 12월 5일자), 2017년 기준 신입 채용 시 30대 이상 구직자 비중이 평균적으로 전체 지원자의 40%에 이른다는 설문조사 결과도 있었음(《뉴시스》, "취업난 속 올해 '30대 이상' 신입지원자 46% 늘어", 2017년 12월 26일자).

셋째, 청년 취업 지원을 위한 다른 입법례를 살펴보면 청년의 연령 상한을 29세보다 높게 규정하고 있으므로, 이들 유사 입법례와 같이 청년의 연령 상한을 상향조정할 필요성이 있다. '청년고용촉진 특별법' 및 같은 법 시행령에 따른 공공기관 취업지원 대상은 '15세 이상 34세 이하'로,[227] '중소기업창업 지원법'상 창업촉진사업 우대 대상인 청년창업자의 연령기준은 '39세 이하'로 규정하고 있으며,[228] 최근에도 2017년 1월 법 개정으로 '중소기업 인력지원 특별법'에 따른 고용장려금 지급 대상인 청년의 범위에 대하여 30세 이후에 사회에 진출하는 경우가 늘어나고 있는 현실을 감안하여 '15세 이상 29세 이하'에서 '15세 이상 34세 이하'로 확대하였다.[229]

(2) 반대논거

중소기업 청년 취업자의 연령 상한을 높이는 개정안에 대하여는 다음과 같은 점도 함께 감안할 필요가 있다.

첫째, 근무여건이 좋은 한정된 일자리에 대한 청년구직자의 선호 쏠림 현상이 심화됨에 따라, 30대 초반의 취업에 대한 세제혜택을 강화하면 20대 후반의 취업 가능성이 줄어드는 역효과가 발생할 수 있음에 대한

---

226. 대졸청년층이 첫 직장을 중소규모 사업체 정규직으로 취업한 비중은 2010년 41.3%에서 2014년 34.3%로 감소한 반면, 중소규모 사업체 비정규직으로 취업한 비중은 2010년 18.2%에서 2014년 21.2%로 늘어났음(김하영, "대졸청년층의 첫 직장 진입 및 이탈 현황 분석 : 사업체 규모 및 고용형태를 중심으로", 〈고용동향브리프〉 2016년 6월호, 한국고용정보원, p. 4).
227. 청년고용촉진 특별법 시행령 제2조(청년의 나이) '청년고용촉진 특별법'(이하 '법'이라 한다) 제2조 제1호에서 '대통령령으로 정하는 나이에 해당하는 사람'이란 15세 이상 29세 이하인 사람을 말한다. 다만, 법 제5조 제1항에 따라 '공공기관의 운영에 관한 법률'에 따른 공공기관과 '지방공기업법'에 따른 지방공기업이 청년 미취업자를 고용하는 경우에는 15세 이상 34세 이하인 사람을 말한다.
228. 중소기업창업 지원법 시행령 제5조의 4(창업촉진사업 추진 시 우대 대상 예비청년창업자 등의 범위) 법 제4조의 2 제2항에서 '대통령령으로 정하는 예비청년창업자 또는 청년창업자'란 39세 이하의 예비창업자 또는 창업자를 말한다.
229. 중소기업 인력지원 특별법 제12조(청년실업자의 중소기업 취업지원) ① 고용노동부장관은 15세 이상 34세 이하인 미취업자의 중소기업 취업을 촉진하기 위하여 이들을 고용하는 중소기업에 고용장려금을 지급할 수 있다.

판단이 필요하다.

둘째, 20대에 비하여 30대 초반의 고용상황이 훨씬 양호하다는 점에서 양자에 대하여 동일한 세제혜택을 부여하는 것은 조세형평성 및 조세정책의 효과성 측면에서 문제가 될 수 있다. 현재 청년으로 분류되는 인원 중 가장 고용상태가 좋은 연령대인 25세~29세의 경우에도 실업률이 9.5%로, 30세~34세 4.1%의 2배가 넘고 있다.

셋째, 중소기업 취업자에 대한 소득세 감면이 2012년에 시행된 이후 감면 대상이 빠르게 확대됨에 따라 조세지출 규모가 2018년 3,966억 원에 이를 것으로 예상되는 상황에서 개정안은 재정부담을 더욱 심화시킬 우려가 있다. 참고로, 국회 예산정책처는 중소기업 청년 취업자의 연령 상한을 29세에서 34세로 높이는 박준영 의원안에 따라 연평균 832억 원의 세수 감소가 발생할 것으로 추계하였다.

3) 조세소위의 최종 심사 결과와 논거

이 개정안에 대해서 2018년 5월 국회 기획재정위원회 조세소위원회에서는 34세까지 청년의 범위를 확대하면 29세 이하의 취업 가능성이 줄어드는 구축효과가 우려된다는 의견이 제기되었으나 최근 심각한 고용 부진 상황을 고려하여 정부안에 따라 시행령으로 청년의 범위를 29세 이하에서 34세 이하로 확대하도록 결정하면서, "정부는 청년고용지원과 관련하여 대상청년 연령의 범위를 통일해나가는 방안을 검토·보고할 것"을 부대의 견으로 채택하였다.

4) 향후 쟁점과 입법논의 전망

중소기업 취업자에 대한 소득세 감면의 일몰이 올해 말에 도래하여 해당 감면제도에 대한 심층평가 결과를 바탕으로 적용기한을 2021년까지 3년 연장하고 고엽제후유증 환자로서 장애등급 판정자 등을 감면대상인 장애인에 추가하는 내용의 정부 세법개정안이 올해(2018년) 8월 말에 제출될 예정이어서 2018년 정기회 조세소위원회에서도 논의될 것으로 보이며, 감면제도의 중소기업 취업 유인효과 여부 등에 대한 평가와 함께 청년 외의 노인, 장애인, 경력단절여성 취업자에 대한 세제혜택 조정에 대한 검토도 이루어질 것으로 예상된다.

제2장

법인세제 개정의 주요 쟁점 및 결정논거와 전망

1. 법인세율 인상 또는 인하 논쟁

1) 법인세법 개정안의 주요 내용

10개의 법인세법 개정안 중 법인세율을 인상하려는 안은 정부안을 포함 8개이고, 법인세율을 인하하려는 안은 추경호 의원안을 포함 2개이다. 이 중 정부안은 현행 200억 원 이상 과표구간을 나누어 200억 원 초과 2,000 억 원 이하 과표구간은 현행과 같이 22%의 법인세율을 부과하고, 2,000 억 원 초과 과표구간에 현행보다 3% 포인트 인상된 25%의 최고세율을 부과하여 세입기반을 확충하고, 조세형평성을 강화하려는 것이다. 이에 반해 추경호 의원안은 2억 원 이하 과표구간의 법인세율을 현행 10%에서 7%로 하여 3% 포인트 인하하고, 2억 원 초과 200억 원 이하 과표구간의 법인세율을 현행 20%에서 18%로 2% 포인트 인하하여 경제 활성화와 일자리 창출에 기여하도록 하는 취지이다.*

2) 현황과 개정연혁

법인세 최고세율은 1967년 45%에서 1990년 30%로 인하되었다가 1991
년 34%로 인상되었으나, 이후 1999년 28%에서 2002년 27%, 2005년
25%, 2009년 22%로 인하되어 왔으며, 2012년에는 2억 원 초과 200억 원
이하 구간을 20%로 인하하였다.

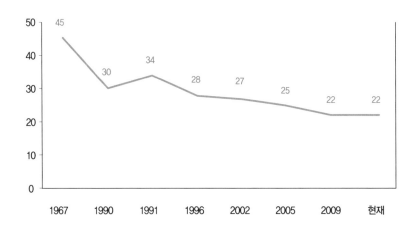

[법인세 현황]

과표구간	1999	2002	2005	2008	2009	2010	2012년 이후
1억 원 이하	16%	15%	13%	11%	11%	10%	10%
1~2억 원	28%	27%	25%	11%	11%	10%	10%
2~200억 원	28%	27%	25%	25%	22%	22%	20%
200억 원 초과	28%	27%	25%	25%	22%	22%	22%
과표구간 개수	2개						3개

---

* 김동철 의원안 : 2016. 6. 2. 발의, 박주민 의원안 : 2016. 6. 16. 발의, 박영선 의원안 : 2016. 9. 26.
발의, 박주현 의원안 : 2016. 10. 19. 발의, 김성식 의원안 : 2016. 9. 27. 발의, 이언주 의원안 : 2016.
10. 19. 발의, 정갑윤 의원안 : 2017. 7. 10. 발의, 추경호 의원안 : 2017. 9. 12. 발의, 노회찬 의원안 :
2017. 11. 8. 발의, 정부안 2017. 9. 1. 제출

2014년 우리나라의 명목 GDP 대비 법인세 비중은 3.2%로 OECD 국가 중 상위 13위, 총조세 대비 법인세 비중은 17.5%로 상위 7위 수준이다. 명목 GDP 대비 법인세 비중은 1970년 1.5%에서 2008년 3.5%에 달한 후 2015년 2.9%로 하락하는 추세였으나, 2016년 3.2%로 반등하였음. 총조세 대비 법인세 비중은 1970년 10.6%에서 2008년 18.4%에 달한 후 감소 추세를 보이다가 2016년 16.9%로 반등하였다.

[법인세 현황]

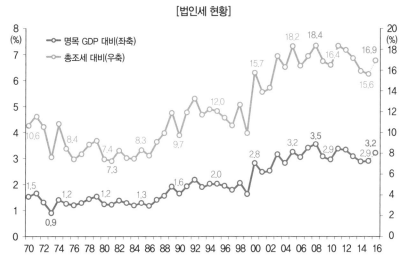

자료 : 국회 예산정책처, 2017 조세의 이해와 쟁점 법인세편, p. 71

평균 실효세율은 1994년 28.5%에서 2015년 16.1%로 지속적인 하락추세를 보이고 있다.[230] 평균 실효세율은 법인의 총부담세액(국세청 기준)을 과세표준으로 나눈 값이고, 구간별 평균 실효세율 현황을 살펴보면, 과표금액이 증가함에 따라 실효세율이 함께 증가하다가 과표 1,000억 원 초과구간에서 실효세율이 감소하고 있다.

---

230. 국회 예산정책처, 2017 조세의 이해와 쟁점 법인세편, pp. 66~67

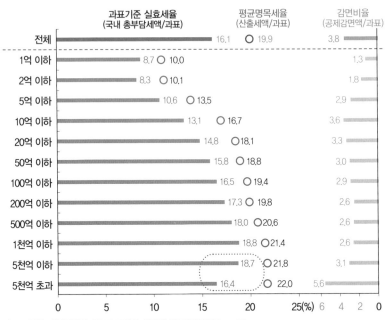

[과표구간별 평균 실효세율 및 감면비율 : 2015년]

	과표기준 실효세율 (국내 총부담세액/과표)	평균명목세율 (산출세액/과표)	감면비율 (공제감면액/과표)
전체	16.1	○ 19.9	3.8
1억 이하	8.7 ○ 10.0		1.3
2억 이하	8.3 ○ 10.1		1.8
5억 이하	10.6 ○ 13.5		2.9
10억 이하	13.1 ○ 16.7		3.6
20억 이하	14.8 ○ 18.1		3.3
50억 이하	15.8 ○ 18.8		3.0
100억 이하	16.5 ○ 19.4		2.9
200억 이하	17.3 ○ 19.8		2.6
500억 이하	18.0 ○20.6		2.6
1천억 이하	18.8 ○21.4		2.6
5천억 이하	18.7 ○21.8		3.1
5천억 초과	16.4 ○ 22.0		5.6

0   5   10   15   20   25(%)   6   4   2   0

자료 : 국회 예산정책처, 2017 조세의 이해와 쟁점 법인세편, p. 67

3) 쟁점과 논쟁의 근거

(1) 찬성논거

법인세율 인상이 필요하다는 입장은 다음과 같다.

첫째, 저성장·양극화 극복을 위한 재정의 적극적인 역할을 뒷받침할 수 있도록 세입기반을 확보할 필요가 있다.[231] OECD나 IMF도 우리나라에 경제성장을 위한 적극적인 재정정책을 주문하고 있으며, 복지지출 확대와 일자리 창출, 경기대응 등에 있어 재정의 적극적인 역할이 특히 강조되고 있다. 정부안과 같이 법인세율을 인상하면 4년간 10.2조 원(정부 추계) 또는

---

231. 기획재정부, '2017년 세법개정안 보도자료 1', 16p

4년간 9.61조 원(예산정책처 추계)의 세수가 증가될 것으로 보인다. 법인세율을 인상하려 하는 개정안은 5년간 12.19조 원에서 5년간 37.84조 원까지 세수가 증가될 것으로 보인다.

정부안 세수추계 결과

(단위 : 조 원)

	2018	2019	2020	2021	2022	누적	연평균
국회 예산정책처		2.20	2.33	2.47	2.61	9.61	2.4
정부		2.55	2.55	2.55	2.55	10.2	2.55

둘째, 국가정책 추진을 위한 세입기반 확대가 필요한데 조세 부담 여력이 있는 대기업 등에서 더 많은 세금을 납부하는 것이 소득재분배와 조세형평성에 부합한다. 과표구간별 실효세율을 살펴보면, 과표 1,000억 이하 구간의 실효세율이 18.8%인데 반해, 과표 5,000억 원 초과 구간의 실효세율은 16.4%로 실효세율이 감소한다.

셋째, OECD 국가의 법인세 최고세율을 살펴보면, 2016년 기준 OECD 국가의 평균 법인세 최고세율은 22.7%로 최고세율이 22%인 우리나라는 OECD 국가의 평균보다는 조금 낮은 편에 해당한다. 우리와 경제규모가 유사한 나라인 멕시코(30%), 호주(30%), 이탈리아(27.5%)와 비교해도 우리나라 법인세율이 낮은 편이다.

넷째, 법인세 실효세율이 2008년 20.5%에서 2015년 16.1%로 지속적으로 하락하는 등 기업의 실질적인 조세 부담이 낮은 편이므로 법인세를 인상하더라도 기업에 큰 부담이 되지 않을 것이다. 평균 실효세율은 법인의 총부담세액(국세청 기준)을 과세표준으로 나눈 값이고, 평균 명목세율과 평균 실효세율의 차이가 1998년 이전에는 2% 포인트 이하였으나, 최근에는 4% 내외 수준을 보인다.

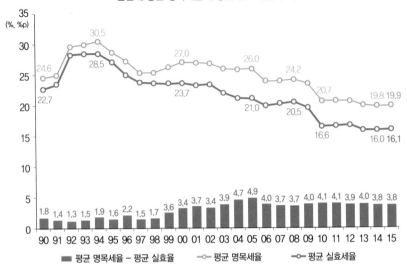

법인세 평균 명목세율과 평균 실효세율 추이

■ 평균 명목세율 – 평균 실효율 ─○─ 평균 명목세율 ─○─ 평균 실효세율

다섯째, 법인세율 인상이 투자와 고용, 경제성장에 부정적인 영향을 미친다고 보기 어렵다는 연구 결과를 볼 때,[232] 법인세율을 인상하더라도 경제에 부정적인 영향을 준다고 볼 수 없다는 것이다.

(2) 반대논거

법인세율을 인하하거나 인상에 반대하는 입장의 논거는 다음과 같다.

첫째, 법인세율을 인상할 경우 투자활성화를 통한 경제활동을 약화시키고 경기회복을 어렵게 할 수 있으므로, 법인세율 인하를 통해 중장기적으로 기업투자촉진 → 경제성장 → 세수증가라는 선순환 효과를 유도할 필요가 있다.

둘째, 정부가 추진하려고 하는 정책의 필요성을 검토하고, 정책의 필요성이 인정되어 재원 확보가 필요하다 하더라도 세율 인상보다 세출 구조

---

232. 손원익 · 이영, '법인세 세율 및 과표구간의 적정성 검토', 한국조세연구원, 2012

조정을 통해 재원을 확보하는 것이 선행되어야 한다. 또한 전반적으로 비과세·감면 정비 등을 통해 과세기반을 확충하도록 노력할 필요가 있다. 전체 국세 감면액은 1999년 10.5조 원에서 2015년 35.9조 원으로 증가하였다.

셋째, 2014년 우리나라의 명목 GDP 대비 법인세 비중은 3.2%로 OECD 국가 중 상위 13위, 총조세 대비 법인세 비중은 17.5%로 상위 7위로 법인의 세 부담이 큰 편이다. 2015년 과세표준 구간별 법인세 현황을 보면 과세표준 2억 원 이하 기업이 전체의 87.4%를 차지하나 부담하는 세액은 2.9%임. 과세표준 200억 원 초과 기업은 1,034개이나 전체 세액의 68.4%를 부담하고 있다. 최고세율 22%가 적용되는 과세표준 200억 원 초과 기업은 2010년 801개에서 2015년 1,034개로 증가 추세이며, 과세표준 200억 원 초과 구간에 해당하는 법인소득은 2010년 121.2조 원에서 2015년 161조 원으로 증가하고 있다. 정부안과 같이 과세표준 2,000억 초과 구간을 신설하면 삼성전자 등 129개 대기업이 25%의 최고세율을 적용받게 되는데, 이들 기업이 추가로 부담해야 하는 법인세가 2019년에만 2.55조 원일 것으로 전망된다. 법인세 실효세율이 2015년 16.1%이지만, 2016년에는 16.6%로 상승하였고, 기업의 세 부담이 커지고 있다.

2015년 과세표준 구간별 법인세 현황

(단위 : 개, 억 원)

	신고법인수	각 사업연도 소득금액	총부담세액
2억 원 이하	444,875(87.4%)	332,630(12.1%)	11,581(2.9%)
200억 원 이하	61,379(12.4%)	802,673(29.2%)	113,955(28.7%)
200억 원 초과	1,034(0.2%)	1,610,515(58.7%)	272,167(68.4%)

자료 : 국회 예산정책처, 2017 조세의 이해와 쟁점 소득세편, p. 62

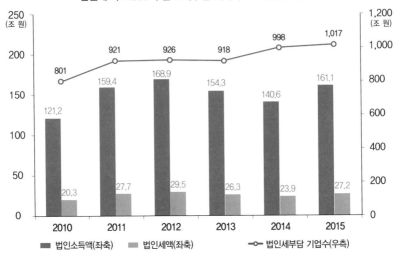

법인세 과표 200억 원 초과구간 세액 추이 : 2010-2015

자료 : 국회 예산정책처, 2017 조세의 이해와 쟁점 소득세편, p. 63

넷째, 우리나라는 그동안 법인세율을 계속 인하해왔고, 국제적으로도 법인세를 인하하는 것이 큰 흐름이므로 다국적 자본의 이탈을 방지하기 위해서는 법인세율을 낮은 수준으로 유지할 필요가 있다. 일본의 법인세 최고세율은 2008년 30%에서 2016년에 23.4%로 인하되었고,[233] 영국도 브렉시트(Brexit) 이후에 15%로 인하하려고 하고 있으며, 미국 하원은 11월 17일 법인세율을 20%로 인하하는 법안을 의결하였다(별첨 참고). 1985년부터 2016년까지 OECD 평균 법인세율은 39.3%에서 22.7%로 16.6% 포인트 감소하였다. 우리나라는 같은 기간 동안 세율이 33%에서 22%로 11% 포인트 감소하여, OECD 국가와 비교했을 때 세율감소 정도가 작은 편이다. 글로벌 금융위기 이후 많은 나라에서 자국 경제 및 재정건전성의 빠른 회복을 지원하기 위해 법인세율을 조정했다. 2007부터 2016년까지 21개국은 법인세율을 인하하였고, 7개국에서 법인세율을 인상하였다.

---

233. 국회 예산정책처, '2017 조세의 이해와 쟁점 ③ 법인세', p. 43

(3) 찬반의 핵심논거와 입법판단의 방향

종합적으로 법인세율을 인상할 것인지 인하할 것인지의 문제는 재원 확보의 필요성, 소득재분배와 조세형평성, 법인세율이 일자리와 투자 등 법인의 경제활동에 미치는 영향, 법인세율에 관한 국제적 동향, 세출 구조조정의 필요성 등을 고려하여 입법정책적으로 결정할 필요가 있다.

[참고자료] OECD 국가의 법인세 명목 최고세율(중앙정부 기준)

(단위 : %)

	2000	2005	2010	2011	2012	2013	2014	2015	2016	
호주	34	30	30	30	30	30	30	30	30	(4)
오스트리아	34	25	25	25	25	25	25	25	25	(10)
벨기에	39	33	33	33	33	33	33	33	33	(3)
캐나다	28	21	18	16.5	15	15	15	15	15	(31)
칠레	15	17	17	20	20	20	21	22.5	24	(15)
체코	31	26	19	19	19	19	19	19	19	(27)
덴마크	32	28	25	25	25	25	24.5	23.5	22	(17)
에스토니아	26	24	21	21	21	21	21	20	20	(22)
핀란드	29	26	26	26	24.5	24.5	20	20	20	(22)
프랑스	33.33	33.33	33.33	33.33	33.33	33.33	33.33	33.33	33.33	(2)
독일	40	25	15	15	15	15	15	15	15	(31)
그리스	40	32	24	20	20	26	26	26	29	(6)
헝가리	18	16	19	19	19	19	19	19	19	(27)
아이슬란드	30	18	18	20	20	20	20	20	20	(22)
아일랜드	24	12.5	12.5	12.5	12.5	12.5	12.5	12.5	12.5	(34)
이스라엘	36	34	25	24	25	25	26.5	26.5	25	(10)
이탈리아	37	33	27.5	27.5	27.5	27.5	27.5	27.5	27.5	(9)
일본	30	30	30	30	30	28.05	28.05	23.9	23.4	(16)
한국	28	25	22	22	22	22	22	22	22	(17)
룩셈부르크	30	22	21	21	21	21	21	21	21	(21)
멕시코	35	30	30	30	30	30	30	30	30	(4)
네덜란드	35	31.5	25.5	25	25	25	25	25	25	(10)
뉴질랜드	33	33	30	28	28	28	28	28	28	(7)
노르웨이	28	23.75	28	28	28	28	27	27	25	(10)
폴란드	30	19	19	19	19	19	19	19	19	(27)
포르투갈	32	25	25	27	30	30	30	28	28	(7)

	2000	2005	2010	2011	2012	2013	2014	2015	2016	
슬로바키아	29	19	19	19	19	23	22	22	22	(17)
슬로베니아	25	25	20	20	18	17	17	17	17	(30)
스페인	35	35	30	30	30	30	30	28	25	(10)
스웨덴	28	28	26.3	26.3	26.3	22	22	22	22	(17)
터키	33	30	20	20	20	20	20	20	20	(22)
영국	30	30	28	26	24	23	21	20	20	(22)
미국	35	35	35	35	35	35	35	35	35	(1)
OECD 평균	30.2	25.7	23.4	23.3	23.2	23.3	23.1	22.8	22.7	

4) 조세소위의 최종 심사 결과와 논거

2017년 11월 국회 기획재정위원회 조세소위원회에서는 재정수요 감안 시 세원확보차원에서 대기업에 대한 세율인상이 필요하다는 입장과 세율인상은 투자위축을 가져올 수 있다는 입장이 대립함에 따라 합의를 이루지 못하였다.

이에 정부안이 2017년 12월 1일에 본회의에 자동 부의되었고, 각 당 원내대표간 협상을 통해 과표 3,000억 원 초과구간을 신설하고 그 세율을 25%로 하는 안으로 잠정합의하였다. 그리고 본회의에서 이와 같은 내용으로 정부안을 수정하여 의결되었다.

5) 향후 쟁점과 입법논의 전망

법인세 최고구간(과표 3,000억 원 초과)을 신설하고 법인세 최고세율을 22%에서 25%로 3% 포인트 인상함에 따라 당분간 법인세 최고세율 인상 필요성이 제기될 가능성은 낮다. 다만, 경제 상황 악화, 최저임금 대책 등 재정수요 증가로 인하여 세원확보 필요성이 제고되어 향후 법인세율 인상이 검토될 여지가 있다.

이와 관련하여 법인세율 인상 이외에 법인세를 실질적으로 인상하는 효과를 기대할 수 있는 법인세법 개정이 추진될 수 있다. 법인세 최저한세율 인상과 법인에 대한 각종 조세 감면제도의 축소 및 폐지 등이 논의될 수 있다.

반면, 최근 2017년도 말의 법인세율 인상이 국제적인 법인세 감면 흐름과 상치되고 법인세율 인상으로 기업의 활력이 저하되고 있으므로, 법인세율을 이전으로 되돌리거나 더 낮추려는 개정안 2건이 신규로 발의[234]되었는데, 법인세율 인하 논의가 올해 정기국회에서 다시 있을 가능성이 있다.

※ 참고 | 2017년 11월 미국 세제개편 논쟁(법인세율 논쟁 포함)

■ 미국 '감세와 일자리법(Tax Cuts and Jobs Act)안'의 주요 내용

2017년 11월 2일 '감세와 일자리법(Tax Cuts and Jobs Act, TCJA) 하원안(H.R. 1)'이 발의되었고, 주요 내용은 소득세 과세구간 축소(7 → 4구간), 법인세율 인하(4단계 35% → 단일세율 20%, 즉시 시행) 및 유형자산 구입비용 5년간 100% 공제, 영토주의 과세제도 전환, 해외관계사 거래에 대한 20% 특별세 부과를 신설하는 것이다.

---

234. 강효상 의원안('18. 4. 11. 발의) : 2018년도 이전과 같이 3단계 과표 체계와 세율로 전환, 추경호 의원안('18. 4. 12 발의) : 과세표준을 현행 4개에서 2억 이하와 2억 초과 구간으로 단순화하고, 과표 2억 이하 구간에는 8%의 세율을, 2억 초과 구간에는 20%의 세율을 적용하여 법인세를 인하

■ 미국 법인세 현황 및 개정연혁

미 정부는 1981년 경제 활성화 세법(Economic Recovery Tax Act)과 1986년 세제개혁법(Tax Reform Act)을 통해 큰 세제개혁을 단행했다. 이로 인해 법인세율을 46%에서 34%로 낮추었다.[235]

2017년 12월 법인세율 개편 전에는 법인세는 과세표준 5만 달러 이하 기업은 15%, 5만 달러 초과 7만 5천달러 이하 기업은 25%, 7만 5천달러 초과 천만 달러 이하 기업은 34%, 천만 달러 초과 기업은 35%로 정하고 있었다.

■ 미국 세제개편 관련법 개정 경과

◉ 하원의 개정경과

2017년 11월 2일 '감세와 일자리법(Tax Cuts and Jobs Act, TCJA) 하원안(H.R. 1)'이 발의되었다. 주요 내용은 소득세 과세구간 축소(7 → 4구간), 법인세율 인하(4단계 35% → 단일세율 20%, 즉시 시행) 및 유형자산 구입비용 5년간 100% 공제, 영토주의 과세제도 전환, 해외관계사 거래에 대한 20% 특별세 부과를 신설하는 것이다. 이 개정안이 하원 본회의에서 2017년 11월 16일 찬/반 227:205로 통과되었다.

◉ 상원의 개정경과

상원 수정안의 주요 내용은 소득세 감세규모 축소(과세구간 유지, 최고세율 39.6% → 38.5% 인하, 2025년 한시 적용) 및 자녀세액공제 확대, 법인세율 20% 인하는 하원과 동일하나 2019년부터 시행 + 최저한세 폐지, 해외 로

---

235. "How the Republican Tax Bill Compares With Previous Reforms", 〈The Economist〉, 2017년 12월 9일자

열티 등 무형자산 소득에 대한 소득공제 신설, 다국적 기업의 세원잠식 방지세(Base Erosion Anti-Abuse Tax, BEAT)를 신설하는 것으로 상원 본회의에서 2017년 12월 2일 찬/반 51:49로 통과되었다.

● 양원합동조세위원회 및 상·하원 재의결

2017년 12월 13일 양원합동조세위원회를 개최하였고, 2017년 12월 20일 상원과 하원 각각 본회의 재표결을 거쳐 최종적으로 법안이 통과되었다.

양원 최종안의 법인세율 인하는 당초 안(20%)에서 1% 포인트를 인상한 21%로 조정되었고, 최저한세를 폐지하는 것으로 결정되었다.

● 정부 이송 및 대통령 승인

2017년 12월 21일 정부로 이송되었고 12월 22일 대통령이 서명하여 법안이 법률로 확정(Public Law No : 115-97)되었다.

■ 미국 '감세와 일자리법(Tax Cuts and Jobs Act, TCJA)' 심사 결과

미국 트럼프 행정부의 첫 번째 세제개편안인 '감세와 일자리법(Tax Cuts and Jobs Act)'이 2017년 12월 의회 표결 통과 및 대통령 서명을 거쳐 법률로 확정되었고, 2018년 1월 1일부터 효력이 발생한다. 이번 법인세율 인하로 미국은 주요 국가에 비해 낮은 법인세율이 적용되고 있고, 미국의 법인세 최고세율은 G7 평균 22%보다 낮아졌다.[236]

종전의 미국 법인세는 과세표준 5만 달러 이하 기업은 15%, 5만 달러 초과 7만 5천달러 이하 기업은 25%, 7만 5천달러 초과 천만 달러 이하 기업은

---

236. OECD, Tax Database 2018

34%, 천만 달러 초과 기업은 35%로 정하고 있었다.

개정된 법률은 기존 4단계의 과세표준을 없애고 법인세 최고세율을 35%에서 단일세율 21%로 대폭 인하하였다. 또한 기업투자 용도의 건물, 장비 시설 분야 발생경비를 100% 세액 공제한다.

■ 미국 세제개편(법인세율 인하 포함) 논쟁의 일반적인 찬반 논거

● 찬성 논거

법인세 부담 완화로 미국 기업이 해외로 이전할 인센티브를 감소시켜 국내 일자리 창출 및 경제성장을 촉진시킬 수 있다. 미국 기업들은 높은 법인세율을 피하기 위해 외국기업을 인수 또는 합병하여 서류상의 본사를 해외로 옮겼다. 법인세율이 낮은 아일랜드(12.5%)나 캐나다(15%)가 주된 조세피난처였다. 하지만 세율 인하를 통해 조세회피 목적으로 미국을 떠났던 기업들이 국내로 되돌아올 것으로 예상된다.[237]

세제개편으로 미국 기업의 경쟁력 및 성장이 강화될 수 있다. 법인세 감소에 따른 인수합병(Mergers & Acquisitions)이 증가하므로 미국 기업들이 신사업을 설립하고 약점을 보완하게 된다.[238] 또한 줄어든 법인세를 시설 및 연구개발에 재투자하게 되면 일자리는 늘어나게 될 것으로 기대된다.[239]

낮은 법인세율은 미국을 외국기업들이 보기에 투자하기 좋은 나라로 만들어 경제 활성화에 도움이 될 것으로 보인다. 소비와 투자를 높여 국내총생산(GDP) 성장률을 연 2.6%에서 2018년까지 3.3%로 끌어올릴 것으로 예상된

---

237. Congressional Budget Office, 'The Budget and Economic Outlook : 2018 to 2028', 2018. 4. pp. 105-129
238. "Trump's Tax Cuts and the Impact on US M&A", Financier Worldwide, 2018
239. 'Congressional Record : Providing for Consideration of Senate Amendment to H.R.1', CBO, 2017

다. 경제성장률이 0.1~0.5% 포인트 상승하고 실업률이 0.1~0.2% 포인트 하락할 추세다.[240] 결과적으로 미국 내 생산 및 투자를 증대시키고 경제를 활성화시킬 수 있다.

공화당 및 하원은 미국인을 위한 건전 재정을 목표로 법인세 및 소득세 대규모 감세, 미국 자본의 해외유출 근절, 세제간소화 필요성을 주장하였다.

● 반대 논거

트럼프 정부가 세수손실을 충당하지 못할 경우 국가부채가 증가해 경제성장을 저해할 것이다. 미 의회 예산처(CBO)에 따르면 2018년도 예산 적자가 2017년 적자보다 1,370억 달러 많은 8,040억 달러를 기록할 것으로 예상된다. 향후 10년간 1조 5천억 달러의 재정적자가 있을 예정이다. 또한 GDP 대비 재정적자 비중은 2017년 3.5%에서 2022년 5.1%, GDP 대비 공공부채 비중은 2017년 76%에서 2022년 96% 증가할 것으로 전망된다.[241]

세수감소로 재정적자가 심각해지면 더 높은 연방 차입금과 증가된 이자율로 이어질 것이다. 2018년부터 2023년까지 단기 및 장기 금리가 각각 0.7% 포인트 및 0.4% 포인트 상승할 것으로 예상되고 민간 투자의 규모가 줄어들 수 있다.[242]

법인세율 인하의 경제적 효과 창출을 위해서는 기업투자의 증가로 연결되어야 하는데, 과거 부시 행정부 법인세율 인하(2004) 사례의 경우 기업은 자사주 매입 및 배당 증가를 선택함에 따라 재정수지 악화로 귀결되었다.

---

240. Congressional Budget Office, 'The Budget and Economic Outlook : 2018 to 2028', 2018. 4. pp. 105-129
241. Congressional Budget Office, 'The Budget and Economic Outlook : 2018 to 2028', 2018. 4. pp. 105-129
242. Congressional Budget Office, 'The Budget and Economic Outlook : 2018 to 2028', 2018. 4. pp. 105-129

법인세율 인하의 혜택이 일부 기업과 주주에 국한되고 투자로 연결되지 못할 경우 소득불평등 심화 및 국가 재정적자 증가가 우려된다.

민주당 및 상원은 세제감면 혜택이 일부 기업과 부유층에 국한되어 불평등이 심화되고 막대한 세수손실에 따른 국가채무 증가가 우려된다며 반대하였다.

■ 미국 세제개편(법인세율 인하 포함)에 따른 재정·경제적 효과

● 재정적 효과

의회 예산처(CBO)는 양원최종안 기준, 향후 10년간 약 1.5조억 달러(원화 환산 시 약 1,650조 원)의 세수감소효과를 전망하였다. 또한 세 수입 감소로 인해 미국의 재정적자 규모가 향후 10년간 CBO 기준선 전망 대비 약 1.7조억 달러 증가할 것으로 추계하였다. 세수손실을 충당하지 못할 경우 재정적자 증가는 장기적으로 경제성장을 저해할 것이라는 의견을 표명하였다.[243]

양원합동조세위원회(Joint Committee on Taxation, JCT)는 양원최종안의 재분배 효과를 분석하였는데, 소득 상위계층의 감세효과가 클 것으로 전망하였다.

● 경제적 효과

세제개편의 경제적 효과에 대해 의회는 향후 10년('18~'27년) 동안 최소 0.7% 수준의 GDP 증가를 전망하는 한편, 민간연구소 등에서는 비교적 낮은 수준의 효과를 전망하는 견해가 상존하고 있다. 미 의회 양원합동조세위원회 (JCT)는 양원최종안 기준, 향후 10년간('18~'27년) 미국 GDP가 평균 0.7%

---

243. Committee for a Responsible Federal Budget, "Fiscal Fact Check: How Much Will Trump's Tax Plan Cost?", http://www.crfb.org/blogs/fiscal-factcheck-how-much-will-trumps-tax-plan-cost.

증가할 것으로 전망하였다.[244] 민간 연구기관인 Tax Policy Center[245]는 세제개편으로 2018년 미국 GDP가 0.8%('18~'27년 평균 0.5% 포인트) 증가할 것으로 전망하였다.

세제개편에 따른 GDP 변화(TPC)

(단위 : % change)

'18	'19	'20	'21	'22	'23	'24	'25	'26	'27	연평균
0.8	0.7	0.5	0.5	0.5	0.5	0.5	0.5	0.1	0.0	0.5

자료 : Tax Policy Center, "Macroeconomic Analysis of the Tax Cuts and Jobs Act", 2017. 12. 20., p.3.

펜실베이니아대학의 연구단체인 Pen Wharton Budget Model은 2017년 12월 15일자 상·하원 중재안 기준으로 향후 10년간('18~'27) 연평균 GDP 증가율이 최소 0.06% 포인트~최대 0.12% 포인트 규모가 될 것으로 전망하였다.[246] 무디스는 세제개편안이 초기 기업투자를 4~5% 포인트 증가시키는 반면, 재정적자로 인한 국채 발행이 이자율 상승을 초래함에 따라 장기성장률에 대한 영향은 제한적일 것으로 전망하였다.

● 일자리 증가 등 효과

민간 연구기관인 Tax Policy Center는 세제개편이 근로소득자 한계소득세율을 낮춤으로써 2025년까지 실질 근로소득이 증가할 것으로 예상하였는데, 저임금 배우자의 노동인구 진입, 추가 근무시간의 증가 등 노동 공급 측면의 효과 발생을 전망하였다.[247]

---

244. JCT, "MACROECONOMIC ANALYSIS OF THE CONFERENCE AGREEMENT FOR H.R. 1, THE TAX CUTS AND JOBS ACT", 2017. 12. 22., p. 3

245. Urban Institute & Brookings Institution 산하 조세부문 민간 연구기관

246. http://budgetmodel.wharton.upenn.edu/issues, 2017. 12. 18., the-tax-cuts-and-jobs-act-reported-by-conference-committee-121517-preliminary-static-and-dynamic-effects-on-the-budget-and-the-economy.

세제개편에 따른 산업별 영향

업종	영향
운송(자동차)	– GM, FORD 등 다국적 기업의 해외수익 본국 송금 예상 – 자본지출 공제 확대에 따른 화물운송업 이익 증가 예상
정보통신	– 정보통신기업(애플, 마이크로소프트, 구글)의 해외보유수익 본국 송금 예상 – 애플은 2018년 5월 1일 자사주 매입(1,000억 달러, 110조 원) 발표
소매업	매출수익 상당이 중간 / 저소득층 소비, 소득세 인하에 따른 소매업 활성 예상
의료업	오바마케어 폐지에 따른 업종 이익 감소 예상

자료 : 한국무역협회, 미국 세제개편 주요 내용과 각국의 대응 현황, 2018. 1. 5. p. 3.

2. 수협중앙회에 지급하는 배당금의 수협은행에 손금 산입

1) 조세특례제한법(법인세) 개정안의 주요 내용

수협은행이 수산업협동조합중앙회의 공적자금 상환을 위하여 수산업협동조합중앙회에 지급하는 배당금에 대해서는 수협은행의 해당 사업연도의 소득금액을 계산할 때 손금에 산입하는 조항을 신설하려는 것이다.

배당금에 대한 세 감면을 통해 수협은행이 배당재원을 확충함으로써 배당을 촉진하여 수협중앙회의 공적자금 상환을 조기에 완료하고, 수협중앙회 및 수협은행이 본연의 어업인 지원기능에 집중하도록 하려는 것이다.*

2) 현황과 개정연혁

1997년 IMF 금융위기가 발생하였고, 그 여파로 수협중앙회의 신용부문

---

247. Tax Policy Center, "Macroeconomic Analysis of the Tax Cuts and Jobs Act", 2017. 12. 20., p. 2

* 정인화 의원안 : 2017. 9. 19. 발의

의 안정성이 문제되어 2001년 수협중앙회 신용부문에 공적자금 1조 1,581억 원을 투입하였다.

2016년 12월 사업구조개편으로 수협중앙회에서 신용부문을 분할하여 수협은행이 되었고, 수협중앙회가 공적자금 상환의무를 부담하게 되었다. 수협중앙회는 매년 수협은행으로부터 받는 배당금으로 공적자금을 상환하고 있다.

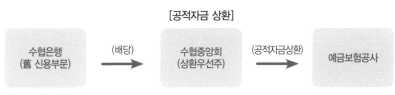

[공적자금 상환]

자료 : 수협중앙회

수협중앙회는 공적자금 1조 1,581억 원 중 2016년에 127억 원을 상환하였고 2017년부터 2028년까지 1조 1,454억 원의 잔액이 남아있다.

수협중앙회 공적자금 상환 스케줄 및 상환액 현황

(단위 : 억 원)

연도	'16	'17	'18	'19	'20	'21	'22	'23	'24	'25	'26	'27	'28
당초	51	738	799	818	836	716	725	753	805	815	825	886	2,814
상환	127	1,298											

자료 : 수협중앙회

3) 쟁점과 논쟁의 근거

수협은행의 수협중앙회에 대한 배당금에 손금을 인정하려는 개정안에 의하면 수협은행의 배당금을 비용으로 인정하는 경우 수협중앙회에 따르면 2023년에 조기상환할 수 있고, 2024년부터는 수협으로 받는 배당금을 재원으로 어민 지원에 나설 수 있다는 것이다.

수협중앙회와 수협은행에 따르면 이 경우 2023년까지 배당금의 비용인 정으로 수협은행이 받을 수 있는 세수효과는 1,862억 원에 달한다. 국회 예산정책처는 세수효과로 5년간 1,916억 원으로 추계하였다.

개정안에 따른 공적자금 조기 상환 스케줄

(단위 : 억 원)

연도	'16	'17	'18	'19	'20	'21	'22	'23
상환액	127	1,298	1,686	1,741	1,783	1,836	1,755	1,355
기본	127	1,298	1,403	1,435	1,471	1,516	1,425	1,044
세효과	–	–	283	306	312	320	330	311
상환누계	127	1,425	3,111	4,852	6,635	8,471	10,226	11,581

자료 : 수협중앙회

(1) 찬성논거

공적자금 조기상환을 위한 세제지원에 대하여 찬성하는 의견은 ① 공적 자금 조기상환 후 어민 지원을 확대할 수 있고, ② 수협중앙회가 수산 및 어업지원을 확대하면 정부의 수산지원 재정부담을 완화할 수 있으며, ③ 수협은행의 안정적인 성장기반을 마련할 수 있다고 주장한다.

또한 공적자금을 상환 완료하면 수협은행은 매년 600~800억 원의 배당 을 할 수 있을 것으로 전망되고, 수협중앙회는 이 배당금을 어업 지원사업 에 사용할 수 있으므로 정부가 직접 어업 지원에 나서는 경우 부담하게 되 는 재정을 줄일 수 있다는 것이다.

그리고 수협중앙회가 공적자금을 다 상환할 때까지 수협은행은 배당금 을 최대한 많이 수협중앙회에 지급해야 한다는 부담이 있는데, 공적자금 상환 완료 시 수협은행 본연의 역할인 어업인금융지원 등을 더 잘할 수 있다는 주장이다.

(2) 반대논거

이 개정안에 대하여 반대하는 의견은 ① 공적자금 상환을 위하여 배당금을 비용으로 인정하는 것은 사실상 공적자금 탕감에 해당하고, ② 공적자금을 투입한 다른 기관과의 형평성 문제가 있으며, ③ '공적자금관리특별법'에서 규정하고 있는 공평한 손실분담의 원칙 등에 어긋난다는 것이다.[248]

개정안과 같이 배당금을 비용으로 인정하게 되면 그만큼 수협은행의 법인세 납부세액이 감소하게 되는데, 그 감소분으로 공적자금을 상환하게 하는 것은 결국 세금으로 공적자금을 상환하는 것과 마찬가지로서 실질적으로 공적자금 탕감에 해당한다는 것이다.

이와 같이 조세지원을 통한 공적자금 탕감을 수협은행(수협중앙회)에만 인정하는 것은 공적자금을 투입받은 다른 기관과 비교하여 지나친 조세지원책이라는 주장이다.

이러한 형평성 문제 때문에 '공적자금관리특별법'은 공평한 손실분담의 원칙, 공적자금 지원 대상 금융회사 등의 자체 구조조정 노력 등을 규정하고 있다. 조세지원을 통해 공적자금을 상환할 수 있게 하는 것은 이러한 원칙에 어긋난다는 것이다.

기획재정부는 이 개정안에 대하여 배당을 법인세 과세소득 계산 시 손금

---

248. 제14조(공평한 손실분담의 원칙 등) ① 정부 등은 공적자금을 지원하는 경우 지원 대상 금융회사 등의 부실에 책임이 있는 자의 공평한 손실 분담을 전제로 공적자금을 지원하여야 한다.

② 정부 등은 공적자금을 지원하는 경우 2회 이상 나누어 지원하여야 한다. 다만, 예금대지급 등 대통령령으로 정하는 경우에는 그러하지 아니하다.

③ 정부 등은 공적자금 지원 대상 금융회사등의 자체 구조조정 노력을 전제로 공적자금을 지원하여야 한다.

④ 정부 등은 부실금융기관의 경영책임과 감독책임을 부담할 자가 있을 때에는 관련 법령에 따라 지체 없이 손해배상의 청구 등 그 책임을 물어야 한다.

⑤ 제1항부터 제4항까지의 규정에 따른 지원의 기준, 절차 등 세부적인 사항은 대통령령으로 정한다.

산입하는 것은 배당은 당기순이익을 처분하는 자본거래로서 과세소득을 구하기 위해 차감하는 비용이 아니기 때문에 과세원칙에도 맞지 아니한 것이라고 반대하는 입장이다.

예금보험공사는 공적자금을 상환받는 기관으로서 이 개정안에 대해 긍정적인 입장을 보이고 있다. 배당금 손금산입으로 세법상이익이 감소하여 법인세 납부액이 감소함에 따라 배당재원이 증가하게 되므로 공적자금의 신속한 회수가 가능하고 타 공적자금 지원 금융회사와의 형평성 문제가 있을 수 있으나, 지분매각을 통한 회수가 불가능한 수협의 특수성을 고려하여 배당 확대의 필요성이 있다는 것이다. 공적자금을 담당하는 금융위원회도 이 개정안에 대해 필요성을 인정하고 있다.

농림축산식품해양수산위원회에서는 수협중앙회가 공적자금을 조기에 상환하여 어업인 지원을 원활히 하도록 하기 위해 이 개정안을 조속히 의결하여 줄 것을 촉구하는 관련위원회 의견을 기재위에 제시하였다.

공적자금 상환을 위해 배당을 손금(비용)으로 산입하는 개정안에 대해서는 수협중앙회 및 수협은행의 본래적 기능과 공적자금의 성질 및 조세형평성, 과세원칙 등을 종합적으로 고려하여 입법정책적으로 결정하여야 할 것이다.

4) 조세소위의 최종 심사 결과와 논거

이 개정안에 대해서 2017년 11월 국회 기획재정위원회 조세소위원회에서는 배당을 손금으로 산입하는 것은 회계원칙 및 법률에 맞지 아니하다는 입장, 공적자금 상환부담 때문에 수협이 어업 및 어민을 지원하는 데 어려움이 있다는 입장이 대립함에 따라 합의를 이루지 못하였고 조세소위원회에 계류하여 계속 논의하기로 하였다.

수협의 어업 및 어민 지원 기능을 정상화할 필요성에 대해서는 소위에서 대체적으로 공감을 이루었으나 배당을 손금으로 산입하는 이 개정안과 같은 방식에 대해서는 부정적인 인식이 있었다. 이에 기획재정부와 금융위원회, 예금보험공사, 수협 등 관계기관이 수협의 기능을 정상화하는 방안에 대해 협의하고 노력해야 한다는 것으로 대체적인 의견이 모아졌다.

5) 향후 쟁점과 입법논의 전망

이 개정안이 발의된 개정취지에 대해서는 조세소위 위원들이 문제의식을 공유하였고, 어업 및 어민 지원이라는 수협 본래의 역할을 다할 수 있도록 정부가 노력해야 한다는 공감대가 형성됨에 따라 수협의 기능 정상화라는 개정안의 입법취지를 달성할 수 있는 여러 가지 방안에 대한 논의가 있을 것으로 예상된다.

3. 중증장애인생산품 생산시설에 대한 감면

1) 조세특례제한법(법인세) 개정안의 주요 내용

개정안은 중증장애인생산시설에 대해서도 사회적기업과 마찬가지로 법인세, 소득세 등을 감면하려는 것으로서, 장애인의 경제적 자립을 지원하려는 것이다.*

중증장애인생산품 생산시설이란 '장애인복지법' 제58조 제1항 제3호에 의한 장애인 직업재활시설, '장애인복지법' 제63조에 의한 장애인복지단체, '정신건강증진 및 정신질환자 복지서비스 지원에 관한 법률' 제27조 제1항

제2호에 의한 재활훈련시설을 의미한다.[249] 현재 사회적기업의 자생력 확보 및 장애인 근로자의 고용안정을 도모하기 위하여 사회적기업과 장애인 표준사업장에 대하여 법인세, 소득세 등을 감면하고 있는데, 세액감면율은 3년간 100%, 이후 2년간 50%이다.

2) 쟁점과 논쟁의 근거

전국 490여 개 중증장애인생산품 생산시설에서 약 1만 명의 중증장애인이 근로하고 있으나 중증장애인생산품 생산시설에 대한 지원은 매우 부족한 현실임을 고려할 때 중증장애인의 고용안정 등을 위해 개정의 필요성이 있다.

다만, 현행법에서도 중증장애인생산시설 중 장애인 직업재활시설과 재활훈련시설의 사회복지사업에 대해서는 수익사업에서 제외하고 있으므로 법인세 과세대상이 아니라고 볼 수 있다.

'법인세법'에서는 비영리법인의 경우 수익사업에서 발생하는 소득에 대해서만 과세를 하고 있는데, '법인세법' 시행령 제2조는 수익사업의 범위에서 장애인 직업재활시설(장애인복지시설에 포함)과 재활훈련시설(정신재활시설에 포함)에서 제공하는 사회복지사업을 제외하고 있다는 것이다.[250]

---

* 이종명 의원안 : 2017. 3. 22. 발의
249. '중증장애인생산품 우선구매 특별법' 제2조(정의)
    ② '중증장애인생산품'이란 다음 각 호의 어느 하나에 해당하는 시설 또는 단체 중 제9조에 따라 보건복지부장관으로부터 지정을 받은 생산시설(이하 '중증장애인생산품 생산시설'이라 한다)에서 생산된 제품 및 동 생산시설에서 제공하는 노무용역 등의 서비스를 말한다.
    1. '장애인복지법' 제58조 제1항 제3호의 장애인 직업재활시설
    2. '장애인복지법' 제63조에 따른 장애인복지단체
    3. '정신건강증진 및 정신질환자 복지서비스 지원에 관한 법률' 제27조 제1항 제2호의 재활훈련시설

중증장애인생산시설 중 '장애인복지법' 제63조에 따른 장애인복지단체가 수행하는 사회복지사업의 경우 수익사업에서 제외되어 과세대상이 아닌지 여부가 명확하지 아니하므로, 장애인복지단체가 법인세 등의 감면대상이 되는지를 명확하게 입법하는 것은 필요한 입법조치라고 볼 수 있다.

또한 현행법의 해석상 장애인 직업재활시설과 재활훈련시설의 사회복지 사업에 대해서는 법인세 과세대상이 아니라고 볼 수 있지만, 현실적으로는 장애인 직업재활시설과 재활훈련시설에서도 법인세 과세 여부를 놓고 논란이 있을 수 있으므로 입법을 통해 이를 명확히 하는 것이 개정취지에 부합할 것으로 판단된다.

	개정안	기재부 의견	검토의견
장애인 직업재활시설	입법 필요	현행법으로 가능	입법 필요 (개정취지를 고려하여 개정을 통해 명확히 할 필요)
재활훈련시설	입법 필요	현행법으로 가능	
장애인복지단체	입법 필요	현행법으로 가능	입법 필요 (현행법 해석상 법인세 과세 여부 불분명)

3) 조세소위의 최종 심사 결과와 논거

이 개정안에 대해서 2017년 11월 국회 기획재정위원회 조세소위원회에서는 현행 조세특례제한법의 해석상 개정안의 취지가 달성될 수 있기 때문에

---

250. 제2조(수익사업의 범위) ① '법인세법'(이하 '법'이라 한다) 제3조 제3항 제1호에서 '대통령령으로 정하는 것'이란 통계청장이 고시하는 한국표준산업분류(이하 '한국표준산업분류'라 한다)에 의한 각 사업 중 수입이 발생하는 것을 말한다. 다만, 다음 각 호의 사업을 제외한다.
    4. 보건 및 사회복지사업 중 다음 각 목의 어느 하나에 해당하는 사회복지시설에서 제공하는 사회 복지사업
    바. '장애인복지법' 제58조 제1항에 따른 장애인복지시설
    차. '정신건강증진 및 정신질환자 복지서비스 지원에 관한 법률' 제3조 제6호 및 제7호에 따른 정 신요양시설 및 정신재활시설

개정이 불필요하다는 입장과 중증장애인생산품 시설에 지원할 필요성이 있다는 입장이 대립함에 따라 합의를 이루지 못하였고 조세소위원회에 계류하기로 하였다.

그러나 중증장애인생산품 시설에 대한 법인세 감면이 필요하고, 법인세 감면 여부가 현행 법령상 명확하지 않다는 지적에 대해 조세소위원회에서 공감대를 형성하였고, 이 개정안을 조세소위원회에 계류하되 시행령을 개정하는 부대의견을 채택하기로 합의하였다.

이에 따라 "정부는 중증장애인의 경제적 자립을 지원하기 위하여 중증장애인 생산품 생산시설에 대한 법인세 감면근거를 시행령에 마련할 것"이라는 부대의견이 채택되었다.

4) 향후 쟁점과 입법논의 전망

이 개정안은 조세소위원회에 계류되었지만 이 개정안의 입법취지를 반영한 부대의견을 채택함에 따라 이 개정안의 입법취지는 사실상 달성된 것으로 볼 수 있다.

4. 청년창업중소기업 법인세 세액감면 확대

1) 조세특례제한법(법인세) 개정안의 주요 내용

개정안은 청년 창업중소기업에 대한 세액감면율을 최초소득 발생 후 5년간 100%로 하며, 그 대상을 수도권과밀억제권역 내 창업까지 포함하려는 것이다.*

2) 현황과 개정연혁

현행 '조세특례제한법' 제6조 제1항 본문은 창업중소기업의 세액감면율을 최초 소득 발생 후 5년간 50%로 하면서, 동 규정 단서에서 "창업 중소기업으로서 대통령령으로 정한 청년창업기업(이하 청년창업중소기업)"에 대하여 최초 소득 발생 후 처음 3년간은 75%, 이후 2년간 50%의 세액감면율을 과세특례로 규정하고 있다.

3) 쟁점과 논쟁의 근거

(1) 찬성논거

청년창업중소기업에 대한 세액감면을 확대하는 개정안은 다음과 같은 긍정적인 측면이 있다.

첫째, 청년창업중소기업에 대한 세액감면율을 상향조정하는 것에 대하여는, 창업에 대한 부담경감의 취지를 유지하고, 청년창업에 대한 부담을 더욱 완화함으로써 청년창업을 보다 활성화할 수 있다.

둘째, 수도권과밀억제권역 내의 청년창업중소기업으로 감면대상을 확대하는 것에 대하여는 수도권과밀억제권역 내에서 창업하는 청년창업중소기업과 수도권과밀억제권역 외에서 창업하는 청년창업중소기업간 세 부담의 형평성을 제고하고, 보다 많은 청년창업중소기업에게 혜택을 줄 수 있다.

---

* 정부안 : 2018. 4. 3. 제출

(2) 반대논거

개정안은 다음과 같은 점을 함께 고려할 필요가 있다.

첫째, 청년창업중소기업에 대한 세액감면율을 100%로 확대하는 것은 '청년'의 범위에 해당하지 않는 일반창업중소기업과의 형평성 문제가 제기될 수 있다. 세액감면율을 100%로 상향하는 것은 '소득이 있는 곳에 과세한다.'는 과세의 기본원칙 및 '넓은 세원, 낮은 세율'과 같은 중장기 세제운용의 기본방향과 부합하지 아니하는 측면이 있다.

둘째, 기존의 과세특례 제외 지역이었던 수도권과밀억제권역 내 창업까지 세제혜택을 부여함에 따라 청년창업의 수도권과밀억제권역으로의 집중현상이 심화되고, 이에 따른 과세특례의 효과가 어떻게 나타날지에 대한 추가적인 검토가 필요하다.

4) 조세소위의 최종 심사 결과와 논거

이 개정안에 대해서 2018년 5월 국회 기획재정위원회 조세소위원회에서는 청년실업 해소의 절박함 등을 고려하여 청년창업중소기업에 대한 세제지원을 확대하는 데에 합의를 이루었다. 다만, 수도권과밀억제권역까지 청년창업의 세제혜택을 확대할 경우 지역경제의 어려움이 확대될 우려가 있다는 지적이 있었으며, 이에 수도권과밀억제권역 내 청년창업기업에 대해서는 5년간 50%의 세액감면율을 적용하고, 수도권과밀억제권역 밖은 100%의 세액감면율을 적용하는 것으로 수정하였다.

5) 향후 쟁점과 입법논의 전망

이 개정안에 대해서는 청년창업중소기업에 대한 정책지원의 효과성 여부에 대한 의문도 제기되었다. 시급한 청년실업의 해소를 위하여 세액감면의 확대가 불가피한 측면이 더 크게 인정되어 개정법률안이 통과되었으나, 동 조세특례의 일몰기한인 2021년 말에는 심층평가 등을 통하여 효과성 여부를 면밀히 점검하고, 일몰 연장 여부가 검토될 것으로 예상된다.

5. 고용을 증대시킨 청년친화기업 등에 대한 세액공제 확대

1) 조세특례제한법(법인세) 개정안의 주요 내용

개정안은 청년 등 상시근로자 고용증가 기업에 대한 세액공제액을 적용하는 경우, 그 적용대상기업의 분류에 청년친화기업을 추가·신설하여 청년친화기업에 대해서는 현행 기업보다 1인당 세액공제액을 500만 원을 추가[251]하는 한편, 고용증대세제의 공제기간을 현행보다 1년씩 연장하고, 적용기한도 2020년에서 2021년으로 1년 연장하여 청년고용을 증대하려는 취지이다.*

2) 현황과 개정연혁

현행의 고용증대세제는 과거 고용창출투자세액공제제도의 일부와 청년

---

251. '조세특례제한법'상 중소기업 : 업종별 매출액 400억 원~1,500억 원 이하, 중견기업 : 업종별 매출액 3,000억 원 이하, 대기업 : 중소·중견기업을 제외한 기업을 의미함. 중소기업 중 소기업은 업종별 매출액 10억~120억 원 이하인 기업을 의미하며, 소상공인은 소기업 중 상시근로자수가 10인 미만인 기업을 의미함.

* 정부안 : 2018. 4. 3. 제출

고용증대세제를 통합하여 '청년 등 상시근로자' 고용증대에 대해서는 과거 청년고용증대세제의 공제액과 동일한 수준의 세액공제를 적용한다. 한편, '청년 외 상시근로자' 고용증대에 대해서는 과거 고용창출투자세액공제제도 중 투자와 연계하여 고용이 증대한 경우 추가적인 세액공제를 하던 규정을 투자와 무관하게 고용을 직전 연도보다 증대시킨 경우에는 일정 세액을 공제하는 제도로 변경하여 2018년도부터 시행 중에 있다.

과거 청년고용증대세제와 현행 고용증대세제의 비교

구분	과거 청년고용증대세제	현행 고용증대세제
공제요건	청년 정규직 근로자수가 직전 연도보다 증가	상시근로자수가 직전 연도보다 증가
세액 공제액	대기업 : 1인당 300만 원 중견기업 : 1인당 700만 원 중소기업 : 1인당 1,000만 원	① 청년 등 상시근로자 증가 : 대기업 1인당 300만 원, 중견기업 1인당 700만 원, 중소기업 1인당 1,000만 원(수도권 밖은 1,100만 원) ② 청년 등 외 상시근로자 증가 : 대기업 0원, 중견기업 1인당 450만 원, 중소기업 1인당 700만 원(수도권 밖은 770만 원) ※ 투자와 무관하게 고용증가 시 공제
공제기간	1년	대기업 : 1년, 중소 · 중견기업 2년

3) 쟁점과 논쟁의 근거

(1) 찬성논거

개정안에서 신설하는 청년친화기업에 대한 세액공제액을 상향하고, 전체 고용증가에 따른 세액공제기간을 연장하여 청년고용을 증대하려는 개정안에 대해서는 다음과 같은 측면에서 입법적 필요성이 인정될 수 있다.

첫째, 어려운 청년고용 상황의 개선을 위해서는 과거 고용유발효과가 있었던 것으로 보이는 청년고용에 따른 세액공제를 확대할 필요가 있다. 과거 청년고용증대세제의 효과성 분석에 따르면, 3년 평균 매출액 3,000억 원 주변 기업의 경우, 통계적으로 유의하게 청년고용증대세제로 인해 고용이 증가한 것으로 평가[252]된 바 있다.

둘째, 개정안은 공제기간을 현행 대기업의 경우 1년에서 2년으로, 중소·중견기업의 경우 2년에서 3년으로 각각 1년씩 연장하고 있는데, 공제기간의 확대는 고용증대세제의 효과성을 높일 수 있다.

(2) 반대논거

개정안에 대해서는 다음과 같은 점을 함께 고려할 필요가 있다.

첫째, 고용증대세제가 2018년도 1월부터 시행되어 시행된 지 4개월밖에 지나지 않은 상황으로, 현행 고용증대세제의 효과성 여부에 대한 면밀한 분석이 부족한 측면이 있음을 감안할 필요가 있다. 과거 청년고용증대세제에 대한 평가에서도 시행기간이 짧아 효과성 분석을 위한 충분한 자료의 확보가 어렵다는 것이 평가의 한계점으로 지적[253]된 바 있다.

둘째, 개정안은 적용기한을 2020년 말에서 2021년 말로 1년 연장하고 있는데, 일반적으로 3년 단위로 적용기한을 설정하고 있다는 점, 현행 적용기한(2020년 말)을 유지하더라도 개정안에 따른 제도시행[254]에 문제가 없다는 점 등에 대한 고려가 필요하다. 개정안에 따라 2019년도에 360억 원, 2020년에는 1,270억 원, 2021년에는 4,770억 원의 추가적인 조세지출(3년간 총 6,400억 원)이 예상된다.

---

252. 기획재정부, '2017 조세특례 심층평가(Ⅶ) 청년고용을 증대시킨 기업에 대한 세액공제', 2017. 9., p. 8
253. 기획재정부, '2017 조세특례 심층평가(Ⅶ) 청년고용을 증대시킨 기업에 대한 세액공제', p. 176
254. 개정안은 공포 즉시 시행하고, 개정법률의 시행일이 속하는 과세연도분부터 개정 내용을 적용하도록 부칙에서 규정하고 있음.

고용증대세제 개정에 따른 연도별 세수감소효과

(단위 : 억 원)

연도	2018년	2019년	2020년	2021년
현행 제도에 따른 세수감소효과	–	△1,320	△4,630	△4,630
개정안에 따른 추가 세수감소효과	–	△360	△1,270	△4,770

자료 : 기획재정부

셋째, 청년친화기업의 범위를 시행령에서 정하도록 위임하고 있어 추가적인 과세특례의 대상이 명확하지 않은 한계가 있다. 기획재정부는 '대통령령으로 정하는 청년친화기업'을 '노동시간 단축에 따른 일자리나누기 시행기업', '청년신규채용이 상대적으로 우수한 기업' 등으로 정할 것으로 설명하고 있다.[255]

또한 대기업·중견기업도 청년친화기업이 될 수 있으며 청년친화기업에 대해서 청년고용증대 시 1인당 500만 원을 추가 공제하는 경우, 청년친화기업이 아닌 중견기업·중소기업보다 청년친화기업인 대기업·중견기업의 청년 고용 증가에 따른 세액공제액이 더 커지게 되어 형평성 및 금액의 적정성에 문제가 제기될 수 있다.

개정안에 따른 '청년 등 상시근로자 고용증대' 시 공제금액 비교

구분	청년친화기업인 경우	청년친화기업이 아닌 경우
대기업	1인당 공제금액 800만 원 (300만 원 + 500만 원)	1인당 공제금액 300만 원
중견기업	1인당 공제금액 1,200만 원 (700만 원 + 500만 원)	1인당 공제금액 700만 원
중소기업	1인당 공제금액 1,500만 원 (수도권 밖에서 고용증가 시 1,600만 원)	1인당 공제금액 1,000만 원 (수도권 밖에서 고용증가 시 1,100만 원)

---

255. 관계부처 합동, '청년 일자리 대책', 2018. 3. 15., p. 5

4) 조세소위의 최종 심사 결과와 논거

이 개정안에 대해서 2018년 5월 국회 기획재정위원회 조세소위원회에서는 고용증대세제가 새로이 시행된 지 채 5개월이 경과하지 않은 상황에서 그 효과성 및 적절성에 대한 판단에 한계가 있으므로 계류하여 계속 심사하기로 결정하였다.

5) 향후 쟁점과 입법논의 전망

이 개정안은 청년친화기업의 새로운 입법개념을 창출하여 이에 대해 세액공제액을 상향하고, 전체 고용증가에 따른 세액공제기간을 연장하여 청년고용을 증대하려는 것이다.

찬성입장에서는 어려운 청년고용 상황의 개선을 위해서는 과거 고용유발효과가 있었던 것으로 보이는 청년고용에 따른 세액공제의 확대가 필요하다는 것이다. 그리고 반대입장에서는 고용증대세제가 2018년도 1월부터 시행되어 시행된 지 몇 개월밖에 지나지 않은 상황인 점과 청년친화기업의 범위를 시행령에서 정하도록 위임하고 있어 추가적인 과세특례의 대상이 명확하지 않아 조세법률주의의 위반 소지가 있다는 점, 청년친화기업이 아닌 중견기업·중소기업보다 청년친화기업인 대기업·중견기업의 청년 고용증가에 따른 세액공제액이 더 커지게 되어 공제금액의 혼란성에 따른 적정성의 논란이 계속될 것으로 전망된다.

제3장

재산세제 개정의 주요 쟁점 및 결정논거와 전망

1. 종합부동산세율 인상 등

1) 종합부동산세법 개정의 주요 내용

2018년 7월 말 현재 박주민 의원과 이종구 의원이 대표발의한 종합부동산세법 개정안이 국회에 계류되어 있다. 박주민 의원안은 주택 및 토지에 대한 세율을 각각 과세표준 구간에 따라 0.25% 포인트~2.0% 포인트까지 인상하는 한편, 공정시장가액비율을 폐지하고 1세대 1주택자에 대한 과표 계산 시 공제금액을 현행 9억 원에서 12억 원으로 상향하고 있다. 반면, 이종구 의원안은 현행 시행령에서 정하도록 하고 있는 공정시장가액비율을 법률에서 직접 80%로 정하는 한편, 주택에 대한 과세표준 계산 시 기본공제금액을 6억 원에서 9억 원으로 상향하여 주택에 대한 종합부동산세 부담을 완화하고 있다.

이 개정안과는 별도로 최근 대통령 직속 재정개혁특별위원회는 종합부동산세의 과세표준 계산 시 적용되는 공정시장가액비율을 현행 80%에서 연 5% 포인트씩 단계적으로 인상하고, 주택 및 토지에 대한 종합부동산세율도 0.05% 포인트에서 1.0% 포인트까지 인상하는 권고안을 발표(2018. 7. 3.)하였다. 기획재정부는 이 권고안을 기반으로 공정시장가액비율이 90%에 이르도록 2년간에 걸쳐 연 5% 포인트씩 인상하는 한편, 3주택 이상 소유자에 대해서는 0.3% 포인트씩 추가 과세하고, 별도합산토지에 대해서는 현행의 세율을 유지하는 개편방안을 발표(2018. 7. 30.)하였다.

종합부동산세는 일정기준 이상의 고액의 부동산 보유에 대하여 재산세에 더하여 추가적인 조세 부담을 부과하여 부동산보유에 대한 조세 부담의 형평성을 제고하고 부동산 가격의 안정을 도모하기 위한 목적으로 2005년부터 도입된 조세이다.

2008년 종합부동산세의 세대별 합산 규정에 대한 위헌판결과 과도한 세 부담에 대한 문제제기에 따라 2009년부터 종합부동산세가 인하된 결과, 부동산 보유의 불평등성이 더욱 심화되었다는 지적이 제기되고 있다. 또한 최근 강남 등을 중심으로 한 일부 지역의 부동산가격 상승을 완화하기 위해서 부동산 보유에 따른 부담을 높일 필요가 있다는 문제제기도 지속되고 있다.

반면, 종합부동산세의 과세표준을 정함에 있어 공시가격에 곱하는 비율인 공정시장가액비율을 대통령령으로 정하도록 하여 조세법률주의에 위배되고, 주택가격의 상승률을 감안하여 주택에 대한 종합부동산세 부담을 완화할 필요가 있다는 의견도 제시된다.

2) 현황과 개정연혁

'종합부동산세법'은 고액의 부동산 보유자에 대하여 종합부동산세를 부과하여 부동산 보유에 대한 조세 부담의 형평성을 제고하고, 부동산의 가격안정을 도모하여 지방재정의 균형 및 국민경제의 발전에 이바지하기 위한 목적[256]으로 2005년부터 시행되었으며 종합부동산세 총액은 '지방교부세법' 제4조에 따라 지방교부세의 재원으로 활용되고 있다.[257]

종합부동산세 총액을 지방교부세로 전액 활용하는 것은, 지방세로 징수되던 종합토지세를 폐지하고 이를 국세인 종합부동산세 체계로 전환함에 따라 종합부동산세 도입에 따른 지방자치단체의 재원감소분을 보전하고 지방자치단체간 재정형평성을 제고하기 위한 것이다.

2005년 12월 31일 제1차 개정으로 종합부동산세의 부담은 늘었으나, 구 종합부동산세법 제5조 등 위헌소원(2006헌바112, 2008. 11. 13.)에 대한 헌법재판소 판결[258] 이후 2008년 12월 26일 제6차 개정을 거치면서 1세대 1주택자에 대한 세 부담을 완화하고 공정시장가액비율제도를 도입하며, 세율을 인하하는 등 종합부동산세의 부담은 완화되었다.

2005년 '종합부동산세법' 제정 시에는 개인별로 합산한 주택 및 토지

256. '종합부동산세법' 제1조(목적) 이 법은 고액의 부동산 보유자에 대하여 종합부동산세를 부과하여 부동산보유에 대한 조세 부담의 형평성을 제고하고, 부동산의 가격안정을 도모함으로써 지방재정의 균형발전과 국민경제의 건전한 발전에 이바지함을 목적으로 한다.
257. 지방교부세법 제4조(교부세의 재원) ① 교부세의 재원은 다음 각 호로 한다.
   2. '종합부동산세법'에 따른 종합부동산세 총액
258. 헌법재판소는, 세대별 합산규정은 혼인한 자 또는 가족과 함께 세대를 구성한 자를 비례의 원칙에 반하여 개인별로 과세되는 독신자, 사실혼 관계의 부부, 세대원이 아닌 주택 등의 소유자 등에 비하여 불리하게 차별하여 취급하고 있으므로 위헌이라는 판결을 내렸다. 또한 주거 목적으로 한 채의 주택만을 보유하고 있는 자에 대하여 보유기간, 조세 지불 능력 등을 고려하지 않은 채 다른 일반 주택 소유자와 동일하게 취급하여 재산세에 비하여 고율의 과세를 부과하는 것은 그 입법 목적의 달성에 필요한 정책수단의 범위를 넘어 과도하게 주택 보유자의 재산권을 제한하는 것으로서 피해의 최소성 및 법익 균형성의 원칙에 어긋난다고 판단하였다.

종합부동산세 쟁점사항과 헌법재판소 결정 현황

구분	위헌 여부	사유
세대별 합산	위헌	기혼자와 미혼자 차별
1세대 1주택	헌법 불합치	주거 목적 1주택을 별도 우대하도록 2009년까지 법 개정
이중과세	합헌	종합부동산세와 재산세는 과세 목적이 상이
과도한 세 부담	합헌	과도하지 않음.
소급입법과세	합헌	소급입법 아님.
미실현이득 과세	합헌	미실현이득 과세 아님.
평등권 침해	합헌	차별대우 아님.

의 재산세 과세표준(공시지가의 50%)을 기준으로 주택의 경우 과표 4억 5,000만 원 이상, 종합합산토지는 3억 원 이상, 별도합산토지는 20억 원 이상에 대하여 종합부동산세를 부과하였다.

2005년 말 개정 법률에서는 종합부동산세의 세 부담 수준이 낮고 세대별로 합산하지 않음에 따른 부동산 과다 소유 세대의 구성원 간 증여를 통한 조세회피 등의 악용사례를 방지하기 위하여, 과세표준을 공시지가의 70%

종합부동산세 주요 개정 연혁

구분		제정(2005)		제1차 개정(2005년 말)		제6차 개정(2008년 말)	
과세표준	주택	(Σ재산세 과세표준) − 4억 5천만 원		(Σ공시가격) − 6억 원		(Σ공시가격 − 6억 원) × (공정시장가액비율)	
	종합합산토지	(Σ재산세 과세표준) − 3억 원		(Σ공시가격) − 3억 원		(Σ공시가격 − 5억 원) × (공정시장가액비율)	
	별도합산토지	(Σ재산세 과세표준) − 20억 원		(Σ공시가격) − 40억 원		(Σ공시가격 − 80억 원) × (공정시장가액비율)	
세율	주택	과세표준	세율	과세표준	세율	과세표준	세율
						6억 이하	0.5%
		5.5억 이하	1%	3억 이하	1%	6~12억	0.75%
						12~50억	1.0%
		5.5억~45.5억	2%	3~14억	1.5%	50~94억	1.5%
				14~94억	2.0%		
		45.5억 초과	3%	94억 초과	3.0%	94억 초과	2.0%
	종합합산토지	과세표준	세율	과세표준	세율	과세표준	세율
		7억 이하	1.0%	17억 이하	1.0%	15억 이하	0.75%
		7~47억	2.0%	17~97억	2.0%	15~45억	1.5%
		47억 초과	4.0%	97억 초과	4.0%	45억 초과	2.0%
	별도합산토지	과세표준	세율	과세표준	세율	과세표준	세율
		80억 이하	0.6%	160억 이하	0.6%	200억 이하	0.5%
		80~480억	1.0%	160~960억	1.0%	200~400억	0.6%
		480억 초과	1.6%	960억 초과	1.6%	400억 초과	0.7%
과세방법		인별 합산		세대별 합산		인별 합산	
세 부담 상한		전년 대비 150%		전년 대비 300%		전년 대비 150%	

주) 2005년 제정 시 과세표준 산출대상이 재산세의 과세표준이었는데 재산세의 과세표준은 공시지가의 50%였다. 이를 2005년 말 개정 시 공시지가 전체로 변경하면서, 연도별로 과세표준 반영률을 설정하여 2006년 70%, 2007년 80% 등으로 지속적으로 상향하였다.

에서 100%까지로 연차적으로 상향하는 한편, 과세표준을 세대별로 합산하는 방식으로 전환[259]하였다. 그런데 2008년 헌법재판소의 세대별 합산과세가 위헌으로 판결됨에 따라 인별 합산과세방식으로 다시 전환하는 한편, 과도한 세 부담 완화를 위하여 세율 또한 인하하였다.

이와 같은 종합부동산세의 도입 및 강화, 이후 종부세 부담 완화에 따라 종합부동산세의 과세인원과 결정세액은 큰 폭으로 변화하였다. 2005년 최초 과세인원은 7만 명, 결정세액은 6,426억 원이었으나 2006년도 종합부동산세 인상으로 과세인원은 34만 명, 결정세액은 1조 7,180억 원으로 급증하였다.

그러나 2008년 종합부동산세 세대별 합산의 위헌판결에 따른 인별 합산과세로의 전환과 세율인하에 따라 2009년의 종합부동산세의 과세인원 및

종합부동산세 과세인원 및 결정세액 추이

(단위 : 명, 백만 원)

구분	과세인원	결정세액
2005년	70,676	642,611
2006년	340,747	1,717,958
2007년	482,622	2,767,130
2008년	412,543	2,328,039
2009년	212,618	967,722
2010년	250,214	1,086,171
2011년	248,477	1,137,072
2012년	273,955	1,242,703
2013년	246,197	1,307,424
2014년	252,042	1,297,215
2015년	283,064	1,407,837
2016년	335,591	1,529,790

자료 : 국세청, '국세통계연보', 각 년도

---

259. 별도합산과세대상 토지(공장 부속토지 등 사업용토지를 의미함)는 인별로 합산하는 방식을 유지하였다.

세수는 2008년도 41만 3천명에서 21만 3천명으로 20만 명이 감소하고, 결정세액은 9,677억 원으로 2008년도의 42% 수준으로 크게 감소하였다. 2016년의 과세인원과 결정 세액은 각각 33만 6천명과 1조 5,298억 원이었다.

3) 주요 쟁점과 찬반논거

(1) 종합부동산세율 인상 등

주택 및 토지에 대한 종합부동산세율 인상에 대해서는 다음과 같은 찬반논거가 제시될 수 있다.

우선 종합부동산세율 인상이 필요하다는 의견은 다음과 같은 논거에 근거한 것으로 보인다.

첫째, 자산소유의 불평등성을 완화하기 위해서는 고액·과다 부동산 보유에 대한 조세 부담을 증대시킬 필요가 있다.

김낙년의 연구에 따르면, 2013년을 기준으로 우리나라 상위 0.1%가 전체 자산의 8.9%, 상위 1%가 25.0%, 상위 5%가 전체 자산의 50.0%를 차지하여 자산소유의 불평등이 심각한 것으로 판단된다.[260] 특히 최근 보유 부동산 가격 기준으로 상위 1%에 속하는 개인이 보유하고 있는 평균적인 주택수가 2007년 3.2채에서 2016년에는 6.5채로 크게 증가하는 등 주택소유의 편중성이 심화되고 있다.[261]

이와 같은 부동산소유의 불평등은 소득 불평등의 원인 중 하나로 지적되기도 한다. 기존 연구에 따르면 소득 불평등도가 증가하고 있는 원인 중

---

260. 김낙년, '한국의 부의 불평등, 2000-2013 : 상속세 자료에 의한 접근', 경제사학, 제40권 제3호, pp. 393-429, 2016

261. 〈연합뉴스〉, "집 없는 가구가 절반인데… 상위 1%는 평균 7채 보유", 2017. 9. 기사

하나가 자산소득의 불평등이며, 자산의 불평등도 심화에는 부동산자산의 불평등도 심화가 80% 가량 기여하는 것으로 나타난다.[262]

따라서 과다 부동산 소유에 대한 세율을 인상하여 소유에 따른 부담을 증가시켜 자산소유의 불평등성 완화에 기여할 필요가 있다.

둘째, 토지에 대한 과세를 강화하여 토지의 효율적 활용을 도모할 필요가 있다.

토지에 대한 과세를 강화할 경우에는 토지의 이용비용을 높임으로써 토지와 결합되어 있는 시설물 등의 자본투자를 증가시키는 효과를 유발할 수 있는 것으로 분석된다.[263] 즉, 나대지 등의 형태로 사용되고 있는 토지에 대한 과세를 강화하여 토지소유비용을 상승시킬 경우, 토지의 생산적 활용을 위한 투자를 유도할 수 있다.

이와 같은 관점에서 나대지 등이 포함되는 종합합산과세토지의 세율을 상대적으로 크게 인상하는 것은 토지이용의 효율성을 제고할 수 있다.

셋째, 일부지역 부동산 가격안정의 필요성도 고려할 필요가 있다. 고가주택 등의 소유에 따른 세 부담을 증가시켜 부동산 보유에 따른 기회비용을 상승시키고, 이에 투기수요를 억제하여 가격변동성을 완화할 수 있다.

부동산가격에 조세정책이 미치는 영향에 대한 분석에 따르면,[264] 종합부동산세의 도입이 주택가격의 하락에 유의미한 영향을 미친 것으로 평가하고 있으며, 부동산 세제 강화에 대한 주택시장 반응을 연구한 결과[265]에서는 종합부동산세 도입 및 강화에 따라 수도권 아파트 가격이 추가적으로

262. 이우진, '소득불평등 심화원인과 재분배 정책에 관한 연구', 국회 예산정책처 연구용역보고서, 2016. 8.
263. 이선화, '조세기능에 기초한 부동산 보유과세 개편 연구', 한국지방세연구원, 2017. 1., p. 11 등
264. 이정국, '부동산 조세정책의 변화가 부동산가격에 미치는 영향에 관한 연구', 가천대학교 박사학위 논문, 2007
265. 박성욱, '부동산 세제강화에 대한 주택시장 반응', 세무학연구 제28권 제1호, 한국세무학회, 2011

유의미하게 하락한 것으로 분석된 바 있다.

반면, 종합부동산세율의 인상에는 신중할 필요가 있다는 반대의견은 다음과 같은 논거에 근거한 것으로 보인다.

첫째, 부동산시장안정을 목적으로 한 양도소득세중과 및 금융규제에 더하여 보유세 부담까지 지울 경우, 부동산시장의 급격한 조정으로 경기침체가 초래될 가능성까지 고려할 필요가 있다.

기존연구에서도 종합부동산세 도입이 주택가격 하락에 유의미한 영향을 미치기는 하였으나, 가계대출 규제정책의 효과가 더 큰 것으로 분석되고 있다. 특히 최근 가계부채 관리 및 부동산시장 안정을 목표로 한 LTV, DTI 규제 강화 등 금융정책과 다주택자 양도소득세 중과 등 조세정책이 시행되고 있으므로 이에 따른 부동산시장의 안정효과를 우선 살필 필요가 있다.

둘째, 세율인상에 따라 증가된 세 부담이 임차인에게 일부 전가될 우려도 있다. 최근 전세가격이 하락세로 전환되고 임차인 우위의 시장이 형성되어 있다고 하나, 일부지역의 입주물량이 증가함에 따른 것으로써 시장상황 변화에 따라 증가된 세 부담이 임차인에게 전가될 가능성도 있다.

이와 관련하여 2003년과 2005년의 다주택자에 대한 양도세 강화 및 종부세 도입 등의 보유세제 개편이 주택임대료를 상승시킨 것으로 분석된 바 있다는 점을 참고할 필요가 있다.[266][267]

셋째, 종합부동산세 인상은 취득세 등 거래세 조정의 문제와 함께 논의될 필요가 있다. 보유세를 인상한다고 할 때에는 거래 활성화를 위하여 거래

---

266. 김경표, '부동산 관련 세제 변화가 주택임대차시장에 미치는 영향 : 양도세 중과 및 종부세 도입 효과를 중심으로', 재정학연구 제4권 제3호, 한국재정학회, 2011

267. 종합부동산세만을 대상으로 전세가격에 미친 영향을 살펴본 연구에 따르면, 종부세 인상에 따른 세 부담의 일부가 전세가격 상승으로 이전되는 것으로 분석하였음(우석진, '종합부동산세가 전세가격에 미치는 효과', 재정학연구 제2권 제2호, 한국재정학회, 2009).

세의 조정문제도 함께 검토될 필요가 있으나 이번 재정개혁특위 권고안 및 기획재정부의 개편방안에서는 거래세 조정방안이 빠져 있다.

OECD 국가에 비하여 보유세의 비중은 낮은 반면, 거래세의 비중은 높은 것으로 평가된다. GDP 대비 보유세 비중은 OECD 평균 1.1%인 반면, 우리나라는 0.8%로 낮으나 GDP 대비 거래세 비중은 OECD 평균 0.4%에 비하여 1.6% 포인트 높은 2.0%에 달하고 있다.

부동산 보유세 인상의 충격을 최소화하고 주택시장이 침체되지 않도록 관리하기 위해서라도 대표적인 거래세인 취득세 인하 등을 통한 매매시장의 활성화도 꾀할 필요가 있다.

(2) 공정시장가액비율 조정

공정시장가액비율의 조정방안에 대해서는 다음과 같은 논거가 제시될 수 있다.

공정시장가액비율의 조정방안에 대해서는 다음과 같은 취지에서 그 필요성이 인정될 수 있다.

현행 종합부동산세는 공시가격을 기반으로 과세표준이 산출되는데, 이에 80%인 공정시장가액비율을 곱함에 따라 과세표준의 현실화율이 떨어지는 문제가 있으므로, 실제 가치에 상응하는 종합부동산세 부과를 위해서는 공정시장가액비율을 폐지하거나 상향할 필요가 있다.

공시가격의 실거래가 반영비율이 70%에도 미치지 못하고 있으며 고가주택일수록 공시지가의 실거래가격 반영률이 떨어지는 것으로 나타나고 있다.[268]

다만, 현행 과세표준을 결정하는 공정시장가액비율을 시행령으로 정하도

---

268. 최승문, "부동산 보유세 현황과 쟁점", 월간 〈재정포럼〉 2018년 6월호, 한국조세재정연구원, 2018. 6., pp. 47-49

록 함에 따라 종합부동산세의 인상이라는 중요한 문제를 행정부가 시행령 개정을 통하여 결정할 수 있도록 하는 것은 조세법률주의에 위배되는 측면과 납세자의 예측가능성을 저해한다는 점에서 바람직하지 않다. 따라서 공정시장가액비율의 조정 여부 및 그 방안에 대해서는 국회의 법률안 심사를 통한 법정화 여부를 결정할 필요가 있다는 의견이 제기될 수 있다.

(3) 주택에 대한 과세표준 산출 기준금액 조정

종합부동산세의 세율을 인상할 경우에는 실주거 목적으로 소유하고 있는 것으로 평가되는 1세대 1주택자에 대한 과세표준을 조정할 필요가 있다는 의견이 제기될 수 있다. 또한 주택가격 상승이 실질가격상승으로 보기 어려우므로 응능부담(應能負擔)의 원칙에서 주택에 대한 과세표준도 상향하여 세 부담을 완화할 필요가 있다는 주장도 있다.

우선 1세대 1주택자에 대한 과세표준 공제액 상향의 필요성에 대해서는 다음과 같은 찬성논거가 제시될 수 있다.

현재 1세대 1주택 소유자에 대해서만 추가 공제를 해 주는 것은 실거주 목적의 주택에 대해서는 주거의 안정성을 더욱 보장할 필요가 있다는 취지에서 도입된 것으로서, 2주택 이상 소유자와는 달리 취급할 필요가 있다. 이에 주택에 대한 종합부동산세율을 인상할 경우에는 1세대 1주택자의 과표산출 시 공제금액도 상향하여 실거주자의 주거안정성 저하를 최소화할 필요가 있다.

그러나 다음과 같은 점에서 1세대 1주택자에 대한 공제금액 상향은 신중할 필요가 있다는 논거가 제기될 수 있다.

1세대 1주택자의 경우 과세대상이 공시지가 기준 일정금액 이상 주택으로 상향(예를 들어, 12억 원 이상 주택)됨에 따라 고가 주택 소유에 대한 세 부담이 줄어 그 수요를 늘리는 방향으로 작동할 수 있다. 즉, 공제금액을 12억 원으로 인상한다고 할 경우 실거래가격 17억 원 가량의 주택에 대해서까지 비과세됨에 따라 특정 지역의 고가주택에 대한 수요를 증대시키는 효과(소위 '똘똘한 한 채' 효과)가 발생할 수 있어, 부동산시장의 안정을 기하려는 목적과 다소 상충될 수 있다.

다음으로, 주택에 대한 공제금액을 현재보다 상향하는 방안에 대해서는 다음과 같은 찬성논거가 제기될 수 있다.

최근 명목주택가격은 상승하였으나 실질가치가 상승한 것은 아니므로, 실질가치에 상응하는 조세의 부담을 위해서는 공제금액을 상향할 필요가 있다. 즉, 주택가격은 상승하였으나 물가상승률을 고려한 실질 주택가격은 크게 상승한 것으로 보기 어렵다는 점을 고려해야 한다. 한국감정원에 따르면, 2017년의 전국아파트의 실질가격변동률은 −0.4%를 기록하여 실질가격상승이 나타나고 있다고 보기 어렵다고 분석한 바 있다는 점을 참고할 필요가 있다.[269]

그러나 모든 주택에 대한 공제금액을 상향할 경우에는 고가주택에 대한 종합부동산세 과세가 제대로 이루어지지 않아, 주택시장에 고가주택을 보유해도 좋다는 잘못된 신호를 줄 우려가 있다는 지적이 제기될 수 있다. 예를 들어 공제금액을 9억 원으로 상향할 경우에는 1세대 1주택자의 경우 공시지가기준 12억 원까지 공동소유 1주택은 24억 원까지 과세되지 않게 되어 대부분의 고가주택이 과세되지 않는 문제가 발생할 수 있다.

4) 향후 쟁점과 입법논의 전망

종합부동산세 개편에 대한 논의는 9월에 시작하는 정기국회에서 본격화

---

269. 한국감정원, '2017년 부동산시장 동향 및 2018년 전망', 2018. 1. 18. 참고, 다만, 서울 강남의 실질아파트 매매가격은 1년간 4.3% 상승하여 다른 지역과는 큰 차이를 보이고 있다.

될 것으로 보인다. 정부는 7월에 발표한 개편방안에 대한 의견수렴을 거친 후 8월 말까지 '종합부동산세 일부개정법률안'을 국회에 제출할 것을 계획하고 있다.

정부가 제출한 개정안은 정기국회까지 발의된 의원발의 개정안과 함께 일괄하여 심사하게 될 것으로 보인다. 심사과정에서는 '국회법'에 따른 절차에 따라 전문위원의 검토보고 후 전체회의 대체토론과 조세소위원회 심사를 거치게 될 것이다.

종합부동산세 인상에 관한 논의에서 가장 중요하게 다루어질 논점은 종합부동산세 인상의 목적 및 그 효과성에 있다고 보인다. 종합부동산세 인상이 과세공평성을 제고하기 위한 것인지, 단순히 세수를 증대하기 위한 것인지, 아니면 부동산시장 안정화를 주요 목적으로 하는 것인지에 대한 면밀한 심사 및 토론이 이루어질 것으로 보인다.

또한 과세공평성 제고를 위한 종합부동산세 인상의 필요성과 우리나라 부동산 시장에 미치는 효과, 적정 세 부담의 수준, 취득세 등 거래세 조세체계 개편방안 등 다른 조세체계와의 정합성과 형평성 등을 함께 고려한 논의가 치열하게 전개될 것으로 예상된다.

2. 가업상속공제 사후관리 요건 완화

1) 상속세 및 증여세법 개정안의 주요 내용

개정안은 가업상속공제제도의 사후관리 요건을 완화하여 가업상속이 보다 안정적이고 원활하게 이루어질 수 있도록 하려는 것이다. 개정안은 가업상속공제제도의 사후관리 요건 중 가업용 자산 유지의무 및 고용유지

의무 요건을 완화하여 가업상속이 보다 활성화될 수 있게 함으로써, 우리 나라의 경제기반이 되는 중소·중견기업의 영속성을 지원하려는 취지이다.

가업용 자산 유지의무 요건과 관련하여, 가업용 자산의 처분 가능 범위를 20%(5년 이내 10%) 이내에서, 40%(5년 이내 20%) 이내까지로 확대하고 있다. 고용유지 의무 요건과 관련해서는, ① 사후 관리기간 전체의 기준 고용인원[270] 대비 정규직 근로자 수 평균[271]을 100%(중견기업은 120% 이상) 이상 유지에서, 70%(중견기업은 100% 이상) 이상 유지로 완화하고, ② 각 사업연도별 평균도 80% 이상 유지에서 60% 이상 유지로 완화하고 있다.*

개정안에 따른 가업상속공제 사후관리 요건 변화

요건	현행	개정안
가업용 자산의 처분 가능 범위	10년 내 20% (5년 내 10%)	10년 내 40% (5년 내 20%)
고용유지 의무	상속개시 후 10년 평균 기준고용인원 100% 유지 (중견기업의 경우 120%)	상속개시 후 10년 평균 기준고용인원 70% 유지 (중견기업의 경우 100%)
	매년 상속 직전 2개년도의 평균 정규직 인원(기준고용인원)의 80% 유지	매년 상속 직전 2개년도의 평균 정규직 인원(기준고용인원)의 60% 유지
상속인의 가업종사 의무	10년간 해당 상속인이 가업에 종사하여야 함.	현행과 같음.
상속인의 지분유지 의무	10년간 해당 상속인이 상속받은 주식 등의 지분을 유지하여야 함.	현행과 같음.

2) 현황과 연혁

가업상속공제제도는 중소·중견기업의 장기간 축적된 기술·경영 노하우

---

* 정갑윤 의원안 : 2018. 1. 24. 발의

270. 상속 직전 2개 연도 말 정규직 근로자 수 평균

271. (각 사업연도의 매월 말일 현재의 정규직 근로자 수의 합) / (해당 사업연도의 월수)

의 안정적 승계를 지원하기 위하여 일정 요건에 해당하는 가업을 상속한 경우 일정한 가업상속 재산가액을 상속세 과세가액에서 공제하는 것이다.

[가업상속공제제도 개요]

- **내용** : 중소기업 및 매출액 3천억 원 미만의 중견기업에 대해 일정한도로 가업상속재산 공제
- **공제요건** :
  - 피상속인 : 최대주주 등으로 지분이 일정비율 이상(비상장 50%, 상장 30%) 10년 이상 계속 보유 등
  - 상속인 : 상속개시일 전 2년 이상 직접 가업에 종사 등
- **공제율** : 가업재산의 100%
- **공제한도** :
  - 10년 이상 보유(200억 원), 20년 이상 보유(300억 원), 30년 이상 보유(500억 원)

다만, 가업상속공제를 받은 후 10년간 가업용 자산유지 의무, 고용유지 의무 및 상속인의 가업종사 의무 등 일정한 사후관리의무를 이행하지 않는 경우에는 공제받은 금액에 사후관리의무 위반 기간에 따른 추징율을 곱한 금액을 상속개시 당시의 상속세 과세가액에 산입하여 상속세를 납부하도

연도별 가업상속공제 사후관리 요건 위반 추징실적

(단위 : 명, 억 원)

추징연도	추징사유	건수	추징액
2011년		2	20
2012년		12	3
2013년		7	25
2014년	가업미종사	2	0.67
	자산처분	1	19.4
	당초요건 미비	1	0.35
	합계	4	20.42
2015년	가업미종사	3	0.78
	자산처분	1	0.44
	당초요건 미비	1	0.67
	합계	5	1.89
총계		30	70.31

자료 : 기획재정부

록 하고 있다. 그런데 이와 같은 가업상속공제의 엄격한 사후관리 요건이 진입 장벽으로 작용해 이 제도를 활용하지 못하고 포기하는 기업이 많다는 지적이 제기되어 왔다.

'상속세 및 증여세법' 제18조 제2항에 따른 가업상속공제제도는 중소·중견기업의 장기간 축적된 기술·경영 노하우의 안정적 승계를 지원하려는

가업상속공제 제도 연혁

구분	'07년 이전	'08년 이후	'09년 이후	'11년 이후	'12년 이후	'13년 이후	'14년 이후	'16년 이후
요건	• 피상속인이 5년 이상 영위할 것 • 상속인이 2년 전부터 가업종사	• 피상속인이 15년 이상영위할 것 • 상속인이 2년 전부터 가업종사 + 상속세신고 기한까지 대표이사 취임	• 피상속인이 10년 이상 영위할 것 • 상속인이 2년 전부터 가업종사 + 상속세신고 기한으로부터 2년이내 대표이사 취임	〈좌 동〉 〈좌 동〉	〈좌 동〉 〈좌 동〉	〈좌 동〉 〈좌 동〉	〈좌 동〉 • 상속인의 배우자가 취임한 경우도 포함	〈좌 동〉 • 공동상속의 경우 대표이사 중 1인에 대하여 적용
	• 중소기업	〈좌 동〉	〈좌 동〉	〈좌 동〉 • 매출액 1,500억 원 이하 중견기업까지 확대	〈좌 동〉 〈좌 동〉	〈좌 동〉 • 매출액 2,000억 원 이하 중견기업까지 확대	〈좌 동〉 • 매출액 3,000억 원 3) 미만 중견기업까지 확대	〈좌 동〉 〈좌 동〉
공제금액	• 1억 원	• (공제율) 가업재산의 20% • (공제한도) 30억 원	• (공제율) 가업재산의 40% • (공제한도) 60~100억 원	〈좌 동〉 〈좌 동〉	• (공제율) 가업재산의 70% • (공제한도) 100~300억 원	〈좌 동〉 〈좌 동〉	• (공제율) 가업재산의 100% • (공제한도) 200~500억 원	〈좌 동〉 〈좌 동〉

자료 : 기획재정부

입법취지에 따라 1997년에 1억 원의 공제한도액으로 처음 도입되었으며, 이후 지속적으로 공제요건을 완화하고 공제율 및 공제한도를 확대하여 왔다. 특히 2015년부터 3,000억 원 미만 중견기업까지로 공제대상을 확대하고, 가업재산의 100%를 최대 500억 원까지 공제받을 수 있도록 공제율 및 공제한도를 상향조정하였다.

한편, 최근 5년간의 가업상속공제제도의 실적을 살펴보면, 건수·공제금액 및 건당 공제액 모두 그 규모가 지속적으로 증가하는 추세이다. 특히 2016년의 경우 전체 공제금액은 3,184억 원, 건당 공제액은 41억 9천만 원으로 2015년의 전체 공제금액 1,706억 원, 건당 공제액 25억 5천만 원 대비 약 2배에 이르고 있다.

최근 5년간 가업상속공제 실적

	2012년	2013년	2014년	2015년	2016년
건수(건)	58	70	68	67	76
공제금액(억 원)	343	933	986	1,706	3,184
건당 공제액(억 원)	5.91	13.3	14.5	25.5	41.9

자료 : 국세통계연보

3) 쟁점과 논쟁의 근거

(1) 찬성논거

첫째, 국내 중견기업은 대기업이 진출하기 어려운 분야에서 전문성을 지니고 있고, 중견 장수기업 육성, 기술·경영 노하우 승계 및 일자리 유지를 위해서는 해당 기업의 안정적인 승계가 필요하다는 점에서, 사후관리 요건의 완화 등을 통해 가업상속공제제도를 보다 활성화시킬 필요가 있다.

둘째, 엄격한 사후관리 요건으로 인해 가업승계가 위축될 경우, 상속세 부담으로 인하여 가업승계 후 경영유지가 어려워 회사를 매각하거나 소극적인 투자로 성장이 정체되는 문제가 발생할 수 있고, 가업상속이 안정적으로 이루어지지 않을 경우 기업의 존속이 불투명해지므로 기존 근로자의 고용안정성도 위협받을 가능성이 있다는 측면을 고려해 볼 때 입법적 필요성이 인정된다.

셋째, 기업 환경의 변화 및 업종의 사양화 등에 탄력적으로 대응하기 위해서는 개정안과 같이 사후관리 요건을 일부 완화하여 자산의 처분 및 구조조정 등의 자율성을 보장할 필요가 있다.

(2) 반대논거

첫째, 가업상속공제의 공제한도가 그간 큰 폭으로 확대되면서 가업상속공제 혜택이 급속하게 늘어났다는 점과 가업상속공제제도가 최대 500억 원의 상속세 부담을 감면해주는 혜택이 매우 큰 제도라는 점을 고려해 볼 때[272] 일반 납세자와의 형평성 등을 감안하여 사후관리를 다소 엄격하게 해야 한다는 의견이 있다.

둘째, 사후관리요건을 완화할 경우 상속세 과세제도의 실효성이 저하되고, 개정안에 따른 공제혜택을 받는 기업과 받지 못하는 기업과의 과세불균형이 심화될 소지가 있다는 점을 감안할 필요가 있다.

셋째, 개정안에 따른 가업용 자산의 처분 범위 확대와 고용유지 의무 완화는 '가업의 승계를 통한 고용안정성 확보'라는 제도 도입의 일부 취지를 고려하여 검토가 이루어질 필요가 있다.

넷째, 가업상속공제와 관련하여 제도의 도입 이후 지속적으로 공제요건을 완화하고 공제율 및 공제한도액을 상향조정하여 왔다는 점과 최근 5년간의 가업상속공제제도의 활용 건수 및 전체 공제금액 등이 지속적인 증가

---

272. ('07 이전) 1억 원, ('08) 30억 원, ('09) 100억 원, ('12) 300억 원, ('14) 500억 원

추세에 있다는 점을 고려하여 개정안에 대한 종합적인 검토가 이루어질 필요가 있다.

연도별 가업상속공제제도 공제한도액 현황

구분	2007년 이전	2008년	2009년	2012년	2014년 이후
공제한도액	1억 원	30억 원	100억	300억 원	500억 원

4) 향후 쟁점과 입법논의 전망

가업상속제도는 중소·중견기업의 장기간 축적된 기술·경영 노하우의 안정적인 승계를 지원하기 위하여 상속세의 부담을 완화하려는 것이다. 그러나 이 제도는 이 제도의 요건에 해당하지 않는 기업 등과의 과세형평성의 문제가 계속해서 제기되고 있으며, 부의 편법적 무상이전에 해당하므로 폐지해야 한다는 입장이 나오고 있는 상황이다.

가업상속제도의 존치를 통한 원활한 기업경영 승계를 지지하는 입장에서는 부의 이전이 아니므로 한도 확대나 가업영위기간 축소 등으로 이를 적극 장려할 필요가 있다는 것이며, 이를 반대하는 입장에서는 이 제도는 우회적인 부의 대물림을 보장하는 제도이며, 과세형평성의 대원칙을 훼손하는 제도로 지원을 축소하거나 폐지해야 한다는 것이다.

2017년 조세소위에서는 가업영위기간 10년, 15년, 20년 이상인 경우 공제한도를 각각 200억 원, 300억 원, 500억 원으로 적용하던 것을 각각 10년, 20년, 30년 이상으로 상향조정하여 공제한도별 가업영위기간을 상향조정하여 가업상속공제의 요건을 엄격히 하였다.

그러나 2018년 경기상황 등에 따른 중소기업 가업승계의 어려움이 가중되고 있다는 의견이 계속해서 제기되고 있는 상황이다.

따라서 2018년 조세소위에서도 중견 장수기업 육성, 기술·경영 노하우

승계 및 일자리 유지를 위해서는 해당 기업의 안정적인 승계와 기업 환경의 변화 및 업종의 사양화 등에 탄력적으로 대응하기 위한 가업상속제도가 적극적으로 적용하는 것을 찬성하는 입장과 일반납세자 및 다른 기업과의 과세 불형평성과 조세혜택의 과도성의 심화로 이를 축소 적용하고 이에 대한 사후관리를 엄격히 해야 한다는 반대입장이 대립할 것으로 전망된다.

제4장

소비세제 개정의 주요 쟁점 및 결정논거와 전망

1. 2018년 평창 동계올림픽 상징물 사용에 대한 부가 가치세 부담 경감

1) 조세특례제한법(부가가치세) 개정안의 주요 내용

개정안은 두 가지이다. 첫째는 후원기업이 제공한 재화·용역에 대한 부가가치세 영세율을 적용하려는 것이고(염동열 의원안), 둘째는 후원기업이 재화·용역을 공급할 때 부가가치세를 부과하되 상징물 사용권을 공급받을 경우 재화·용역 공급가액의 109분의 9를 곱한 금액을 매입세액으로 간주하여 공제해주려는 것이다(심기준 의원안).*

2) 현황과 개정연혁

국내기업이 평창 동계올림픽 및 동계패럴림픽 조직위원회와 계약을 통해

---

* 염동열 의원안 : 2016. 10. 29. 발의, 심기준 의원안 : 2017. 6. 1. 발의

재화·용역을 제공할 때 부가가치세가 부과되는데, 조특법 및 동법 시행령 상 조직위원회가 면세사업자이기 때문에 당해 후원기업이 상징물 사용권을 공급받을 경우 매입세액 공제를 받을 수 없다. 평창 동계올림픽 조직위원회는 '조세특례제한법' 제106조 제1항 제6호 및 동법 시행령 제106조 제7항 제52호에 따라 부가가치세 면제대상이다.[273]

3) 쟁점과 논쟁의 근거

(1) 찬성논거

개정안은 평창 동계올림픽 및 동계패럴림픽을 후원하는 기업들의 부가가치세 부담을 경감하여 국내기업들이 동계올림픽 등을 후원할 수 있도록 독려하고, 조직위원회가 동계올림픽의 성공적인 개최를 위하여 적극적으로 후원기업을 유치할 수 있도록 하려는 것으로, 그 개정의 필요성이 인정된다. 평창 동계올림픽 개최(2018년 2월)가 얼마 남지 않은 현 시점(2017년 8월 기준)에서 현물 후원 공급액(4,000억 원)이 목표액(4,200억 원)에 미달된다는 점에서 성공적인 올림픽 개최를 위한 후원을 독려할 필요성이 있다.

(2) 반대논거

현물 후원에 대한 부가가치세 영세율을 적용하려는 염동열 의원안은 다음과 같은 문제점이 있다.

첫째, 현재 국내기업이 상징물 사용권을 제공받지 않고 재화 또는 용역을 공급하는 경우에는 부가가치세가 면세되는 반면, 상징물 사용권을 제공받

---

273. ('07 이전) 1억 원, ('08) 30억 원, ('09) 100억 원, ('12) 300억 원, ('14) 500억 원

는 경우에 개정안의 영세율이 적용된다면 부가가치세가 면제되면서도 전 단계 매입세액공제를 받게 된다는 점에서 형평성에 어긋나는 측면이 있다.

둘째, 1988년 서울올림픽, 2002년 FIFA월드컵 등 국내에서 개최한 역대 국제경기 대회에서도 후원에 대한 대가를 제공받는 경우 일관되게 부가가 치세를 과세하였다는 점을 고려할 필요도 있다.

(3) 대안논거

이에 대한 대안으로 후원기업이 재화·용역을 공급할 때 부가가치세를 부 과하되 상징물 사용권을 공급받을 경우 재화·용역 공급가액의 109분의 9 를 곱한 금액을 매입세액으로 간주하여 공제하려는 심기준 의원안에 대해 검토할 필요가 있다. 의제매입세액공제는 현행법상 재활용폐자원 및 중고 자동차를 수집하는 경우('조세특례제한법' 제108조), 면세농산물을 제공받 아 가공하는 경우('부가가치세법' 제42조) 등의 사례가 있음을 감안할 때 심기준 의원안은 조세체계를 크게 흔들지 않으면서도 후원기업의 부가가 치세 부담을 경감해주는 방안이 될 수 있을 것으로 보인다.

4) 조세소위의 최종결과 및 논거

2018년 평창동계올림픽이 국가적인 현안 사업임에 따라 조세정책을 통한 평창올림픽의 성공적인 개최를 지원하기 위한 개정안에 대해 조세소위원회 의 공감대가 형성되어 전문위원 보고대로 평창올림픽 후원기업에 대해 의 제매입세액공제를 적용하는 개정안이 전원합의로 통과되었다.

조세소위 심의과정에서 영세율을 적용하는 안에 대해서는 평창올림픽 조 직위에 무상으로 재화 등을 공급하는 기업에 대해 과도한 혜택이 주어져 유무상 기업 간의 과세형평성을 저해하는 문제와 과거 선례가 전무한 점을 감안할 때 부가세 체계를 훼손하는 문제가 제기되어 이 안을 계류시키기로 하였다.

대신하여 의제매입세액공제를 적용하고자 하는 개정안에 대해 재활용폐자원 및 중고자동차의 수입, 면세농산물을 제공받아 가공하는 경우 등을 감안하여 이 안을 의결하였다. 다만, 다른 국제경기대회와의 조세형성성의 문제가 있을 수 있고, 향후 국제경기대회에도 이와 같은 의제매입세액공제 혜택을 요구하는 경우가 발생할 수 있다는 지적과 함께 이 형평성 문제에 대한 대응책이 근본적으로 마련될 필요가 있다는 의견이 피력되었다.

이 개정안의 통과로 세수감이 300억 원 발생하는 것으로 정부는 추정하였고, 평창올림픽 후원사 25개인 KT, 영원아웃도어, 대한항공, 삼성전자, 현대기아차, 네이버, 롯데백화점, 아그레코, 삼일회계법인, 법무법인 태평양, 파고다교육그룹, 대동공업, 한샘, 한진, 한진관광, 한글과컴퓨터, 안램, 현대그린푸드, 신세계푸드 등이 세제혜택상의 적용대상이 되었다.

심기준 의원안의 조세정책적인 당초 효과에 대해서는 구체적이며 개별적인 연구 및 분석이 필요하겠지만, 이 개정안 통과 후 평창 동계올림픽 후원에 대한 국민적 공감대가 형성되었다는 점과 평창 동계올림픽이 성공적으로 개최되었다는 점을 감안할 때 조세정책적 회귀효과는 어느 정도 있었다고 볼 수 있다.

5) 향후 쟁점과 입법논의 전망

조세소위에서 제기되었던 다른 국제경기에도 부가가치세 의제매입세액공제 적용 요구가 있었고, 2017년 11월 정기국회 조세소위에서는 2019년 광주세계수영선수권대회에 대해서도 이를 적용하도록 하였다.

따라서 향후에도 계속해서 국제경기대회의 경우 부가가치세 의제매입세액공제 적용요구가 있을 수 있음에 따라 조세소위의 지적대로 근본적인 적용원칙과 기준을 정립하는 조세정책이 수립될 필요가 있다.

2. 일반택시 회사의 부가가치세 납부세액 경감률 확대

1) 조세특례제한법(부가가치세) 개정안의 주요 내용

개정안은 첫째, 일반택시 운송사업자의 부가가치세 납부세액 경감율을 100분의 95에서 100분의 99로 인상하여 인상분에 해당하는 100분의 4를 일반택시 운수종사자 복지재단에 지급하는 것인데(이찬열 의원안, 문진국 의원안, 박영선 의원안), 이찬열 의원안은 경감세액 인상분을 택시운수종사자 복지재단에 지급하도록 하고 있고, 문진국 의원안과 박영선 의원안은 경감세액 인상분을 대통령령으로 정하는 단체에 지급하도록 하고 있는데, 이는 모두 현재 국토교통부에 비영리법인설립허가를 신청한 '일반택시 운수종사자 복지재단'을 지칭하는 것이다.[274] *

박영선 의원안은 일반택시 운송사업자가 운수종사자에게 지급하여야 할 경감세액을 미지급하여 국고로 환수 조치된 경우, 미지급 경감세액에 해당하는 금액을 국세청에서 운수종사자에게 지급하도록 하려는 것이다. 현재 '조세특례제한법' 제106조의 7 제2항[275]은 경감세액 중 부가가치세 납부세액의 100분의 90에 해당하는 금액을 일반택시 운수종사자에게 현금으로 지급하도록 하고 있고, 미지급한 경우 국세청장 또는 관할 세무서장이 추징하도록 하고 있다. 이때 추징된 미지급세액은 국고로 귀속된다.

---

* 이찬열 의원안 : 2017. 5. 31. 발의, 문진국 의원안 : 2017. 7. 7. 발의, 박영선 의원안 : 2017. 8. 7
  발의

2) 현황과 개정연혁

현행법은 2018년 말까지 일반택시 운송사업자의 부가가치세 납부세액
중 100분의 95를 경감하고, 100분의 90은 운수종사자에게 지급하게 하였
다. 그리고 100분의 5는 택시감차보상 재원에 활용하도록 하고 있다. 일
반택시 운송사업자의 부가가치세 납부세액 경감 규정은 2004년 신설되었
고(경감율 50%), 2008년 경감율이 90%로 확대되었으며, 2014년에 경감
율을 95%로 확대하고 5% 포인트 인상분은 택시감차보상 재원에 활용하

274.〈택시 종사자 복지재단 설립 개요〉(자료 : 국토교통부)
- **신청 개요**
  (명칭) 일반택시 운수종사자 복지재단(이사장 : 박복규, 이사 : 노조위원장)
  (목적) 법인택시 종사자 건강지원제도 도입 및 장학금 등 복지사업
  (재원) 현재 사업자 출연금 약 2억 7천만 원, 향후 LPG 중고차 판매수익금, 택시 부가세 감면분
  　　　등을 활용하여 재단 운용금액을 확충할 계획
  (참여) 전국택시연합회, 택시 전국노조 · 민주노조 연맹
- **추진 경위**
  2017. 3. 3. 민법상 비영리법인 설립허가 신청(국토교통부)
  2017. 3. 6. 국토교통부 관련부서 및 관련기관 의견조회
  2017. 3. 22. 비영리법인 설립허가 신청서 반려(서류상 공익법인과 비영리법인 간 구분이 모호)
  2017. 4. 7. 민법상 비영리법인 설립허가 재신청
  2017. 4. 12. 국토교통부 관련부서 및 관련기관 의견조회
  2017. 5. 1 ~ 8. 23. 신청서 보완

275. '조세특례제한법' 제106조의 7(일반택시 운송사업자의 부가가치세 납부세액 경감) ② 일반택시 운
송사업자는 제1항에 따른 경감세액 중 부가가치세 납부세액의 100분의 90에 해당하는 금액을 국
토교통부장관이 정하는 바에 따라 경감된 부가가치세의 확정신고 납부기한 종료일부터 1개월 이
내에 '여객자동차 운수사업법'에 따른 일반택시 운수종사자에게 현금으로 지급하여야 한다. 이 경
우 일반택시 운송사업자는 지급하는 현금이 부가가치세 경감세액임을 일반택시 운수종사자에게
알려야 한다.
　⑤ 국토교통부장관은 일반택시 운송사업자가 제1항에 따라 경감된 세액을 지급기간에 제2항 및
　　제3항에 따라 지급하였는지를 확인하고 그 결과를 지급기간 종료일부터 3개월 이내에 국세청장
　　또는 일반택시 운송사업자 관할 세무서장에게 통보(이하 이 조에서 '미지급통보'라 한다)하여야 한
　　다. 이 경우 미지급통보 대상이 된 일반택시 운송사업자에게도 그 미지급통보 대상이 되었음을 알
　　려야 한다.
　⑥ 제5항에 따른 미지급통보를 받은 국세청장 또는 일반택시 운송사업자 관할 세무서장은 다음
　　각 호의 구분에 따라 계산한 금액을 일반택시 운송사업자로부터 추징한다.

도록 개정되었다. 또한 해당 조항에 대한 2015년 조세특례 심층평가에서는 택시요금 규제로 파생된 자원배분 왜곡완화를 감안할 때 정부 개입의 타당성이 존재한다는 점, 설문조사 결과 해당 제도의 소득재분배 효과는, 크기는 작지만 존재한다는 점 등을 고려하여 운수종사자 처우개선을 위해 한시적으로 존치할 필요가 있다고 평가한 바 있다.

3) 쟁점과 논쟁의 근거

(1) 찬성논거

부가가치세 납부세액의 경감율을 현행 100분의 95에서 100분의 99로 상향하고, 상향한 100분의 4를 택시운송종사자 복지재단에 지급하는 것에 대한 이찬열·문진국·박영선 의원안에 대해서는 다음과 같은 점을 검토할 필요가 있다.

첫째, 부가가치세 납부세액 경감율을 4% 포인트 상향하고 이를 복지재단에 지급하는 경우, 복지재단에서 수행할 예정인 일반택시 운송종사자의 건강지원제도를 도입하고 운송종사자 자녀에 대한 장학사업을 실시하는 등 운송종사자의 복지 향상을 위한 사업을 원활하게 시행할 수 있도록 장려할 수 있을 것이다.

둘째, 국회 예산정책처의 비용추계에 따르면 부가가치세 납부세액의 4%는 2018년 기준 89억 원에 해당하는데, 해당 복지재단의 현재 재원이 2억 7,000만 원에 불과하다는 점을 고려할 때 부가가치세 납부세액을 재원으로 활용할 경우 복지운수종사자에게 미지급하여 국고로 추징된 미지급세액에 대한 박영선 의원안에 대해서는 다음과 같은 측면에서 그 필요성이 인정된다.

종전에는 일반택시 운송사업자의 부가가치세 경감세액 전액을 운수종사자의 처우 개선 및 복지 향상을 위해 운송사업자에게 지급하고 이를 동 사업자가 사용하도록 하고 있었다. 그러나 운송사업자가 사용하도록 하는 해당 제도 시행 이후 부가가치세 경감세액을 콜센터 운영비용과 회사측의 보험료, 현물·상품권 지급, 노동조합 운영비 등에 사용하는 사례가 있고, 이에 대한 관리·감독이 부실하다는 지적이 지속적으로 제기됨에 따라 운수종사자에게 현금으로 직접 지급하도록 '조세특례제한법' 제106조의 7 제2항[276]이 2010년 4월에 개정된 것이다.[277]

따라서 이러한 '조세특례제한법' 제106조의 7 제2항의 취지를 고려할 때 마땅히 운수종사자에게 지급하였어야 할 경감세액이 일반택시 운송사업자의 미지급 사유로 인하여 국고로 환수되어 지급되지 않는 것은 당초 제도 도입의 취지와 맞지 않으므로, 개정안은 이를 정상화하여 미지급경감세액을 충실히 운수종사자에게 지급하도록 한다는 점에서 타당하다.

(2) 반대논거(고려사항)

일반택시에 대해서는 연료에 대한 개별소비세와 교육세 면제, 유가보조금 지급, 차량 취득 시 취득세 감면 등 기존 지원 정책이 다수 있다는 점[278]에서 부가가치세의 추가경감을 통한 복지재원 마련은 다소 과다한 측면이 있는지 여부를 검토할 필요가 있다. 특히 여객·화물운송 사업자에 대해서는 부가가치세 납부세액 경감 혜택을 주고 있지 않다는 점에서 과세형평성 문제가 제기될 수도 있음을 감안할 필요도 있다.

---

276. '조세특례제한법' 제106조의 7(일반택시 운송사업자의 부가가치세 납부세액 경감) ② 일반택시 운송사업자는 제1항에 따른 경감세액 중 부가가치세 납부세액의 100분의 90에 해당하는 금액을 국토교통부장관이 정하는 바에 따라 경감된 부가가치세의 확정신고 납부기한 종료일부터 1개월 이내에 '여객자동차 운수사업법'에 따른 일반택시 운수종사자에게 현금으로 지급하여야 한다. 이 경우 일반택시 운송사업자는 지급하는 현금이 부가가치세 경감세액임을 일반택시 운수종사자에게 알려야 한다.

277. '조세특례제한법 일부개정법률안(이정희 의원 대표발의) 검토보고서', 기획재정위원회, 2010. 2.

[참고] 택시사업자 주요 세제지원 현황

구분	개인택시	일반택시
❶ 차량	○ 개인택시 간이과세자에 공급하는 자동차 부가가치세 면제(조특법 §106①9의 3)	※ 일반과세자는 매입세액공제 가능
	○ 차량 구입에 대해 개별소비세.교육세 면제(개소세법 §18)	
	○ 차량 구입에 대해 취득세 50% 감면(지특법 §70)	
❷ 유류	○ 유가보조금(여객자동차법 제50조 및 여객자동차 유가보조금 지급지침) – (지급단가) 리터당 197.97원	
	○ 유류세(개별소비세.교육세) 면제(조특법 §111조의 3) – (면세금액) 리터당 23.39원	
❸ 기타	○ 간이과세자* 부가가치율 인하(부가령 §111) * 세액 = 공급대가 × 부가가치율 × 세율 – '13년 운수업 부가가치율 40% → 20%로 인하	※ 법인사업자는 간이과세 적용대상에서 제외
	○ 신용카드 매출세액공제(부가법 §46) – (대상) 공급가액 10억 원 이하 개인사업자 및 간이과세자 – (공제율) 1.3% – (공제한도) 연 500만 원	※ 법인사업자 및 공급가액 10억 원 초과 개인사업자는 신용카드 매출세액공제 불가
	–	○ 일반택시 운송사업자에 대해 부가가치세 납부세액 경감(조특법 §106조의 7) – (경감율) 95%

자료 : 기획재정부

4) 조세소위의 최종결과 및 논거

이 개정안에 대해서 조세소위에서는 일반택시 운송종사자의 건강지원제

---

278. '조세특례제한법' 제111조의 3(택시연료에 대한 개별소비세 등의 감면) ① '여객자동차 운수사업법' 제3조 제2항과 '여객자동차 운수사업법 시행령' 제3조 제2호 다목 및 라목에 따른 일반택시운송사업 및 개인택시운송사업에 사용하는 자동차에 2018년 12월 31일까지 공급하는 '개별소비세법' 제1조 제2항 제4호 바목에 따른 석유가스 중 부탄에 대해서는 킬로그램당 개별소비세 및 교육세 합계액 중 킬로그램당 40원을 감면한다.

'개별소비세법' 제18조(조건부면세) ① 다음 각 호의 어느 하나에 해당하는 물품에 대해서는 대통령령으로 정하는 바에 따라 개별소비세를 면제한다.

3. 승용자동차로서 다음 각 목의 어느 하나에 해당하는 것

다. '여객자동차 운수사업법'에 따른 여객자동차운송사업에 사용하는 것

'지방세특례제한법' 제70조(운송사업 지원을 위한 감면) ① '여객자동차 운수사업법'에 따라 여객자동차운송사업 면허를 받은 자가 시내버스운송사업 · 마을버스운송사업 등 대통령령으로 정하는 사업에 직접 사용하기 위하여 자동차를 취득하는 경우 취득세의 100분의 50을 2018년 12월 31일까지 경감한다.

도를 도입하고 운송종사자 자녀에 대한 장학사업을 실시하는 등 운송종사자의 복지 향상을 위한 사업을 원활하게 시행할 수 있다는 점과 국세청의 미지급경감세액을 충실히 운수종사자에게 지급하도록 해야 한다는 찬성논거가 있었다.

반면, 정부를 중심으로 일반택시에 대해서는 연료에 대한 개별소비세와 교육세 면제, 유가보조금 지급, 차량 취득 시 취득세 감면 등 기존 지원 정책과의 중복 과다성, 여객·화물운송 사업자와의 과세형평성 문제가 제기될 수도 있다는 반대논거가 있었다.

최종적으로 조세소위에서는 이러한 찬반논거를 중심으로 한 토론을 거쳐 열악한 일반택시 운송종사자의 복지향상을 도모해야 한다는 찬성논거에 따라 박영선 의원안을 채택하였다. 다만, 일몰 연장은 2018년에 다시 논의하기로 하였다. 이에 따라 일반택시 회사 1,692개 업체 11만 3,000명의 운송종사자가 조세혜택을 보게 되었다.

5) 향후 쟁점과 입법논의 전망

이 개정규정이 2018년 일몰 도래에 따라 2018년 정기국회에서 다시 논의가 이루어질 것이다. 이 논의과정에서도 일반택시에 대한 기존 지원 정책과의 중복 과다성 문제, 여객·화물운송 사업자와의 과세형평성 문제가 제기될 수 있고, 개인택시사업자와의 조세혜택상의 형평성 문제가 제기될 것으로 전망된다.

결국 일반택시 종사자에 대한 지원정책이 과세형평성의 문제를 넘어서서 지원해야 하는 조세정책상의 '특별성' 등이 인정되는 논거 중의 하나인 실질적인 형평성 제고 등에 부합하는지가 관건이 될 전망이다.

3. 외국인 관광객 숙박요금에 대한 부가가치세 환급 재도입

1) 조세특례제한법(부가가치세) 개정안의 주요 내용

개정안은 2018년 1년 동안 외국인 관광객이 제공받은 관광호텔 숙박용역에 대한 부가가치세를 환급하려는 것이다.*

2) 현황과 개정연혁

현행 '관광진흥법' 및 동 법 시행령은 호텔을 관광호텔과 수상관광호텔, 한국전통호텔, 소형호텔, 의료관광호텔로 구분하고 있는데, 2016년 총 외국인 객실수입 7,272억 원 중 관광호텔이 98.3%(7,146억 원)[279]을 차지하고 있다.

이 개정안은 2018 평창 동계올림픽 개최를 앞두고 외국인 관광객을 적극적으로 유치하려는 취지이다. 현재 외국인 관광객이 공급받는 숙박용역에 대한 부가가치세를 환급하여 주는 제도는 시행하고 있지 않으며, 2013년 7월에 정부가 '관광불편 해소를 위한 제도 개선 및 전략 관광산업 육성방안'을 발표함에 따라 2014년 3월부터 2015년 3월까지 한시적으로 이 제도를 시행한 바 있다. 한편, 동일한 취지로 2009년 이전에 외국인 관광객 숙박에 대한 부가가치세에 영세율을 적용한 바 있다.[280]

---

* 심기준 의원안 : 2017. 10. 26. 발의
279. 기획재정부

3) 쟁점과 논쟁의 근거

(1) 찬성논거

이 개정안은 다음과 같은 측면에서 2018년 평창동계올림픽 개최가 국가적 현안사업임을 감안할 때 필요한 입법조치로 보인다.

첫째, 외국인 관광객을 적극적으로 유치하여 총사업비가 13조 5,162억 원에 달하는 국가적인 행사인 평창동계올림픽의 성공적인 개최를 지원할 필요가 있다.

둘째, 사드 배치에 대한 중국의 조치로 인하여 중국관광객이 전년 동기 대비 △48.8% 감소하여 2017년 8월 기준 외국인 입국자는 전년 동기 대비 △22.8% 감소하였고, 관광수입도 △23.6% 감소한 상황이라는 점을 고려할 때 보다 어려워진 관광업계 여건을 고려할 필요도 있을 것이다.[281]

---

280. 외국인 관광객이 제공받은 숙박용역에 대한 부가가치세 영세율 적용 연혁

> - 1977년 1월 도입 : 외화획득 장려 차원
> - 1991년 7월 폐지
> - 1994 1월~1995년 1월 재도입 : '한국 관광의 해'를 감안하여 1년간 한시 도입
> - 2000년 12월~2002년 12월 재도입 : '2001년 한국 관광의 해'와 '2002년 월드컵'을 감안하여 한시 도입
> - 2002년 12월 : 6개월 연장
> - 2003년 6월 : 월드컵 등으로 어려운 관광업계 지원을 위해 6개월 연장
> - 2003년 12월 : 1년 연장
> - 2007년 7월~2008년 12월 : 재도입
> - 2008년 12월 : 1년 연장
> - 2009년 12월 종료

281. 외래객 입국 관광객은 2013년 이후 증가하는 추세로 2016년에는 전년대비 30.3% 증가하였으나, 2017년 8월 기준 △22.8% 감소하였음. 이에 따라 관광수입도 2017년 8월 기준 전년대비 △23.6% 감소하였음. 이는 사드 배치에 대한 중국의 방한 금지 조치가 본격화된 2017년 3월 이후 중국인 관광객 수가 급감한 것에 영향을 받은 것으로 보임. 중국인관광객은 2016년에 전년대비 34.8% 증가하였으나, 2017년 8월 기준 전년대비 △48.8% 감소하였음.

(2) 반대논거

이 개정안에 대한 반대논거를 속기록을 통해 살펴보면 다음과 같다.

첫째, 이 숙박요금에 대한 부가가치세의 외국인 환급정책은 서비스에 대한 사후면세점을 허용하는 것으로 다른 서비스 등에서의 환급제도 적용요구가 커질 수 있다.

둘째, 이 개정안에 따른 조세정책적인 효과인 관광숙박시설의 외국인 활성화의 경제적인 효과가 직접적이거나 실효적이지 않을 수 있다.

4) 조세소위의 최종결과 및 논거

이 개정안에 대해 조세소위에서는 전문위원이 평창동계올림픽이 국가적 현안사업임을 감안할 때 필요한 입법조치로 보인다는 구두보고를 듣고 찬반토론을 거쳐 심기준 의원안 대로 합의를 하였다.

찬성논거로는 기본적으로 평창올림픽의 성공적인 개최를 위해 필요하다는 것이다. 찬성논거에 더하여 찬성입장에서는 2일 이상 30일 이하의 숙박용역을 '1일 이상 30일 이하'로 확대하고, 적용시한을 2018년 1년간에서 일몰 없이 계속해서 적용하자는 것이다. 또한 외국인이 환급제도를 알 수 있도록 하는 제도적인 장치의 마련이 강구되어야 한다는 것이다.

반대논거는 이 환급제도는 과거 2014년부터 2015년까지 예외적으로 인정되었던 것이고 서비스에 대한 사후면세제도를 허용하는 것으로 과세원칙에 미부합하며, 과세불형평성에 기인하는 계속적인 요구에 직면함에 따라 신중해야 한다는 것이다. 또한 외국인 관광객 유치는 다양한 정치 및 경제적인 환경 변수에 좌우되므로 조세정책적인 효과가 미미하다는 것이다.

최종적으로 조세소위에서는 평창올림픽 계기 관광산업의 활성화를 도모하되, 적용기한을 2018년 1년으로 한정하는 것으로 하여 기본적인 합의를 이루었다.

5) 향후 쟁점과 입법논의 전망

재도입된 외국인 관광객 숙박요금에 대한 부가가치세 환급제도의 적용기한이 2018년 1년임에 따라 2018년 12월 말 일몰 도래 예정이다. 따라서 일몰기간을 연장할 것인지에 대한 논쟁이 있을 것으로 전망된다.

찬성입장은 과거 2014년 및 2018년 사례를 감안할 때 지속적인 관광산업의 발전을 위하여 조세정책적인 입법필요성이 있고, 반대입장은 부가가치세의 예외적인 허용은 최소한에 그쳐야 하고, 경제적인 효과성이 입증되지 않았으므로 신중을 기해야 한다고 할 것으로 전망된다. 이 두 가지 입장에서의 찬반논거가 치열하게 전개될 가능성이 있는데, 경기 전반의 현재 상황과 이에 처한 숙박업계의 경영 상태를 기본토대로 조세정책적인 효과의 유무 및 기제적인 역할의 확인이 우선적인 쟁점이 될 것으로 전망된다.

4. 외국인관광객 미용성형 의료용역에 대한 부가가치세 환급특례 일몰기한 재연장

1) 조세특례제한법(부가가치세) 개정안의 주요 내용

개정안은 의료관광 유치를 지원하기 위하여 외국인관광객이 미용성형 의료용역을 공급받을 때 부과되는 부가가치세를 환급하여주는 특례 규정을 현재 2017년 12월 31일까지에서 2019년 12월 31일까지 연장하려는 것이다. 이 제도는 2016년부터 도입되어 시행되고 있다.*

2) 찬반논거

(1) 찬성논거

이 개정안은 다음과 같은 긍정적인 효과가 있다.

첫째, 외국인관광객 대상 미용성형 의료용역에 대한 부가가치세 감면을 연장함으로써 불법브로커를 통한 환자유치로 인한 탈루 세금을 양성화할 수 있다.

둘째, 2012년 이후 성형외과·피부과 외국인 환자 유치 실적을 보면, 2012년 3만 3,122명에서 2016년 9만 5,221명[282]로 증가하였다는 점에서 외국인관광객 대상 미용성형 의료용역에 대한 양성화 및 환자 유치효과가 있었다고 볼 여지가 있다.

성형외과·피부과 외국인 환자 유치 실적

(단위 : 명, %)

진료과목	2012년	2013년	2014년	2015년	2016년
성형외과	15,898 (7.7)	24,075 (8.6)	36,224 (10.2)	41,263 (11.1)	47,881 (11.3)
피부과	17,224 (8.3)	25,101 (9.0)	29,945 (8.4)	31,900 (8.6)	47,340 (11.1)
합계	33,122 (16.0)	49,176 (17.6)	66,169 (18.6)	73,163 (19.7)	95,221 (22.4)

주)1. ( )는 전체 외국인 환자 대비 비중임.
   2. 실제 환급은 시술에 따라 이루어지기 때문에 진료과목에 따른 환자 유치 실적과 상이할 수 있음.

---

* 정부안 : 2017. 9. 1. 제출
282. 보건복지부

(2) 반대논거

다만, 다음과 같은 측면에 반대이건이 있다.

첫째, 외국인관광객 대상 미용성형 의료용역의 부가가치세를 환급받기 위해서는 '의료 해외진출 및 외국인환자 유치 지원에 관한 법률' 제6조[283]에 따라 요건을 갖추어 등록하여야 하므로 의료기관의 참여의지가 필요하나, 불법브로커를 통한 환자유치로 소득세 탈루, 가격조율 등이 가능하다는 점을 고려할 때 외국인환자 유치효과가 제한적일 수 있다.

둘째, 2016년 세법개정 논의 시 이 부가가치세 환급제도에 대하여, 과표양성화를 위해 한시적으로 시행한다는 점을 명확하게 하고, 다른 조세특례제도와 유사하게 일몰 연장을 반복하지 않도록 할 필요가 있다는 지적이 있었고, 이에 따라 "외국인 관광객 미용성형 의료용역 부가가치세 환급과 관련하여 과표양성을 위해 동 특례의 일몰을 연장하되, 법적 정합성 차원에서 2017년 12월 31일까지 연장한다."는 부대의견이 채택된 점을 감안하여 일몰 연장 여부를 검토할 필요가 있다.

3) 조세소위의 최종결과 및 논거

이 개정안에 대해 조세소위에서는 환자유치로 인한 탈루 세금을 양성화(16년 4월~12월 기준 부가세 91억 원 환급에 따른 소득세 180억 원 증가 : 기재부 조세소위 보고)할 수 있다는 점과 외국인관광객 대상 미용성형

---

283. '의료 해외진출 및 외국인환자 유치 지원에 관한 법률' 제6조(외국인환자 유치에 대한 등록) ① 외국인환자를 유치하려는 의료기관은 다음 각 호의 요건을 갖추어 보건복지부장관에게 등록하여야 한다.

   1. 외국인환자를 유치하려는 진료과목별로 '의료법' 제77조에 따른 전문의를 1명 이상 둘 것. 다만, 진료과목이 대통령령으로 정하는 전문과목이 아닌 경우는 제외한다.

   2. 보건복지부령으로 정하는 의료사고배상책임보험 또는 '의료사고 피해구제 및 의료분쟁 조정 등에 관한 법률'에 따른 의료배상공제조합에 가입하였을 것

의료용역에 대한 양성화 및 환자 유치효과가 있었다는 점을 고려하여 정부안을 최종적으로 채택하기로 하였다.

이에 대한 반대 입장에서는 서비스용역에 대한 부가가치세 환급이 과세원칙상 적정한지에 대한 여부와 과표양성화에 대한 실제적인 효과 여부, 외국인 관광객 유치의 조세정책적이고 직접적인 효과 여부 등이 불분명한 것을 반대논거로 제시하였다. 특히 미용성형도 우리나라 저소득층의 입장에서는 필요한 의료적인 성형으로 전환되는 경우가 많으며, 이 경우 미용성형은 의료성형으로 간주되어 부가가치세 자체가 면세되어야 하며, 내국인에 대한 미용성형에 대한 부가세 체계의 전반적인 재검토가 필요하다는 것이다.

최종적으로 조세소위에서는 정부안을 채택하되 적용기한을 2년이 아닌 2018년 1년만 하는 것으로 하였다.

4) 향후 쟁점과 입법논의 전망

외국인관광객 미용성형 의료용역에 대한 부가가치세 환급특례 일몰기한이 2018년 12월 말에 도래함에 따라 2018년 정기국회에서 재논의가 있을 전망이다.

이 경우 조세소위에서는 과표양성화 및 외국인 관광객 유치효과의 조세정책적 효과뿐만 아니라 미용성형의 개념과 미용성형의 범위, 외국인에게만 면세혜택을 주는 정당성 등 미용성형에 대한 과세체계 전반에 대한 논의가 다시 있을 전망이다.

5. 나석의 개별소비세 부과 대상 제외

1) 개별소비세법 개정안의 주요 내용

이 개정안은 보석 중 나석[284]을 개별소비세 부과 대상에서 제외함으로써 해외시장에서 주얼리산업의 국제경쟁력을 확보할 수 있도록 하려는 것이다. 나석은 그 자체로도 시중에서 거래되나 가공해서 판매하는 경우가 더 많아 귀금속 완제품의 중간재료로 볼 수 있으므로, 개정안은 나석에 대하여 이를 수입하는 때에 개별소비세를 면세하여 중간재의 구입 단계에서 과세되지 않도록 함으로써 나석의 밀수입을 감소시키고, 현재 음성화되어 있는 주얼리시장을 양성화하려는 취지이다.*

또한 국제적으로 우리 귀금속·보석 산업은 세계 최고 수준의 세공기술력을 인정받고 있으나 개별소비세 등의 세제문제로 해외바이어 및 브랜드들의 참여율이 줄어들고 있고 해외 수입 브랜드와의 시장경쟁에서 우위를 점할 수 없는 실정이다. 이에 개정안은 나석에 대한 개별소비세 면제를 통해 우리나라 귀금속·보석 제품의 가격경쟁력을 높여 내수 산업뿐 아니라 수출주도형 산업으로의 성장, 고부가가치 산업으로의 발전을 도모하려는 취지이다.

2) 현황과 개정연혁

현행법은 보석류에 대하여 기준가격인 500만 원을 초과하는 부분의 가격에 대해 100의 20의 세율을 적용하여 개별소비세를 부과하고 있다. 그러

---

* 이찬열 의원안 : 2017. 11. 10. 발의
284. 나석이란 반지 등의 틀을 입히지 않은 가공한 원석을 의미함.

나 가공을 거쳐야 하는 공업용 다이아몬드와 원석은 원재료의 성격이므로 보석 가공산업의 발전 지원을 위해 1995년부터 개별소비세의 대상에서 제외하고 있다.

보석류에 대한 개별소비세는 1995년 기준가격 초과 과세방식이 도입되면서 기준가격 100만 원, 과세율 25%가 적용되었으나, 간접세의 단계별 세율격차 완화를 위해 1996년 과세율이 20%로 하향조정되었다. 그러나 1998년 IMF 금융위기로 인한 구조조정에 소요되는 재원 확보를 위해 과세율이 30%로 상승되었다. 이후 2001년 보석시장의 양성화를 위하여 기준가격이 200만 원으로 상향조정되었고 과세율도 다시 20%로 하향조정되었다. 2016년부터는 물가상승 등을 감안하여 기준가격을 200만 원에서 500만 원으로 상향하여 시행 중에 있다.

3) 쟁점과 논쟁의 근거

(1) 찬성논거

이 개정안의 긍정적인 효과를 살펴보면 아래와 같다.

첫째, 주얼리시장의 양성화에 따라 세원 확보를 통한 세수 증대효과를 기대할 수 있다. 무자료거래를 통한 밀수품 및 부정유통물품은 정상적으로 거래되는 제품에 비하여 가격경쟁력이 훨씬 높아 정상제품의 유통을 크게 위축시키는 이른바 '악화가 양화를 구축'하는 현상이 발생할 수 있다. 이러한 상황에서 음성화된 시장의 양성화는 세수 증대의 효과를 가져오는 긍정적인 측면이 있다. 나석의 경우 500만 원 이상의 제품에 대하여 20%의 개별소비세가 부과되고 있는데 500만 원 이상의 제품이 전체 나석 수입액 중 70% 이상을 차지하고 있는 상황이다.[285] 또한 '교육세법'[286]을 따를 때 나석은 개별소비세액의 30%를 교육세로 납부하게 되어 개별소비세 부과에 따른 부담이 실질적으로는 500만 원을 초과하는 가격의 26%가 된다. 이에 더하여 500만 원을 초과하는 나석에 대히여는 8%의 관세가 부과되며, 부가가치세[287]까지 감안하면 정상적으로 500만 원을 초과한 나석을 수입함에 따른 세 부담은 수입가액의 약 47%[288]에 이르게 된다.

반면, 밀수 등의 방식으로 나석을 수입하는 경우 10% 가량의 밀수비용[289] 이외에는 추가적인 세 부담이 발생하지 않으므로 음성거래가 근절되기는 구조적으로 어려운 실정이다. 업계에서는 개정안에 따라 나석에 대한 개별소비세가 폐지되는 경우 현행 대비 나석 수입에 따른 세 부담이 크게 감소하게 되므로(47% → 19%[290]) 나석 거래가 상당 규모 양성화될 것으로 기대하고 있다.[291]

한국무역협회가 발표한 2017년 원자재(다이아몬드, 유색보석, 진주 등) 수입은 6,800만 달러(한화 700억) 수준이나, 국내 보석협회에서 제시한 자료에 따르면 한국 주얼리시장 규모가 6조 원대로 추정되고 있는 점을

---

285. 출처 : 월곡주얼리연구소
286. '교육세법' 제3조(납세의무자) 다음 각 호의 어느 하나에 해당하는 자는 이 법에 따라 교육세를 납부할 의무를 진다.
    2. '개별소비세법'에 따른 개별소비세('개별소비세법' 제1조 제2항 제4호 가목 · 나목 · 마목 · 사목 · 자목 및 같은 항 제6호의 물품에 대한 것은 제외한다. 이하 같다)의 납세의무자
    제5조(과세표준과 세율) ① 교육세는 다음 각 호의 과세표준에 해당 세율을 곱하여 계산한 금액을 그 세액으로 한다.
    2. '개별소비세법'에 따라 납부하여야 할 개별소비세액의 100분의 30
287. '부가가치세법' 제29조(과세표준)
    ② 재화의 수입에 대한 부가가치세의 과세표준은 그 재화에 대한 관세의 과세가격과 관세, 개별소비세, 주세, 교육세, 농어촌특별세 및 교통 · 에너지 · 환경세를 합한 금액으로 한다.
288. 수입가액을 1000이라고 할 때 개별소비세(교육세 포함) 26%, 관세 8%, 부가가치세 13.4%[= (1 + 0.26 + 0.08) ×0.1]임.
289. 전달업자 비용 약 3~5%, 결제대행 비용 약 2~3%, 외상거래에 따른 단가 상승 약 2~3%((사)한국귀금속보석단체장협의회)
290. 개별소비세 및 교육세가 폐지되면 관세 8%, 부가가치세 10.8%[= (1 + 0.08) ×0.1]만 부담하게 됨.
291. 주얼리 분야 제도개선과 산업환경 개선을 위한 업계 대 토론회, (사)한국귀금속보석단체장협의회, (재)서울주얼리진흥재단, 2017. 6. 20.

감안할 때 주얼리시장의 음성화 규모가 상당히 큰 것으로 보인다. 이에 따라 2016년 나석류의 개별소비세 수입은 교육세(개별소비세의 30%)를 포함하여 11억 원[292]이나, 개별소비세 면제에 따른 수입 시장의 증가로 관세와 부가가치세의 세수가 상당 규모 증가할 가능성을 내포하고 있다고 보인다.[293]

둘째, 나석을 가공한 보석 및 귀금속은 높은 부가가치를 창출하는 제품으로 개정안과 같이 나석에 대한 개별소비세를 면제할 경우 우리나라 귀금속 제품이 관광객 및 해외 시장에서 가격 경쟁력을 확보하여 국내 주얼리산업의 발전에 기여할 것으로 보인다.

우리나라의 금제조량은 GFMS(formally Gold Fields Mineral Services)의 발표에 따를 때 세계 7위 수준[294]으로 가격경쟁력 확보를 통해 주얼리산업의 발전을 기대할 수 있다.

2013년 기준 우리나라 주얼리시장 규모는 약 5조 원으로 세계 1위 북미시장(550억 달러)의 12분의 1, 유럽시장(160억 달러)의 4분의 1, 일본(95억 달러)의 2분의 1 수준인데,[295] 우리나라 귀금속 가공 기술 수준이 높은

---

292. 보석과 진주의 내국세 세종부호 : 411000
293. 기획재정부는 주얼리시장의 음성화 규모와 개별소비세 면제를 통한 세수효과 추계 자료를 제시하고 있지 않으며, (사)한국귀금속보석단체장협의회에서 제출한 자료에 따르면 나석에 대한 개별소비세 면제에 따른 세수효과는 관세 1,400억 원과 부가가치세 2,900억 원으로 총 4,300억 원의 세수가 증대할 것으로 추정하고 있음.

개별소비세 면제에 따른 향후 세수 추계

	현행	개정 후(개별소비세 면제)
나석 수입액	약 45억 원	약 2조 8천억 원
개별소비세	약 11억 원	0원
관세	2억 5,000만 원	1,400억 원
부가가치세	6억 원	약 2,900억 원

자료 : (사)한국귀금속보석단체장협의회
294. 1위는 중국으로 731.2톤, 2위는 인도로 505.8톤을 제조하고 있음.
295. 남경주, '주얼리산업의 부가가치와 해외 지원정책', 고부가가치 주얼리산업 육성 국회토론회 지정 토론문, 2015. 4. 30.

점을 감안할 때 가격경쟁력 확보를 통해 주얼리산업 규모가 확대되고 헤외 시장점유율이 높아질 수 있을 것으로 기대된다. 홍콩의 경우 주얼리 등에 대한 면세정책과 주얼리산업에 대한 적극적인 육성 정책 등으로 2016년 현재 14조 3천억 원의 순이익[296]을 창출하고 있는 것으로 나타나고 있다. 미국의 경우에도 1993년 보석에 대한 사치세(세율 10%)를 폐지하였으며, 중국의 경우 나석에 대해서는 부가가치세 4%와 판매 시에 소비세 5%만 부과하고 있어, 이를 감안할 때 우리나라도 개별소비세 면제를 통해 주얼리산업 발전 등의 긍정적인 측면을 기대할 수 있을 것으로 보인다.

(2) 반대논거

이 개정안에 대한 신중론의 입장은 다음과 같다.

첫째, 나석은 원석을 가공한 보석으로 그 자체가 상품성을 가져 거래되고 있으므로 원석처럼 비과세하는 것은 적절하지 않다.

둘째, 2015년 8월부터 보석 및 귀금속에 대한 기준가격을 상향조정(200만 원에서 500만 원)하였으므로 나석에 대한 추가적인 비과세는 여러 상황과 변수를 고려해야 한다.

4) 향후 쟁점과 입법논의 전망

이 개정안에 대해서는 최우선적으로 검토되어야 할 것이 있다. 그것은 긍정적인 입법취지와 이를 지지하는 사실관계의 확인이 필요하다. 과세체계의 문제나 단순히 국민여론이 좋지 않다[297]는 논거는 부차적인 반대논거이

---

296. '70년간 홍콩 다이아몬드 시장의 진화와 중국 다이아몬드 산업과 시장 개발에서의 역할', 홍콩다이아몬드협회, 2016.

297. 기획재정부는 500만 원 이상의 나석에 대해 개별소비세 면제가 적용될 경우 고소득 계층에 혜택이 돌아갈 개연성이 높다고 보고 있음.

므로 긍정적인 효과의 사실관계를 우선 확인하여 이를 토대로 조세소위에서 판단의 여지를 통해 입법 결정을 하면 될 것으로 보인다.

개별소비세 면세를 통하여 얻어지는 나석 시장의 거래 양성화를 통한 세수증대의 실질적인 효과와 주얼리산업의 발전에 대한 효과성 여부, 나석 시장의 음성화 원인과 양성화가 되지 못하는 원인, 나석 시장 등의 음성화 규모와 세수 손실규모 등에 대한 추가적인 논의 등이 이루어질 것으로 전망된다.

개정안의 실질적인 효과가 있다고 판단되는 경우, 2008년부터 2013년까지 실시되었던 고금 의제매입세액공제와 같이 한시적으로 시행하는 것도 논의될 전망으로 보인다.

6. 고금 또는 보석 취득사업자의 재판매소비자에 대한 부가가치세액 환급제도 도입

1) 부가가치세법 개정안의 주요 내용

개정안은 고금 또는 중고 보석을 수집하는 사업자가 소비자 등에게서 고금 또는 보석을 취득하는 경우 취득가액의 100분의 10에 해당하는 금액을 소비자에게 환급하고, 사업자에게는 부가가치세를 공제하려는 것이다.*

개정안은 소비자 등이 최초로 금 또는 보석을 취득하는 경우(가장매매 등을 방지하기 위해 신용카드 및 현금영수증 거래에 한정) 부가가치세를 납부하고, 당해 소비자 등이 최초의 영수증 거래 이후 당해 보석 등을 재판

---

* 이찬열 의원안 : 2017. 11. 10. 발의

매하는 때에 이를 취득하는 사업자는 재판매 취득당시 가액의 100분의 10에 해당하는 금액을 재판매 소비자 등에게 환급해 줌으로써 소비지 등의 부가가치세 납부 유인을 증가시키는 한편, 환급 과정의 세원양성화를 통해 고금시장과 중고 보석시장의 양성화를 도모하고 장기적으로는 과세대상을 확대하여 세수 증대를 도모하려는 취지이다.

또한 개정안은, 재판매 소비자 등에게서 구입한 고금 또는 중고 보석은 일반적인 소멸성 재화와는 달리 재판매 단계에서 환급·소멸되는 것이 아니라, 재판매 보석 등을 취득한 사업자가 매입 자료를 통해 부가가치세 공제를 받는 거래 양성화의 계속적인 순환 과정을 통해 소비자 환급과 사업자 공제 금액을 넘어서는 세수증대에 기여하는 한편, 주얼리산업의 장기적인 발전기반을 마련하고, 고부가가치 일자리 창출에도 기여하려는 취지로 이해된다.

2) 현황과 개정연혁

현재 고금과 중고 보석을 수집하는 사업자는 개인으로부터 고금과 중고 보석을 취득할 때 부가가치세를 징수당하지 않으나 재료에 대한 부가가치세 매입세액공제도 받지 못하고 있다.

또한 고금과 중고 보석을 판매하는 개인도 재판매하는 고금에 대한 처음 구매 시의 자료를 제출하고 있지 않아 음성화 시장을 통한 거래가 가능한 상황이다. 고금에 대해서는 2008년부터 금 거래 양성화를 위하여 의제매입세액공제(공제율 103분의 3)제도를 시행하였으나, 2014년 금 거래의 투명화를 목적으로 금 거래소가 개설됨에 따라 폐지된 바 있으며 그 효과는

---

298. '비과세·감면 현황과 정비방안', 국회 예산정책처, 2013. 9.

크지 않은 것으로 평가된 바 있다.[298] 중고보석에 대해서는 과거에도 공제제도가 부재하였다.

그리고 2014년부터 의제매입세액공제를 폐지하고 금 거래소(KRX) 운영을 통해 금시장의 양성화를 추진하고 있으나 2017년 금 거래소를 통한 거래량은 5,598kg 수준으로 국내 금시장의 약 4~5% 수준에 불과하다.[299]

KRX금시장 거래현황

(단위 : kg, 억 원)

연도(증감율)	'14년(4~12월)	'15년	'16년	'17년
거래량	1,055	2,211 (109.5%↑)	4,380 (98.1%↑)	5,598 (27.8%↑)
거래대금	448	938 (109.3%↑)	2,054 (118.9%↑)	2,568 (25.0%↑)

자료 : KRX금시장

3) 쟁점과 논쟁의 근거

이 개정안의 긍정적인 효과를 위한 찬성논거는 다음과 같다.

첫째, 부가가치세 환급은 거래투명화를 위한 유인책이 될 수 있어 중고보석시장 및 고금시장뿐 아니라 주얼리시장 전체의 양성화를 기대할 수 있다. 소비자는 보석 및 귀금속 제품 환매의 부가가치세를 환급받기 위해 처음 제품 구매의 판매정보를 노출시키게 되고, 고금 및 중고 보석시장의 판매자들도 부가가치세의 감면을 위해 거래 신고를 하게 되므로 시장의 양성화를 위한 유인책이 될 수 있을 것으로 보인다.[300]

둘째, 거래의 투명성 증대는 과세대상의 증대로 이어져 장기적으로 세수증대를 기대할 수 있다. 고금은 취득가액에 대한 정보가 집계되지 않을 뿐

---

299. 이에 대하여 KRX금시장은, 현재는 초기단계로 큰 성과로 보기에는 어려우나 앞으로 금에 대한 투자 확대와 공식적인 시장의 인증으로 점차 거래 규모가 크게 증가할 것이라는 입장임.

300. KRX금시장은 부가가치세 환급을 양성금(KRX금시장, 골드뱅크 등에서의 판매금)을 구매한 소비자에 대해서만 허용해야 국내 금시장의 투명성 제고에 더 기여할 수 있다는 견해를 제시한 바 있음.

만 아니라 신고되지 않으며, 대다수의 보석류들이 음성적으로 거래되고 있다는 의견이 있다. 밀수금을 제외한 국내 금 유통규모는 연간 100~110톤 내외이고 이 중 음성거래 규모가 55~70톤에 달하는 것으로 추정되며, 현황이 파악되지 않는 밀수금을 포함할 경우 무자료 음성거래 비중은 더욱 높아질 것으로 추정된다.

국내 금지금의 유통규모 및 현황

(단위 : kg, 억 원)

제련금	수입금	정련금	밀수금
약 5톤 (50톤 생산, 45톤 수출)	약 10~15톤 (가공 후 재수출물량 제외)	약 85~90톤 (정상거래 20~30톤)	추정불가
제련업자의 구리·아연광석 제련과정에서 생산	반도체 등 전기 / 전자소재업자의 생산을 위해 해외 금융기관에서 수입	고금을 수집하여 도매업자가 정련업자에 위탁 생산	홍콩 등으로 밀수입 / 밀수출

한국무역협회가 발표한 2017년 원자재(다이아몬드, 유색보석, 진주 등) 수입은 6,800만 달러(한화 700억) 수준이나 국내 보석협회에서 제시한 자료에 따르면 한국 주얼리시장 규모가 6조 원대로 추정되고 있는 점을 감안할 때 주얼리시장의 음성화 규모가 상당히 큰 것으로 보인다. 과거 고금에 대한 의제매입세액공제에 따른 공제금액은 2009년~2013년 동안 연평균 189억 원 규모였고, 2013년 정부가 발표한 '금 현물시장 개설 등을 통한 금 거래 양성화 방안'에 따르면 정련금의 음성거래에 따른 부가가치세 탈세 추정규모는 연간 2,200억 원~3,300억 원에 달한다는 점에서, 음성화된 주얼리시장이 양성화될 경우 부가가치세 등으로 세수가 상당 규모

---

301. 기획재정부는 주얼리시장의 음성화 규모와 부가가치세 환급을 통한 세수효과 추계 자료를 제시하고 있지 않음.

증가할 가능성을 내포하고 있다고 보인다.[301]

셋째, 소비자가 구매한 금과 보석의 경우 다른 재화와 달리 소비자가 최종소비하지 않고 상당 부분 재판매하는 경우가 많아[302] 소비자를 일종의 중간유통업자로 볼 수 있는 여지가 있다. 이 경우 매입자는 소비자에게 부가가치세를 환급하고 이에 대한 매입세액공제를 인정받더라도 현행 과세체계와 큰 충돌이 발생하는 것은 아니고, 부가가치세를 환급한 재판매 보석 등의 매입자가 부가가치세를 매입세액공제 받은 이후 보석 등의 계속적인 거래 양성화 과정을 통해 지속적으로 부가가치세 신고·납부가 이루어지므로 개정안은 현행 부가가치세 체계와 크게 다르지 않다는 의견이 있다.

(2) 반대논거

이 개정안에 대한 신중론의 입장은 다음과 같다.

첫째, 과거 고금에 대한 의제매입세액 공제를 시행하였는데 부당공제의 악용사례가 많아 2013년에 폐지된 점을 감안할 필요가 있다.

둘째, 고가의 귀금속에 대한 부가세 혜택은 다른 중고품 등과의 과세불형평성을 야기할 수 있다.

셋째, 부가세를 부담하지 않은 매입에 대하여 부가세를 공제하는 것은 과세원칙상 부합되지 않는다.

4) 향후 쟁점과 입법논의 전망

이 개정안에 대해서도 최우선적으로 검토되어야 할 것이 있다. 그것은 긍

---

302. 2016년 기준 금 물질흐름도(한국생산기술연구원 자원순환기술지원센터 작성)에 따르면 사용·축적된 귀금속 및 보석 54.2톤이 수집되어 원료 및 기초소재로 재활용되는 것으로 나타남.

정적인 입법취지와 이를 지지하는 사실관계의 확인이 필요하다. 과세체계의 부정합성 논거는 부차적인 반대논거이므로 긍정적인 효과와 사실관계를 우선 확인하여 이를 토대로 조세소위에서 판단의 여지를 통해 입법결정을 하면 될 것으로 보인다.

보석 등의 비소멸성을 전제로 하는 개정안의 과세체계와 현행 과세체계와의 정합성 여부의 확인, 보석시장 등의 음성화 원인과 양성화가 되지 못하는 근본적인 원인, 보석시장 등의 음성화 규모와 세수 손실규모, 보석시장의 거래 양성화를 통한 세수증대의 실질적인 효과에 대한 사실관계의 확인 등에 대한 논의가 있을 것으로 전망된다.

또한 현행 과세체계가 보석시장 등의 국제경쟁력 약화의 원인으로 작용하는지 여부, 보석류 등의 수입·거래 등에 대한 해외 입법사례 및 과세체계 실태, 금 거래소(KRX)의 당초 설립 목적 달성 여부, 보석시장 등의 거래 양성화를 통한 주얼리산업의 발전에 대한 효과성 여부 등과 이로 인한 일자리 창출 등에의 기여 등에 대한 논의가 선행될 전망이며, 현재 주얼리산업의 활성화를 위해 국회 산업위에 계류되어 있는 '주얼리산업의 기반조성 및 유통관리에 관한법률안(2018. 1. 31. 이찬열 의원 대표발의)'과도 종합적으로 논의될 전망이다.

제5장

조세수입 관리체계의 주요 현안

1. 조세법 체계

1) 국세 체계

자료 : 국회 예산정책처 재정통계

2) 지방세 체계

자료 : 국회 예산정책처 재정통계

2. 2018년 국세 세입예산안 및 세수전망의 적정성 문제

1) 2018년 국세 세입예산안 현황

2018년도 국세 세입예산안은 268조 1,947억 원으로, 2017년도 추가경정예산 251조 766억 원 대비 6.8%인 17조 1,181억 원이 증가하였다. 일반회계는 260조 8,818억 원으로 2017년도 추가경정예산 243조 9,598억 원 대비 6.9%인 16조 9,220억 원이 증가하였고, 특별회계는 7조 3,129억 원으로 2017년도 추가경정예산 7조 1,168억 원 대비 2.8%인 1,961억 원이 증가하였다. 세목별로 살펴보면, 소득세와 법인세, 상속증여세, 부가가치세 등 12개 세목이 2017년도 추가경정예산 대비 증액되었고, 증권거래세 및 과년도 수입 2개 세목은 감액되었다.

기획재정부 소관 2018년도 국세 세입예산안 세목별 내역

(단위 : 억 원, %)

세목	2016년 실적	2017년 추경예산	2018년 예산안	2017년 추경예산 대비	
				증감액	비율
총국세	2,425,617	2,510,766	2,681,947	171,181	6.8
[일반회계]	2,357,160	2,439,598	2,608,818	169,220	6.9
− 내국세	2,061,926	2,131,014	2,280,459	149,445	7.0
소득세	684,970	695,793	729,810	34,017	4.9
법인세	521,154	572,678	631,061	58,383	10.2
상증세	53,501	60,262	61,519	1,257	2.1
부가가치세	618,282	625,598	673,474	47,876	7.7
개별소비세	88,813	90,103	100,781	10,678	11.9
증권거래세	44,681	40,174	39,985	△189	△0.5
인지세	9,058	8,840	9,361	521	5.9
과년도 수입	41,467	37,566	34,468	△3,098	△8.2
− 교통·에너지·환경세	153,030	153,782	163,902	10,120	6.6
− 관세	80,454	89,906	94,178	4,272	4.8
− 교육세	48,808	50,747	52,478	1,731	3.4
− 종합부동산세	12,939	14,149	17,801	3,652	25.8
[특별회계]	68,457	71,168	73,129	1,961	2.8
− 주세	32,087	33,338	34,941	1,603	4.8
− 농어촌특별세	36,370	37,830	38,188	358	0.9

자료 : 기획재정부

주요 세목별 2018년도 세입예산안을 살펴보면, 소득세는 2017년도 추가경정예산 대비 4.9%인 3조 4,017억 원이 증가한 72조 9,810억 원으로 편성되었다. 이는 8·2부동산대책 등에 따라 양도소득세의 감소(2017년도 추가경정예산 대비 △1조 7,380억 원, △14.4%)가 예상되지만,[303] 경상성장률 상승에 따른 개인사업자의 영업실적 개선으로 인한 종합소득세수 증가(1조 6,594억 원, 11.1%)와 명목임금 상승, 취업자 수 증가 등에 따른 근로소득세수 증가(2조 6,182억 원, 7.9%) 등으로 전체 소득세수가 증가

---

303. 서울시 부동산 실거래건수 : (2017년 8월) 14,766건, (9월) 8,357건, (10월 31일) 3,463건(서울부동산정보광장)

(단위 : 억 원, %)

구분	2016년 실석	2017년 추경예산	2018년 예산안	2017년 추경예신 내비 증감액	2017년 추경예신 내비 비율
– 소득세	684,970	695,793	729,810	34,017	4.9
종합소득세	143,477	150,155	166,749	16,594	11.1
양도소득세	136,833	121,097	103,717	△17,380	△14.4
이자소득세	20,748	20,169	21,567	1,398	6.9
배당소득세	20,498	21,789	22,060	271	1.2
사업소득세	23,941	23,503	27,463	3,960	16.8
근로소득세	309,938	330,887	357,069	26,182	7.9
기타소득세	13,072	14,448	15,502	1,054	7.3
퇴직소득세	15,855	13,585	14,573	988	7.3

자료 : 기획재정부

할 것으로 보는 데 기인한다.[304]

법인세는 2017년 법인의 영업실적 호조세 등으로 인하여 2017년도 추가경정예산 대비 10.2%인 5조 8,383억 원이 증가한 63조 1,061억 원으로 편성되었다.[305] 부가가치세는 내년 민간실질소비가 2.6% 증가할 것으로 예상됨에 따라 2017년도 추가경정예산 대비 7.7%인 4조 7,876억 원이 증가한 67조 3,474억 원으로 편성되었다. 개별소비세는 발전용 유연탄 탄력세율 인상(kg당 6원 인상) 등에 따라 2017년도 추가경정예산 대비 11.9%인 1조 678억 원이 증가한 10조 781억 원으로 편성되었다. 교통·에너지·환경세는 유류 소비량 증가 등으로 인하여 2017년도 추가경정예산 대비 6.6%인 1조 120억 원이 증가한 16조 3,902억 원으로 편성되었다.[306] 관세는 2018년도 수입액이 올해보다 4.1% 증가할 것으로 전망됨에 따라 2017년도 추가경정예산 대비 4.8%인 4,272억 원이 증가한 9조 4,178억 원으로 편성되었다.

---

304. 2018년 경상성장률 전망 : 4.5%, 2018년 명목임금 상승률 전망 : 3.5%(기획재정부), 2018년 취업자수 증가 전망 : 36만 명(관계부처 합동, 새정부 경제정책방향, 2017. 7. 25.)
305. 유가증권시장 12월 결산법인 2017년 상반기 법인세비용차감 전 순이익 증가율(연결 결산 기준) 24.47%(삼성전자 제외 13.01%, 한국거래소)

2018년도 국세 세입예산안(268조 1,947억 원)은 각 세목별 세수추계식에 경상 GDP 등의 거시경제지표를 대입하여 산출된 세목별 세입추계치에 2017년 세법개정안 및 2016년 이전의 세법개정에 따른 2018년도 세수효과 전망치와 문재인 정부의 '국정운영 5개년 계획(2017. 7.)'에 따른 세입확충 방안[307] 중 하나인 탈루소득 과세강화[308] 효과 등을 반영하여 산출되었다.

기획재정부 소관 2018년도 국세 세입예산안 세목별 산출근거

(단위 : 억 원)

세목	세목별 세입추계치	세법개정 세수효과	탈루소득 과세강화	기타	합계
총국세	2,761,170	16,223	6,565	△102,011	2,681,947
[일반회계]	2,688,138	16,132	6,559	△102,011	2,608,818
- 내국세	2,360,831	16,039	5,600	△102,011	2,280,459
소득세	739,931	7,652	1,000	△18,773	729,810
종합소득세	169,685	3,722	1,000	△7,658(EITC·CTC)	166,749
양도소득세	101,700	2,017	–		103,717
이자소득세	21,061	506	–		21,567
배당소득세	21,273	787	–		22,060
사업소득세	27,463	–	–		27,463
근로소득세	368,332	△148		△11,115(EITCㆍCTC)	357,069
기타소득세	15,169	333	–		15,502
퇴직소득세	14,138	435	–		14,573
법인세	625,439	4,622	1,000	–	631,061
상증세	60,470	1,049	–		61,519
부가가치세	753,797	△632	3,547	△83,238(지방소비세분)	673,474

306. 한국은행(경제전망보고서, 2017. 10.)은 2018년 원유도입단가를 54달러(올해 전망치 53달러)로 전망하였음.

307. 국정과제 수행을 위한 재원조달을 위하여 5년간 약 77.6조 원의 국세세입을 확충할 계획인데, 초과세수 전망에 따른 세수 자연증가분 60.5조 원, 비과세ㆍ감면 정비 등 11.4조 원, 탈루소득 과세강화 5.7조 원 등임.

308. 탈루소득 과세 강화를 위하여 해외 금융계좌 신고 대상을 확대하고 외국 과세당국과의 정보공조를 강화하며, 법인세의 사전 성실신고를 유도하기 위해 소법인 성실신고확인제도를 도입하고, 엔티스(NTIS) 기반의 빅데이터 분석 기능 확대를 통해 납세자가 성실신고를 할 수 있도록 다양하고 정확한 신고 안내 자료를 제공할 계획임(국정기획자문위원회, 문재인정부 국정운영 5개년 계획, 2017. 7. pp. 179-180).

세목	세목별 세입추계치	세법개정 세수효과	탈루소득 과세강화	기타	합계
개별소비세	96,699	1,020	53	–	100,781
증권거래세	40,666	△681	–	–	39,985
인지세	9,361	–	–	–	9,361
과년도 수입	34,468	–	–	–	34,468
– 교통·에너지·환경세	163,902	–	–	–	163,902
– 관세	93,337	△117	958	–	94,178
– 교육세	52,267	210	1	–	52,478
– 종합부동산세	17,801	–	–	–	17,801
[특별회계]	73,032	91	6	–	73,129
– 주세	34,936	△1	6	–	34,941
– 농어촌특별세	38,096	92	–	–	38,188

주) 정부는 2017년 세법개정안에 따른 근로·자녀장려금 지급효과 △1,366억 원을 근로장려금 지급 전망액 (△18,773억 원)에 직접 반영하였음.
자료 : 기획재정부(2017. 9. 28. 송부자료 기준)

구체적으로, 2018년도 국세 세입예산안 268조 1,947억 원은 세법개정 효과를 고려하지 않은 2018년도 세목별 세입추계치 합계액 276조 1,170억 원, 2017년 세법개정안 및 2016년 이전 세법개정에 따른 2018년도 세목별 세수효과 전망치 합계액 1조 6,223억 원, 2018년도 탈루소득 과세강화 효과 6,565억 원, 2018년 근로·자녀장려금 지급 전망액 △1조 8,773억 원, 부가가치세수 중 2018년 지방소비세 이전[309] 전망액 △8조 3,238억 원을 합한 금액이다.

2018년도 세목별 세법개정 세수효과 전망치 합계액 1조 6,223억 원 중 올해 정기회에서 논의될 정부 제출 2017년 세법개정안에 따른 2018년도 세수효과는 1조 1,270억 원이며, 그 밖에 2016년 세법개정은 2,809억 원, 2015년 세법개정은 1,092억 원, 2014년 이전 세법개정은 1,052억 원의 세

---

309. 부가가치세법 제72조(부가가치세의 세액 등에 관한 특례) ① 제37조 및 제63조에도 불구하고 납부세액에서 이 법 및 다른 법률에서 규정하고 있는 부가가치세의 감면세액 및 공제세액을 빼고 가산세를 더한 세액의 89퍼센트를 부가가치세로, 11퍼센트를 지방소비세로 한다.

수증가 효과를 발생시킬 것으로 추계되었다.

연도별 세법개정(안)에 따른 2018년도 세목별 세법개정 세수효과 전망치 현황

(단위 : 억 원)

세목	2017년 세법개정안	2016년 세법개정	2015년 세법개정	2014년 이전 세법개정	합계
총국세	11,270	2,809	1,092	1,052	16,223
[일반회계]	11,232	2,762	1,086	1,052	16,132
− 내국세	11,250	2,651	1,086	1,052	16,039
소득세	7,490	△3,738	3,065	835	7,652
종합소득세	−	1,581	2,141	−	3,722
양도소득세	6,285	△4,601	333	−	2,017
이자소득세	△40	−	146	400	506
배당소득세	203	−	584	−	787
근로소득세	709	△718	△139	−	△148
기타소득세	333	−	−	−	333
퇴직소득세	−	−	−	435	435
법인세	354	6,030	△1,979	217	4,622
상증세	449	600	−	−	1,049
부가가치세	△448	△184	−	−	△632
개별소비세	4,072	△43	−	−	4,029
증권거래세	△667	△14	−	−	△681
− 관세	△57	△60	−	−	△117
− 교육세	39	171	−	−	210
[특별회계]	38	47	6	−	91
− 주세	△1	−	−	−	△1
− 농어촌특별세	39	47	6	−	92

자료 : 기획재정부(2017. 9. 28. 송부자료 기준)

2017년도 세법개정안 개정항목의 2018년도 세법개정 세수효과 추계액

(단위 : 억 원)

세목	개정항목	세수효과
소득세	국세부과제척기간 보완	32
	양도소득세 예정신고 가산세 감면	△23
	소득세율 인상(3억 원 초과 40%, 5억 원 초과 42%)	4,913
	대주주 주식 양도소득세율 인상	2,000
	개발제한구역 내 토지 양도소득세 감면 정비	10
	양도소득세 5년간 감면 한도 정비	500
	개인종합자산관리계좌(ISA) 제도 개선	△40
	파생결합증권 과세근거 명확화	20
	해외주식 비과세 펀드 일몰 종료	183
	전통시장 신용카드 등 사용액에 대한 소득공제 확대	△450
	파견근로자 원천징수세율 인상 및 원천징수의무자 범위 확대	12
	기타소득 필요경비율 조정	333
	소계	7,490
법인세	혼성불일치 해소규정 신설	4
	고용창출투자세액공제 고용비례 추가공제율 인상	△310
	청년고용증대세제 1인당 공제액 확대	△450
	중소기업의 정규직 전환 세액공제 확대	△35
	이월결손금 공제한도 강화	1,147
	국세 정상가격 − 관세 과세가격 사후조정 경정청구 기한 연장	△2
	소계	354
상속증여세	상속증여세 신고세액공제 축소(7%→3%)	449
	소계	449
부가가치세	면세농산물 등 의제매입세액공제 확대	△585
	중고차 의제매입세액공제 확대	△270
	토지무상임대에 대한 부가가치세 면제대상 추가	△3
	군인 등 골프장·숙박용역 부가가치세 과세 전환	3
	부도 폐업 시 수정세금계산서의 매입자발행세금계산서 허용	△8
	발전용 유연탄 세율 조정	394
	제주도 회원제 골프장 과세특례 일몰 종료	21
	소계	△448
개별소비세	발전용 유연탄 세율 조정	3,942
	제주도 회원제 골프장 과세특례 일몰 종료	130
	소계	4,072

세목	개정항목	세수효과
증권거래세	증권거래세 신고기한 조정	△667
	소계	△667
관세	학술연구용품의 관세 감면 대상기관 추가	△3
	신·재생에너지 기자재 관세경감 적용대상 확대 및 일몰 연장	△4
	고액·상습체납자 명단공개 대상 확대	5
	탁송품의 실제 배송지 제출제도 개선	1
	한–중미 FTA 발효로 인한 관세감소효과	△56
	소계	△57
교육세	제주도 회원제 골프장 과세특례 일몰 종료	39
	소계	39
주세	주류면허자 출고량 명령근거 신설	△1
	소계	△1
농어촌특별세	제주도 회원제 골프장 과세특례 일몰 종료	39
	소계	39
합계		11,270

자료 : 기획재정부(2017. 9. 28. 송부자료 기준)

2018년도 세입예산안에 세수효과가 반영된 2017년도 정부 제출 세법 개정안 개정사항 중 세수증가를 가져오는 개정사항으로 소득세율 인상 4,913억 원, 대주주 주식 양도소득세율 인상 2,000억 원(이상 소득세), 이월결손금 공제한도 강화 1,147억 원(법인세), 상속·증여세 신고세액공제 축소 449억 원(상속·증여세), 발전용 유연탄 세율 조정 4,336억 원(개별소비세, 부가가치세) 등이 있으며, 이들 개정사항의 총 세수증가 효과는 1조 4,154억 원이다.

반면, 세수감소를 유발하는 개정사항으로 전통시장 신용카드 등 사용액에 대한 소득공제 확대 △450억 원(소득세), 청년고용증대세제 1인당 공제액 확대 △450억 원(법인세), 면세농산물 등 의제매입세액공제 확대 △585억 원(부가가치세), 증권거래세 신고기한 조정 △667억 원(증권거래세) 등이 있으며, 이들 개정사항의 총 세수감소효과는 △2,904억 원이다.

한편, 2018년도 국세 세입예산안 규모의 적정성 검토에 앞서 국세 세입예산안 편성의 전제가 되는 거시경제지표에 대하여 살펴보면, 정부는 국회 예산정책처 및 한국은행보다 좀 더 낙관적으로 전망하였으나 그 차이는 크지 않았다. 세입규모와 관련성이 높은 경상성장률의 경우 정부는 4.5%, 국회 예산정책처는 4.4%로 전망함에 따라, 그 격차(0.1% 포인트)는 2017년도 본예산 편성 시보다 줄어들었다. [310]

정부, 한국은행 및 국회 예산정책처의 2018년 경제지표 전망

(단위 : %)

구분	정부	한국은행	국회 예산정책처
실질성장률	3.0	2.9	2.8
경상성장률	4.5	–	4.4
수출증가율	2.7	3.5	3.1
수입증가율	4.1	3.4	5.4
민간소비증가율	2.6	2.6	2.5

자료 : 기획재정부, 한국은행[경제전망보고서(2016. 10.)], 국회 예산정책처[2018년 및 중기 경제전망(2017. 9.)]

다만, 2018년 실질성장률에 대하여는 긍정적인 시각과 부정적인 시각이 엇갈리고 있다. 2017년 10월 IMF는 우리나라의 2018년 실질성장률 전망치를 2.8%에서 정부 전망치와 동일한 3.0%로 상향조정한 반면, 한국은행은 2.9%, 국회 예산정책처 및 ADB는 2.8%로 3%에 미치지 못할 것으로 예상하였고, KDI와 주요 민간연구기관들은 2.5%에 머물 것으로 전망하였다.

---

310. 정부와 국회 예산정책처의 경상성장률 전망 차이는 2014년 이래 축소되고 있는 추세임(2014년 : 0.6% 포인트, 2015년 : 0.5% 포인트, 2016년 : 0.2% 포인트, 2017년 0.2% 포인트).

정부	IMF	한국은행	국회 예산정책처	ADB	KDI	LG경제 연구원	현대경제 연구원
3.0 (2017. 7.)	3.0 (2017. 10.)	2.9 (2017. 10.)	2.8 (2017. 9.)	2.8 (2017. 9.)	2.5 (2017. 4.)	2.5 (2017. 10.)	2.5 (2017. 10.)

주) 괄호 안은 전망시점임.
자료 : 기획재정부, 한국은행[경제전망보고서(2016. 10.)], 국회 예산정책처[2018년 및 중기 경제전망(2017. 9.)] 및 각종 언론보도

2) 2018년 국세 세입예산안의 문제점

2017년도 실제 세수실적 전망치(259.7조 원~260.4조 원)와 비교해 보면 2018년도 국세 세입예산안(268.2조 원)의 증가율 및 세수탄성치[311]는 그다지 높지 않아 과소편성 가능성이 존재한다.

2018년도 세입예산안 268.2조 원은 2017년도 추가경정예산인 251.1조 원 대비 6.8% 증가한 금액이다. 이는 2011년부터 2015년까지의 전년도 세입실적 대비 세입예산 증가율 평균치(6.8%)와 동일한 수준으로, 지난 2년간(2016년·2017년)의 보수적인 세입예산 편성 행태에서 어느 정도 벗어난

연도별 국세 수납실적 기준 세수탄성치

(단위 : %, 조 원)

구분	'07	'08	'09	'10	'11	'12	'13	'14	'15	'16	'17 본예산	'17 추경	'18 예산안
경상성장률	8.0	5.9	4.3	9.9	5.3	3.4	3.8	3.9	5.3	4.7	4.1ᵉ	3.8ᵉ	4.5ᵉ
국세수입	161.5	167.3	164.5	177.7	192.4	203.0	201.9	205.5	217.9	242.6	242.3	251.1	268.2
− 증가율	17.0	3.6	△1.7	8.0	8.3	5.5	△0.5	1.8	6.0	11.3	△0.1	3.5	6.8
세수탄성치	2.12	0.62	△0.39	0.81	1.55	1.65	△0.14	0.45	1.15	2.42	△0.0	0.91	1.50

주) 2017년도 본예산·추경 및 2018년도 경상성장률은 각각 해당 본예산 및 추경 편성 당시 전망치이고, 2017년도 국세수입 증가율은 2016년도 실적치 대비 예산액 증가율을 의미하며, 2018년도 본예산 국세수입 증가율은 2017년도 추경예산 대비 예산액 증가율을 의미함.
자료 : 기획재정부

---

311. 세수탄성치는 세수증가율을 경상성장률로 나눈 수치로서, 누진세율 구조에서는 세수탄성치가 1을 상회하는 것이 일반적임.

것으로 보인다. 이에 따라 2018년도 세입예산안의 세수탄성치는 1.50으로, 1을 초과하고 있는 최근 2년간 세수탄성치(2015년 1.15, 2016년 2.42)와 비교하면 그 중간 수준이다.

그러나 2017년도 실제 세수실적은 세입 증감 여부가 확실한 세목만 대상으로 보수적으로 편성된 추가경정예산(251.1조 원)을 상당 규모 초과할 가능성이 높아, 2017년도 실제 세수실적 전망치를 기준으로 산출한 2018년도 국세 세입예산안 증가율 및 세수탄성치는 그다지 높지 않을 것으로 추정된다.

2017년 8월까지의 세수실적은 189.5조 원으로, 남은 기간 동안 2016년 9월 이후 국세 수납액인 70.2조 원이 수납된다고 가정하면 2017년도 최종 세수실적 전망치는 259.7조 원이 된다. 국회 예산정책처도 2017년도 국세 수입을 2017년도 추가경정예산보다 9.3조 원 많은 260.4조 원으로 전망하였다.[312]

최근 3년간 8월까지의 누적세수실적 및 9월 이후 세수실적 현황

(단위 : 억 원)

구분	8월까지의 누적세수	9월 이후 세수	합계
2014년	1,365,874	689,324	2,055,198
2015년	1,515,744	663,107	2,178,851
2016년	1,723,922	701,695	2,425,617
2017년	1,895,205	−	−

자료 : 기획재정부

2017년도 최종 세수실적이 국회 예산정책처 전망치인 260.4조 원이라면 2018년도 국세 세입예산안 증가율은 3.0%(세수탄성치 0.67), 2016년 9월 이후 세수금액 수납 가정 하에 추계한 259.7조 원이라면 증가율은

---

312. 자세한 내용은 국회 예산정책처, 2018년 세입예산안 분석 및 중기 총수입 전망, 2017. 11. pp. 14-25. 참조

3.3%(세수탄성치 0.73)에 불과하게 된다. 정부의 2018년 경상성장률 전망치는 4.5%이며, 최근 2년간 세수탄성치는 2015년 1.15, 2016년 2.42로 1을 초과하고 있다는 점에서 2018년도 국세 세입예산안 268.2조 원은 다소 과소편성되었을 가능성이 존재한다.

2017년 상장기업 영업실적의 유례없는 호조와 세계 경제 회복세[313]에 따른 글로벌 무역 증가 전망, 사드갈등 완화에 따른 대중 교역여건 개선 등으로 법인세,[314] 종합소득세 등 내년 기업 관련 세수 전망이 밝고, 새정부의 일자리 확대 정책 등으로 가계소득도 꾸준한 증가세[315]를 이어나갈 것으로 예상되며, 2018년 민간소비증가율[316]도 2011년 2.9% 이후 가장 높은 2.6%(정부, 한국은행)를 기록할 것으로 전망된다는 점에서 2018년에도 2016년(전년 대비 19.7조 원 세수 증가)이나 2017년(세수실적 259.7조 원~260.4조 원 가정 시 전년 대비 17.1조 원~17.8조 원 세수 증가)만큼은 아니더라도 견고한 세수 증가세가 이어질 것으로 기대된다.[317]

다만, 부동산 규제 강화에 따른 양도소득세 등 자산 관련 세수규모의 불확실성 증대는 초과세수의 발생 가능성을 제약하고 있으며,[318] 미국 등 주

---

313. 2017년 10월 IMF는 올해(3.5% → 3.6%)와 내년(3.6% → 3.7%) 세계 경제성장률을 불과 3개월 만에 0.1% 포인트씩 상향조정하였음(《연합뉴스》, "IMF 韓성장률 올렸지만… 北리스크·사드 탓 체감은 '글쎄'", 2017년 10월 10일자)

314. 자세한 내용은 후술하는 '(2) 법인세 신고분 과소추계 가능성' 참조

315. 명목임금증가율 : 2016년 3.8%, 2017년 전망치 3.6%, 2018년 전망치 3.5%(기획재정부)
취업자수 증가 : 2016년 30만 명, 2017년 전망치 35만 명, 2018년 전망치 34만 명(한국은행, 경제전망보고서, 2017. 10.)

316. 민간소비증감률(실질, 계절조정 전기대비) : ('11) 2.9%, ('12) 1.9%, ('13) 1.9%, ('14) 1.7%, ('15) 2.2%, ('16) 2.5%(한국은행 경제통계시스템) ('17 전망치) 2.3%(한국은행, 경제전망보고서, 2017. 10.)

317. 국회 예산정책처는 2018년도 국세수입을 2018년도 예산안 268.2조 원보다 3.9조 원 높은 272.1조 원으로 전망하였음(국회 예산정책처, 2018년 세입예산안 분석 및 중기 총수입 전망, 2017. 11. pp. 26-34. 참조).

318. 국회 예산정책처에 따르면, 경기수축기의 국세탄성치를 분석한 결과 해당 경기수축기 직전의 경기확장기에 자산시장의 호황이 있었던 경우 국세수입 탄성치 평균은 0.5로 여타 경기수축기의 1.2보다 낮았음. 따라서 자산시장을 동반한 경기확장기의 높은 국세수입 증가율은 수축국면으로 전환될 경우 더 가파르게 하락할 가능성이 있음(국회 예산정책처, 2016~2020년 국세수입 전망, 2016. 10. p. 51).

요국과의 교역여건 악화, 주요국의 통화정책 정상화에 따른 금융시장 변동성 확대, 북한 관련 지정학적 리스크 고조에 따른 경제심리 위축 등 향후 세수실적에 부정적인 영향을 미칠 수 있는 요인들도 존재하므로,[319] 이러한 점을 종합적으로 고려하여 2018년도 국세 세입예산안의 적정 규모에 대하여 검토할 필요가 있다.

또한 2017년 정부 제출 세법개정안에는 소득세율(4,913억 원)·법인세율 인상(미반영[320]), 대주주 주식양도세율 인상(2,000억 원), 발전용 유연탄 개별소비세율 인상(3,942억 원) 등 2018년도 국세수입에 영향을 미칠 수 있는 개정사항들이 상당수 반영되어 있으므로, 현재 국·내외 경기 상황, 향후 경제 전망, 올해와 내년의 국세세수 전망, 국가의 재정건전성, 향후 재정지출 소요 등을 종합적으로 고려하여 2017년 정부 제출 세법개정안에 대한 면밀한 검토가 필요하다.

3) 국회의 최종 심사 결과와 논거

기획재정위원회 예산결산기금심사소위원회에서는 "2018년 국세 세입예산안 규모와 관련하여 3.9조 원이 과소추계되었다."는 국회 예산정책처의 분석 결과가 제시되었고, "전년도 초과세수 실적 및 경제전망 등을 고려할 때 2018년 국세 세입예산안이 최소 5조 원 과소추계되었다."는 의견과 "유가 상승과 금리 인상 전망, 부동산시장 둔화 등 세수 감소 요인을 고려할 때 2018년 국세 세입예산안이 과다추계되었다."는 의견이 제시되었다. 또한 기획재정부에 대하여 "국세수입 편성의 전제가 되는 정부의 경제전망 정

---

319. 한국은행, 경제전망보고서, 2017. 10.
320. 정부는 법인세 최고세율 인상에 따라 2018 사업연도 소득분에 대한 법인세의 신고·납부가 이루어지는 2019년부터 연 2조 5,500억 원의 세수 증가가 발생할 것으로 추계하였음.

확도를 제고하고, 세수 추계방식을 개선하여 세수전망의 현실성을 높임으로써 세입예산안 편성 과정에서 국세수입 총규모 및 각 세목별 세수예측오차를 최소화하도록 노력할 것"을 부대의견으로 채택하였다.

또한 기재위 예산결산기금심사소위원회의 심사 결과 궐련형 전자담배에 대한 과세근거를 마련하는 개별소비세법 개정안이 통과됨에 따라(2017. 11. 9. 본회의 통과) 궐련형 전자담배에 대한 개별소비세 세수를 957억 원 증액하였다.

국회 본회의는 2017년 12월 6일에 2017년 정기회에서의 세법개정에 따른 세수효과를 반영하여 당초 예산안보다 657억 원이 줄어든(소득세 △854억 원, 법인세 △600억 원, 부가가치세 △160억 원, 개별소비세 +957억 원) 2018년 국세 세입예산 총규모를 268.1조 원으로 의결하였다.

4) 향후 쟁점과 논의 전망

기획재정부에 따르면 2018년 5월까지 국세수입 누계는 140.7조 원으로 전년 동기 대비 16.9조 원 증가하였고, 추경예산 대비 수납액 진도율도 52.5%로 전년 대비 3.2% 포인트가 높아진 것으로 나타났다.

(단위 : 억 원)

	'17년				'18년(잠정)				전년동기 대비		
	추경 (A)	5월 (B)	1~5월 (누계, C)	진도율 (D=C/ A)	추경 (E)	5월 (F)	1~5월 (누계, G)	진도율 (H=G/ E)	5월 (F−B)	증감 (G−C)	진도율 (H−D)
– 국세수입	251.1	18.5	123.8	49.3	268.1	30.9	140.7	52.5	12.4	16.9	3.2
일반회계	244.0	18.2	120.8	49.5	260.8	30.4	137.0	52.5	12.2	16.1	3.0
소득세	69.6	9.9	32.0	46.0	72.9	11.5	37.7	51.7	1.6	5.7	5.7
법인세	57.3	4.5	31.4	54.9	63.0	14.6	38.0	60.3	10.0	6.6	5.4
부가가치세	62.6	△0.5	31.2	49.8	67.3	△0.5	32.4	48.1	△0.0	1.3	△1.7
교통세	15.4	1.3	6.4	41.9	16.4	1.3	6.5	39.5	0.0	0.0	△2.4
관세	9.0	0.7	3.8	42.2	9.4	0.7	3.9	41.0	0.0	0.1	△1.2
기타	30.2	2.2	16.0	52.9	31.7	2.8	18.5	58.4	0.5	2.6	5.5
– 특별회계	7.1	0.3	3.0	42.1	7.3	0.5	3.8	51.3	0.2	0.8	9.3

자료 : 기획재정부, 월간 〈재정동향〉(2018년 7월)

2018년 국세 세입예산(268.2조 원)이 2017년 국세수납액(265.4조 원)보다 불과 2.8조 원 높은 상황에서 현재까지의 세수 추세가 하반기에도 그대로 이어진다고 가정하면 2018년에도 20조 원을 넘는 상당한 규모의 초과세수가 발생할 것으로 예상된다.

3. 연례적인 초과세수 발생의 재정정책적 함의

1) 국세 초과세수의 의의 및 2017년 국세수입 실적

2017년도 국세수입 실적은 265조 3,849억 원으로 전년도 242조 5,617억 원 대비 9.4%인 22조 8,232억 원이 증가하였다. 이에 따라 2017년 본예산 242조 2,618억 원 대비 9.5%인 23조 1,231억 원, 추가경정예산 251조 766억 원 대비 5.7%인 14조 3,083억 원의 초과세수가 발생하였다.

기획재정부 소관 2017년도 국세 세입결산 세목별 내역

(단위 : 억 원, %)

구분	2017년 본예산	2017년 추경예산	2017년 실적	본예산 대비		추경예산 대비	
				증감액	비율	증감액	비율
총국세	2,422,618	2,510,766	2,653,849	231,231	9.5	143,083	5.7
[일반회계]	2,351,450	2,439,598	2,585,115	233,665	9.9	145,517	6.0
- 내국세	2,042,866	2,131,014	2,277,690	234,824	11.5	146,676	6.9
소득세	656,873	695,793	750,657	93,784	14.3	54,864	7.9
법인세	539,535	572,678	591,766	52,231	9.7	19,088	3.3
상증세	54,422	60,262	67,852	13,430	24.7	7,590	12.6
부가가치세	615,353	625,598	670,870	55,517	9.0	45,272	7.2
개별소비세	90,103	90,103	98,608	8,505	9.4	8,505	9.4
증권거래세	40,174	40,174	45,083	4,909	12.2	4,909	12.2
인지세	8,840	8,840	8,958	118	1.3	118	1.3
과년도 수입	37,566	37,566	43,896	6,330	16.9	6,330	16.9
- 교통·에너지·환경세	153,782	153,782	155,526	1,744	1.1	1,744	1.1
- 관세	89,906	89,906	85,292	△4,614	△5.1	△4,614	△5.1
- 교육세	50,747	50,747	50,084	△663	△1.3	△663	△1.3
- 종합부동산세	14,149	14,149	16,520	2,371	16.8	2,371	16.8
[특별회계]	71,168	71,168	68,734	△2,434	△3.4	△2,434	△3.4
- 주세	33,338	33,338	30,346	△2,992	△9.0	△2,992	△9.0
- 농어촌특별세	37,830	37,830	38,388	558	1.5	558	1.5

자료 : 기획재정부

이때 국세의 초과세수란 정부가 편성하고 국회가 심의·의결한 14개 국세 세목에 대한 국세 세입예산보다 실제 국세세수가 더 많이 수납되는 것을 의미한다.

세목별로 살펴보면, 소득세와 법인세, 부가가치세 등 11개 세목에서 추가경정예산 대비 초과수납된 반면, 관세와 교육세, 주세 등 3개 세목에서 추가경정예산 대비 과소수납되었다. 2016년과 유사하게[321] 2017년에도 소득세, 법인세 및 부가가치세의 본예산 대비 초과세수는 20.2조 원으로

---

321. 2016년에는 3대 세목의 본예산 대비 초과세수가 전체 초과세수 19.6조 원의 89.3%인 17.5조 원에 달했음.

전체 초과세수 23.1조 원의 87.2%를 차지하고 있으며, 이들 3대 세목의 본예산 대비 세수오차율은 11.1%로 2016년(10.6%[322])보다 0.5% 포인트 더 높아졌다.

2) 최근 국세 세수오차 현황

국회가 예산안 및 결산 심사과정에서 예산 편성 과정에서의 세수오차 발생 문제에 대하여 지속적으로 지적하고 있고,[323] 2016년 결산에서도 "기획재정부는 국세수입 편성의 전제가 되는 국내외 경제지표 예측의 정확도를 제고하고 3대 세목 등 오차가 큰 세목을 중심으로 세수추계방식을 개선할 것"을 시정요구(제도개선)하였음에도 세수추계 부정확성 문제는 개선되지 않고 있다.

본예산의 경우 2013년 이후 세수오차 및 세수오차율이 급증하여 2015년을 제외하고는 매년 세수오차가 10조 원, 세수오차율이 5%를 초과하고 있다.

2010년 이후 연도별 국세세입 본예산 및 수납실적 현황

(단위 : 조 원, %)

구분	2010년	2011년	2012년	2013년	2014년	2015년	2016년	2017년
본예산(A)	170.5	187.6	205.8	216.4	216.5	221.1	222.9	242.3
실적(B)	177.7	192.4	203.0	201.9	205.5	217.9	242.6	265.4
초과세수(C=B−A)	7.3	4.7	△2.7	△14.5	△10.9	△3.3	19.6	23.1
세수오차율(C/A)	4.3	2.5	△1.3	△6.7	△5.1	△1.5	8.8	9.5

자료 : 기획재정부

---

322. 3대 세목의 2016년 본예산 대비 초과세수 17.5조 원 ÷3대 세목 2016년 본예산 164.9조 원
323. 2013년, 2014년, 2015년 국회 결산 시정요구사항, 2015년, 2017년, 2018년 예산안 및 2013년, 2016년 추가경정예산안 기획재정위원회 심사보고서 부대의견 참조

추가경정예산의 경우에도 세입경정이 이루어졌던 경우 세수오차가 0.5조 원 이내였던 2009년 이전과 달리 최근 5년 이내에 세입경정이 이루어졌던 4개 연도의 세수오차는 2.2조 원~14.3조 원으로 확대되었고, 2015년을 제외하고는 세수오차 규모도 증가하고 있으며(2013년 8.5조 원 → 2016년 9.8조 원 → 2017년 14.3조 원), 세수오차 규모가 세입경정액(2013년 △6.0조 원, 2016년 9.8조 원, 2017년 8.8조 원)을 초과하는 현상이 반복되고 있다.

2003년 이후 세입경정이 있었던 연도별 국세수입 현황

(단위 : 조 원)

연도	본예산 (A)	추경예산 (B)	실적 (C)	세입경정액 (B-A)	본예산 대비 초과세수 (C-A)	추경예산 대비 초과세수 (C-B)	추경안 제출일	추경안 의결일
2003년	113.6	114.9	114.7	1.3	1.0	△0.3	6. 5.	7. 15.
2005년	130.6	127.0	127.5	△3.6	△3.1	0.4	9. 30.	11. 16.
2009년	175.4	164.0	164.5	△11.4	△10.9	0.5	3. 30.	4. 29.
2013년	216.4	210.4	201.9	△6.0	△14.5	△8.5	4. 18.	5. 7.
2015년	221.1	215.7	217.9	△5.4	△3.3	2.2	7. 6.	7. 24.
2016년	222.9	232.7	242.6	9.8	19.6	9.8	7. 26.	9. 2.
2017년	242.3	251.1	265.4	8.8	23.1	14.3	6. 7.	7. 22.

자료 : 기획재정부

3) 2017년 과도한 초과세수 발생의 원인

2017년 본예산 대비 초과세수가 23.1조 원이나 발생한 원인은 다음과 같다.

첫째, 세입예산 편성의 전제가 되는 정부의 경제전망이 정교하지 못하였다. 2017년 국세세입 세수추계에 활용된 주요 경제지표를 살펴보면, 경상성장률과 GDP Deflator(디플레이터), 민간소비 증가율, 수출, 수입, 회사채 이자율 등 상당수의 경제지표들이 당초 전망치 대비 높은 실적을 기록함에 따라 세수오차를 유발하였다. 특히 2017년 실질성장률(3.1%)은 2017년 본예산 전망치(3.0%)와 거의 일치하였음에도 GDP Deflator가 당초 전망치 1.1%의 2배가 넘는 2.3%를 기록함에 따라, 국세세수 규모에 큰 영향을 미치는 경상성장률은 5.4%로 당초 본예산 전망치 4.1%보다 1.3% 포인트나 높아져 오차율이 31.7%에 달하고 있다. 이와 같이 GDP Deflator와 같은 물가수치는 실제 각종 조세의 과세표준이 되는 명목치 (Nominal Value)에 영향을 미친다는 점에서 GDP Deflator의 과소예측은 세입예산의 과소추계를 발생시키는 주요한 요인이 된다.

2017년도 주요 경제지표 전망치 및 실적치 현황

(단위 : %, 억 달러, % 포인트)

구분	2017년 본예산 전망(A)	2017년 추경 전망	2017년 실적 (B)	본예산 전망 대비 오차 (C=B-A)	오차율 (C/A)
경상성장률	4.1	3.8	5.4	1.3	31.7
실질성장률	3.0	2.6	3.1	0.1	3.3
GDP Deflator	1.1	1.2	2.3	1.2	109.1
민간소비 증가율	2.1	2.0	2.6	0.5	23.8
명목임금 상승률	3.2	3.5	2.7	△0.5	△15.6
수출	5,140	5,090	5,737	597	11.6
수입	4,464	4,347	4,784	320	7.2
회사채 이자율	1.81	2.1	2.3	0.49	27.1

주) 회사채 이자율은 3년 만기 AA- 기준임.
자료 : 기획재정부

둘째, 국세수입 추계 시 세입결손의 우려가 없도록 보수적으로 편성된 전년도 추가경정예산을 기준으로 예산을 편성하였기 때문이다. 2016년 7월 기준 세수실적이 이미 전년 대비 20.1조 원이나 상회[324]하고 있었던 상황에서 세입결손의 우려가 없도록 세입증가가 확실한 세목에 대하여만 편성된

---

324. 7월 기준 세수실적 : 2015년 135.3조 원, 2016년 155.4조 원

2016년 추가경정예산(232.7조 원)[325]을 기준으로 2017년 국세 세입예산안이 편성(확정액 242.3조 원)됨에 따라 2016년의 추가경정예산 대비 세수오차(9.8조 원)가 2017년의 세수오차 발생에 상당부분 영향을 미친 것으로 보인다. 결과적으로 이와 같은 보수적인 예산편성 행태에 따라 2017년도 국세수입 본예산 242.3조 원은 2016년 국세수납액 242.6조 원에도 미치지 못한 반면, 2017년 국세수입 실적은 전년 대비 큰 폭으로 증가(9.4%, +22.8조 원)함에 따라 과다한 규모의 세수오차가 발생하게 되었다.

2015년 이후 연도별 국세수입 본예산 편성 및 세입실적 증가 현황

(단위 : 조 원, %)

구분	본예산	추경예산	실적	전년도 추경예산 대비 본예산 증감	전년도 세입실적 대비 본예산 증감	전년도 세입실적 대비 세입실적 증감
2015년	221.1	215.7	217.9	−	15.6(7.6%)	12.4(6.0%)
2016년	222.9	232.7	242.6	7.2(3.3%)	5.0(2.3%)	24.7(11.3%)
2017년	242.3	251.1	265.4	9.5(4.1%)	△0.3(△0.1%)	22.8(9.4%)

자료 : 기획재정부

셋째, 당초 기대와 달리 자산시장의 호황이 계속되면서 자산 관련 세수가 2017년에도 호조세를 보였다. 저금리 등으로 양도소득세를 중심으로 자산 관련 세수 여건이 좋았던 2016년에 비하여 2017년에는 자산시장이 안정될 것으로 예측하여 양도소득세와 증권거래세, 종합부동산세 등의 자산 관련 세수를 2016년 추가경정예산과 유사하게 편성하였으나, 부동산 및 주식시장의 호황[326]으로 실제 이들 자산 관련 세목의 수납액은 상당 규모의 초과세수가 발생했던 2016년도 수납액보다도 오히려 높아 이들 3개 세

---

325. 2015년 국세 수납액 217.9조 원에 비하여 불과 14.8조 원 높은 금액임.

326. 부동산 거래량 : 2016년 493.3만 건 → 2017년 552.3만 건, 지가상승률 : 2016년 2.70% → 2017년 3.88%,

KOSPI 평균지수 : 2016년 1,987 → 2017년 2,311

(기획재정부 보도자료, "2017 회계연도 세입·세출 마감 결과", 2018년 2월 9일자)

목에서만 본예산 대비 4.9조 원의 초과세수가 발생하였다.

2017년도 자산 관련 세목별 수납실적 현황

(단위 : 억 원)

세목	2016년		2017년			2017년 본예산 대비 오차(B-A) 및 오차율
	추경예산	실적	본예산(A)	추경예산	실적(B)	
양도소득세	110,548	143,477	109,819	121,097	151,337	41,518(37.8%)
증권거래세	37,955	44,681	40,174	40,174	45,083	4,909(12.2%)
종합부동산세	12,776	12,939	14,149	14,149	16,520	2,371(16.8%)

자료 : 기획재정부

그 밖에 양도소득세와 법인세, 관세 등의 세목에서의 세수추계모형상 문제점과 상속·증여세 신고세액공제 축소[327]에 따른 사전증여 증가 효과 등과 같은 특이요인도 세수오차 발생에 영향을 미친 것으로 보인다.

실제로 기획재정부에 따르면 2017년 경제지표 실적치를 2017년도 국세 세입예산 세수추계모형에 대입할 경우 총국세 전망치는 256.8조 원으로, 실제 수납액 265.4조 원과의 차이는 5.8조 원으로 줄어들게 된다. 즉, 본

2017년 경제지표 실적치를 세수추계모형에 대입할 때의 2017년 국세수입 전망치

(단위 : 억 원)

세목	2017년 본예산(A)	2017년 추경예산	2017년 실적(B)	경제지표 실적치 대입 전망치(C)	경제전망 부정확 오차 (C-A)	세수추계 모형 등 기타 오차 (B-C)
총국세	2,422,618	2,510,766	2,653,849	2,568,492	145,874	85,357
3대 세목	1,811,761	1,894,069	2,013,293	1,952,423	140,662	60,870
소득세	656,873	695,793	750,657	700,352	43,479	50,305
법인세	539,535	572,678	591,766	587,495	47,960	4,271
부가가치세	615,353	625,598	670,870	664,576	38,978	6,294
그 외의 세목	610,857	616,697	640,556	616,069	5,212	24,487

자료 : 기획재정부

---

327. 2016년 이전 10% → 2017년 7% → 2018년 5% → 2019년 이후 3%

예산 대비 세수예측오차 23.1조 원 중 경제전망 부정확에 따른 오차는 전체 오차의 63.1%인 14.6조 원이며, 나머지 8.5조 원은 세수추계모형 및 세법개정 등 특이요인에 따른 오차로 볼 수 있다.

한편, 추가경정예산 기준으로 2017년 14.3조 원의 추가경정예산 대비 세수오차 및 5.7%의 세수오차율은 모두 역대 최대치이다. 본예산 편성 당시 세수전망이 잘못되어 세입경정이 이루어진 것임에도 세입경정액의 1.6배에 달하는 14.3조 원의 추경 대비 초과세수가 발생하였고, 세입경정을 실시한 4개 세목의 초과세수가 전체 초과세수 14.3조 원의 88.6%에 해당하는 12.7조 원에 달하였으며, 소득세, 상속증여세 및 부가가치세의 경우 세입경정액보다 더 큰 규모의 초과세수가 발생하는 등 세입경정을 위한 세수추계도 본예산 때와 마찬가지로 정교하게 이루어지지 못하였다.

2017년 세입경정 실시 세목의 세수실적 현황

(단위 : 억 원, %)

세목	2017년 본예산(A)	2017년 추경(B)	2017년 실적(C)	세입경정액 (B−A)	추경 대비 초과세수 (D=C−B)	오차율 (D/B)
총국세	2,422,618	2,510,766	2,653,849	88,148	143,083	5.7
세입경정 세수 계	1,866,183	1,954,331	2,081,145	88,148	126,814	6.5
소득세	656,873	695,793	750,657	38,920	54,864	7.9
법인세	539,535	572,678	591,766	33,143	19,088	3.3
상속증여세	54,422	60,262	67,852	5,840	7,590	12.6
부가가치세	615,353	625,598	670,870	10,245	45,272	7.2

자료 : 기획재정부

이와 같은 세수오차는 추경 편성 당시 경상성장률 전망치를 본예산 편성 당시의 4.1%에서 3.8%로 0.3% 포인트 하향조정하는 등 정부가 주요 경제지표 전망치를 하향조정함에 따라 각 세목별 세수호조세에도 불구하고 세입경정이 적극적으로 이루어지지 못했기 때문으로 보인다.

2017년도 주요 경제지표 전망치 및 실적치 현황

(단위 : %, 억 달러, % 포인트)

구분	2017년 본예산 전망(A)	2017년 추경 전망(B)	2017. 7. 경제정책방향 전망치	2017년 실적 (C)	추경 편성 당시 전망치 조정(B-A)	추경 전망 오차 (C-B)
경상성장률	4.1	3.8	4.6	5.4	△0.3	1.6
실질성장률	3.0	2.6	3.0	3.1	△0.4	0.5
GDP Deflator	1.1	1.2	1.6	2.3	0.1	1.1
민간소비 증가율	2.1	2.0	2.3	2.6	△0.1	0.6
명목임금 상승률	3.2	3.5	–	2.7	0.3	△0.8
수출	5,140	5,090	–	5,737	△50	597
수입	4,464	4,347	–	4,784	△117	320

자료 : 기획재정부, 관계부처 합동, '새정부 경제정책방향', 2017년 7월 25일

또한 2017년 4월 기준 전년 동기 대비 국세수입 초과세수는 8.4조 원으로 이미 세입경정액(전년 실적 대비 8.5조 원 증가) 수준에 도달한 상태이고, 4월 추가경정예산안 대비 국세수입 진도비(41.9%)도 본예산 대비 19.6조 원의 초과세수가 발생했던 작년(40.0%)보다도 1.9% 포인트가 높아 국세수입이 정부안대로 확정되는 경우 상당한 규모의 초과세수 발생은 불가피해 보였음에도 당시 세수실적 및 진도비 등 시계열상 추세가 제대로 고려되지 못하였다.

4) 과도한 초과세수 발생에 따른 문제점

첫째, 국세 세입예산의 과소편성은 활용 가능한 국가재정 규모를 축소시켜 국가재정의 적극적인 역할을 기대하기 어려운 측면이 있다. 정부는 2017년도 예산안 편성 당시 "대내외 여건 및 경제·사회구조 변화에 적극 대응하는 등 재정이 적극적인 역할을 수행하겠다."면서 "2017년 예산안은 중장기 재정건전성을 훼손하지 않는 범위 내에서 최대한 확장적으로 편성

하였다."고 밝혔다.[328] 그러나 정부는 2017년 국세수입을 2016년 국세 수납실적 242.6조 원에도 못 미치는 수준인 241.8조 원으로 과소하게 편성함으로써 결과적으로 2017년 초과세수 23.1조 원이 2017년도 예산안이 목표로 했던 경기활성화, 일자리 창출 등에 적기에 투자될 수 있는 기회를 놓쳐 경기 회복속도가 늦어지고 고용상황 악화에 대한 정책적인 대응이 지연된 측면이 있으며, 2017년에도 '일자리 창출 및 일자리 여건 개선'을 위하여 추가경정예산을 편성[329]하게 되는 원인을 제공하였다.

둘째, 과도한 규모의 초과세수가 반복적인 추가경정예산 편성 및 재정지출 확대를 유발하여 재정정책의 효과성과 효율성을 저해할 수 있다. 추가경정예산안의 편성 및 이에 대한 국회의 심의는 통상 본예산에 비하여 짧은 기간 내에 이루어지기 때문에 국가 재원의 효율적이고 효과적인 배분을 기대하기 어려울 뿐만 아니라, 예상치 못한 세수초과는 그 다음 연도의 재정지출 증가를 유발하여 재정지출이 경기동행적(Pro-cyclical)으로 운영됨으로써 재정의 경기대응력을 저하시킬 가능성도 있다.[330]

셋째, '국가재정법'상 예상되는 초과세수를 국채 상환에 우선적으로 사용할 수 있음에도[331] 해당 예상 초과세수를 추가경정예산의 편성 재원으로 활용하는 경우 국가의 재정건전성을 약화시킬 수 있다. 실제로 정부는

---

328. 기획재정부 보도자료, "2017년 예산안, '일자리 우선! 경제 활력 우선!'에 역점을 둡니다.", 2016년 8월 30일자
329. 기획재정부 보도자료, "일자리 창출과 일자리 여건 개선을 위한 총 11.2조 원의 추가경정 예산안 편성", 2017년 6월 5일자
330. 1972년부터 2013년까지를 대상으로 회귀분석 결과 전년도 세수오차율 값과 당해 연도 지출 간의 관계를 나타내는 회귀계수는 0.478로, 전년도 세수오차율 값이 커지면 당해 연도 지출이 증가하는 것으로 나타났음. 또한 1980년 이후 경기상승국면에 확장정책이 시행되었던 7개 연도 중 5개 연도에서 전년도의 세수과소추계로 양(+)의 세수오차율이 발생하였음(국회 예산정책처, '2016 회계연도 국세수입 결산 분석', 2017. 8. pp. 47–51).
331. **국가재정법** 제90조(세계잉여금 등의 처리) ① 일반회계 예산의 세입 부족을 보전(補塡)하기 위한 목적으로 해당 연도에 이미 발행한 국채의 금액 범위에서는 해당 연도에 예상되는 초과 조세수입을 이용하여 국채를 우선 상환할 수 있다. 이 경우 세입·세출 외로 처리할 수 있다.

2017년 세계잉여금을 처리하면서 '국가재정법' 제90조에서 정하고 있는 최소한의 의무적 금액만큼만 공적자금상환기금 출연 및 국가채무 상환에 사용하였다.[332] 만약 정부가 2017년도 국세세수를 실제 세수 수준으로 예측하였다면 추가적인 세수를 바탕으로 국채상환계획을 세워 국가채무 일부를 상환할 수도 있었을 것이다.

넷째, 부정확한 국세수입 전망이 반복됨에 따라 중장기 재정운용 목표도 자주 변경되어 재정 목표의 규율성이 약화되고 국민의 재정·조세정책에 대한 신뢰성이 저하될 수 있다. 연도별 국가재정운용계획상 2017년 국세수입 및 재정수입 전망을 살펴보면, 본예산 대비 세수결손이 있었던 2013년~2015년에는 2017년 국세수입 및 재정수입 전망치가 줄어들었다가 초과세수가 발생한 2016년 이후에는 2017년 국세수입 및 재정수입 전망치가 다시 증가하였는데, 2015년 계획 대비 2017년 계획상 국세수입은 18.0조 원, 재정수입은 16.3조 원의 편차가 발생하고 있어 재정운용의 기본방

연도별 국가재정운용계획에 따른 2017년 재정수입·재정지출·국가채무 전망 변동

(단위 : 조 원, %)

구분	2013년 계획	2014년 계획	2015년 계획	2016년 계획	2017년 계획
2017년 국세수입	270.7	254.1	233.1	241.8	251.1
2017년 재정수입	438.3	428.1	406.8	414.5	423.1
2017년 재정지출	400.7	408.4	396.7	400.7	410.1
2017년 국가채무	610.0	659.4	692.9	682.7	669.9

자료 : 기획재정부, 연도별 국가재정운용계획

---

332. 기획재정위원회 수석전문위원, 2018년도 기획재정위원회 소관 제1회 추가경정예산안 및 기금운용계획 변경안 검토보고, 2018. 5. pp. 7-8

2017회계연도 세계잉여금 처리내역

① 세계잉여금 : 10조 422억 원	
② 지방교부세 및 교부금 정산	5조 9,762억 원
③ 공적자금 상환기금 출연	1조 2,198억 원 (①-②)의 30% 이상을 의무적으로 출연해야 함.
④ 국가채무 상환	8,539억 원 (①-②-③)의 30% 이상을 의무적으로 상환해야 함.
⑤ 추경 편성	1조 9,923억 원

자료 : 기획재정부

향과 목표를 제시하는 국가재정운용계획의 재정규율을 크게 약화시키고 있다.

다섯째, 국세 세입예산의 과소편성은 세수규모와 연동된 지방교부세 및 지방교육재정교부금 규모를 축소시킴으로써 지방재정을 약화시키는 요인으로 작용할 수 있다. '지방교부세법'에 따르면 지방교부세는 내국세의 19.24%, 종합부동산세와 담배에 부과하는 개별소비세의 20% 등을,[333] '지방교육재정교부금법'에 따르면 지방교육재정교부금은 내국세의 20.27% 및 교육세 일부 등을 재원으로 하며,[334] 국가는 해당 법률에 따라 회계연도마다 지방교부세 및 지방교육재정교부금을 국가예산에 계상하도록 하고 있다.[335] 국세 세입예산이 과소편성되는 경우 세입예산 규모에 연동되어 계상되는 지방교부세 및 지방교육재정교부금이 과소계상됨에 따라 비록 초과세수가 발생하는 경우 늦어도 다음 다음 연도의 국가예산에 계상하여

---

333. **지방교부세법** 제4조(교부세의 재원) ① 교부세의 재원은 다음 각 호로 한다.

　1. 해당 연도의 내국세(목적세 및 종합부동산세, 담배에 부과하는 개별소비세 총액의 100분의 20 및 다른 법률에 따라 특별회계의 재원으로 사용되는 세목의 해당 금액은 제외한다. 이하 같다) 총액의 1만 분의 1,924에 해당하는 금액

　2. '종합부동산세법'에 따른 종합부동산세 총액

　3. '개별소비세법'에 따라 담배에 부과하는 개별소비세 총액의 100분의 20에 해당하는 금액

　4. 제5조 제3항에 따라 같은 항 제1호의 차액을 정산한 금액

　5. 제5조 제3항에 따라 같은 항 제2호의 차액을 정산한 금액

　6. 제5조 제3항에 따라 같은 항 제3호의 차액을 정산한 금액

334. **지방교육재정교부금법** 제3조(교부금의 종류와 재원)

　② 교부금의 재원은 다음 각 호의 금액을 합산한 금액으로 한다.

　1. 해당 연도의 내국세[목적세 및 종합부동산세, 담배에 부과하는 개별소비세 총액의 100분의 20 및 다른 법률에 따라 특별회계의 재원으로 사용되는 세목(稅目)의 해당 금액은 제외한다. 이하 같다] 총액의 1만 분의 2,027

　2. 해당 연도의 '교육세법'에 따른 교육세 세입액 중 '유아교육지원특별회계법' 제5조 제1항에서 정하는 금액을 제외한 금액

335. **지방교부세법** 제5조(예산 계상) ① 국가는 해마다 이 법에 따른 교부세를 국가예산에 계상하여야 한다.

　지방교육재정교부금법 제9조(예산 계상) ① 국가는 회계연도마다 이 법에 따른 교부금을 국가예산에 계상(計上)하여야 한다.

정산하는 장치를 두고 있음에도 해당 연도의 지방재정수입 규모를 제약하는 문제점이 발생하게 된다.

5) 연례적 초과세수 문제가 주는 시사점

첫째, 과도한 초과세수의 발생은 위와 같은 여러 가지 문제점을 초래한다는 점에서 국세수입 편성의 전제가 되는 국내외 경제전망 및 GDP Deflator 등 경제지표 전망의 현실성을 높일 필요가 있으며, 3대 세목 및 자산 관련 세목 등 오차가 큰 세목을 중심으로 세수추계모형의 적정성을 면밀히 검토할 필요가 있다.

둘째, 경제전망 및 세수추계 과정에서 관련 기관들과의 의견 교류·수렴을 좀 더 실질화할 필요가 있다. 국세청과 관세청, 한국조세재정연구원, 한국은행 등 경제전망 및 세수추계를 위한 관련 기관들 간의 의견 교류를 공식·정례화하고 필요하다면 공청회와 토론회 등을 통하여 민간 전문가들의 의견도 적극적으로 수렴할 필요가 있다. 특히 자체 세수추계모형을 바탕으로 세수추계를 하고 있고 2012년 이후 행정부에 비하여 세수오차가 적게 발생하고 있는 국회 예산정책처와의 의견 교류도 강화할 필요가 있다.

셋째, 내부 또는 외부 점검을 통하여 세수추계방식 및 그 결과물에 대한 평가를 주기적으로 실시할 필요가 있다. 수년마다 주기적으로 행정부의 세수추계방식 및 그 결과물에 대한 심층적인 평가를 실시하고 이를 대외적으로 공개하거나 국회에 보고하도록 하는 등의 방안을 검토할 필요가 있다.

넷째, 세율 인상·인하, 비과세·감면 조정 등 세법개정안 심사 시 현재 및 향후 수년간의 세수여건을 충분히 고려할 필요가 있다. 2016년·2017년과 같이 상당한 규모의 초과세수가 발생하는 경우에는 세수가 충분하다는 점에서 국정과제 수행에 필요한 재원 마련 목적의 세율 인상 필요성은 높지 않다. 오히려 초과세수가 발생하는 경우에는 당초 기대보다 국세가 더 많이 걷힌다는 것을 의미한다는 점에서 일반 국민의 과세 부담을 완화하기 위하여 비과세·감면이나 근로·자녀장려금을 확대하는 방안을 고려해 볼 수 있을 것이다.

4. 조세지출예산의 재정운용적 시사점

1) 현황

'조세특례제한법' 제2조 제8호는 조세특례를 일정한 요건에 해당하는 경우의 특례세율 적용, 세액감면과 세액공제, 소득공제, 준비금의 손금산입(損金算入) 등의 조세 감면과 특정 목적을 위한 익금산입, 손금불산입(損金不算入) 등의 중과세(重課稅)로 정의하고 있다.

조세지출예산은 조세 감면과 비과세, 소득공제, 세액공제, 우대세율적용 또는 과세이연 등의 조세특례에 따른 재정지원을 의미하며, 조세지출예산서는 이 조세지출의 직전 연도 실적과 해당 연도 및 다음 연도의 추정금액을 기능·세목별로 분석한 보고서를 말한다.[336]

정부는 2010년부터 국가재정법에 따라 3개 연도(직전·당해·다음)의 국세 감면 실적과 전망액을 집계 및 분석한 조세지출예산서를 정부예산안과 함께 국회에 제출하고 있다. 조세지출예산서에는 예산서 개요, 조세지출의

---

336. 조세특례제한법 제142조의 2(조세지출예산서의 작성) ① 기획재정부장관은 조세 감면·비과세·소득공제·세액공제·우대세율적용 또는 과세이연 등 조세특례에 따른 재정지원(이하 '조세지출'이라 한다)의 직전 연도 실적과 해당 연도 및 다음 연도의 추정금액을 기능·세목별로 분석한 보고서(이하 '조세지출예산서'라 한다)를 작성하여야 한다.

규모 추이 및 분석, 조세특례 항목별 조세지출 실적치와 전망치에 대한 정보 등이 수록되고 있다.

[조세지출예산서의 내용]

① (조세지출예산제도 개요) 예산제도 및 조세지출에 대한 소개
 * (조세지출의 정의) 조특법상 정의(준거법적 접근)와 OECD 정의(개념적 접근) 소개
 ** (조세지출의 범위) 조특법상 조세지출, 개별세법상 조세지출, 경과조치에 따른 조세지출 등 조세지출 특성 (특정성, 대체가능성, 폐지가능성 등)을 고려하여 결정

② (연도별 조세지출 개요) 국세 감면액 및 국세 감면율의 추이, 당해 연도 및 다음 연도 전망치와 주요 증감 항목 제시

③ (연도별 조세지출 분석) 예산분류기준별, 세목별, 감면방법별, 조세특례제한법 기준별, 조세지출 수혜자별로 지출규모 분석
 – 당해 연도 기준별 조세지출 비중, 직전 연도 대비 변화 등 분석

 ※ '18년 예산서 부록에서는 **조세지출 특성에 따라** 조세지출 항목을 **①적극적 관리대상 ②잠재적 관리대상 ③구조적 지출로 나누어** 제시함으로써, 정비 가능한 조세지출 범위를 명확화

④ (직전 연도 조세지출 정비현황) 직전 연도의 신설, 폐지, 재설계 항목 및 연도별 조세지출 정비 내역 제시

⑤ (조세지출 항목별 내역) 조세특례 항목별 조세지출의 전년도 실적과 당해 연도·다음 연도 전망치 정보 제공

자료 : 기획재정부

조세지출예산서상 조세지출예산서가 제출된 다음 연도의 조세지출 추정 금액은 해당 연도 상반기까지의 신고실적을 기초로 산출된 해당 연도 조세지출 추정금액에 경제성장률·설비투자증가율 등 경제지표, 세목별 탄성치 등을 반영하여 추정하고 있다.

또한 위의 표에서 보듯이 조세지출예산서에는 '연도별 조세지출 분석'에서 예산분류기준별 조세지출 현황 및 분석 내용을 제시하고, '조세지출 항목별 내역'에서 각 조세특례 항목별로 해당 조세특례가 예산분류기준상 어떤 분야에 해당하는지를 명시함으로써 재정지출과 조세지출이 어떻게 연계되고 있는지를 개략적으로 보여주고 있다.

예산분류기준별 조세지출 현황

(단위 : 억 원, %)

예산분류기준		2016년		2017년		2018년	
		실적	비중	전망	비중	전망	비중
1	일반공공행정	23,308	6.22	24,013	6.21	24,764	6.22
2	공공질서 및 안전	–	–	–	–	–	–
3	외교·통일	9	0.00	9	0.00	9	0.00
4	국방	7,661	2.05	6,017	1.56	5,846	1.47
5	교육	12,994	3.47	13,515	3.50	15,013	3.77
6	문화 및 관광	120	0.03	130	0.03	135	0.03
7	환경	6,615	1.77	6,805	1.76	7,108	1.79
8	사회복지	98,554	26.32	101,318	26.21	107,724	27.06
9	보건	47,220	12.61	51,564	13.34	54,239	13.63
10	농림수산	49,465	13.21	49,013	12.68	48,316	12.14
11	산업·중소기업·에너지	111,376	29.75	113,653	29.39	114,328	28.72
12	교통 및 물류	6,183	1.65	5,358	1.39	4,882	1.23
13	통신	–	–	–	–	–	–
14	국토 및 지역개발	10,897	2.91	15,139	3.92	15,648	3.93
15	과학기술	34	0.01	39	0.01	41	0.01
16	예비비	–	–	–	–	–	–
합계		374,436	100.0	386,573	100.0	398,053	100.0

주) 세출예산분류항목 중 2.공공질서 및 안전, 13.통신, 16.예비비는 해당 국세 감면 항목이 없음.
자료 : 2018년 조세지출예산서

(단위 : 억 원, %)

	예산분류	조세지출 내역	16 실적	17 전망	18 전망
1	산업진흥·고도화 (110–114)	**생산성 향상시설 투자 등에 대한 세액공제** • 근거규정 : 조세특례제한법 제24조 • 도입 목적 : 생산성 및 첨단산업과 관련된 시설투자를 적극 지원하여 기업의 생산성 향상 제고 • 수혜자 : 공정개선 및 자동화시설, 첨단기술설비 등에 투자하는 내국인 • 수혜내용 : 투자금액의 3%(중견기업은 5%, 중소기업은 7%) 세액공제 • 적용기한 : '17. 12. 31.	계 4,873 소득세 (12) 법인세 (4,861)	계 3,237 소득세 (14) 법인세 (3,223)	계 2,152 소득세 (15) 법인세 (2,137)
2	노동 (080–086)	**안전설비 투자 등에 대한 세액공제** • 근거규정 : 조세특례제한법 제25조 • 도입 목적 : 사업자의 시설투자비 부담 경감을 통한 안전관리 강화 • 수혜자 : 유통사업을 위한 시설, 산업 재해예방 시설 등에 투자한 내국인 • 수혜내용 : 안전설비시설에 대한 투자 금액의 3%(중견기업은 5%, 중소기업은 7%) 세액공제 • 적용기한 : '17. 12. 31.	계 174.27 소득세 (0.27) 법인세 (174)	계 136.05 소득세 (0.05) 법인세 (136)	계 198.01 소득세 (0.01) 법인세 (198)
3	에너지·자원개발 (110–115)	**에너지절약시설 투자에 대한 세액공제** • 근거규정 : 조세특례제한법 제25조의 2 • 도입 목적 : 투자회수기간이 긴 신재생에너지 설비를 제조하는 시설을 지원함으로써 산업 경쟁력 강화 • 수혜자 : 에너지절약시설에 투자하는 내국인 • 수혜내용 : 투자금액의 1% 세액공제(중견기업 3%, 중소기업 6%) • 적용기한 : '18. 12. 31.	계 2,199 소득세 (8) 법인세 (2,191)	계 2,139 소득세 (7) 법인세 (2,132)	계 2,082 소득세 (7) 법인세 (2,075)
4	환경보전일반 (070–076)	**환경보전시설 투자에 대한 세액공제** • 근거규정 : 조세특례제한법 제25조의 3 • 도입 목적 : 환경오염 방지시설 설치 활성화를 통한 환경오염물질 발생 저감 • 수혜자 : 환경보전시설에 투자한 내국인 • 수혜내용 : 환경보전시설에 대한 투자금액의 3% 세액공제(중견기업 5%, 중소기업 10%) • 적용기한 : '18. 12. 31.	계 444 소득세 (1) 법인세 (443)	계 479 소득세 (2) 법인세 (477)	계 506 소득세 (3) 법인세 (503)
		이하 생략			

자료 : 2018년 조세지출예산서

한편, '국회법' 제79조의 2 제3항[337]에 따라 정부는 세법개정안의 시행에 수반될 것으로 예상되는 비용에 대한 추계서를 해당 법안에 첨부하여 제출하고 있다. 정부가 제출한 2017년 세법개정안의 연도별 세수효과는 2018년 1조 710억 원, 2019년 4조 9,756억 원 등 5년간 5조 4,565억 원이다. 기획재정부는 법령상 해당 제도를 도입·개선하지 않았더라면 발생하지 않았을 세수 증감분을 비용추계서상 세수효과로 추계하고 있다.

2017년 세법개정안에 따른 연도별 세수효과

(단위 : 억 원)

구분	2018년	2019년	2020년	2021년	2022년 이후	합계
합계	10,710	49,756	△4,726	△2,335	1,160	54,565
소득세	6,124	14,499	705	△640	1,160	21,848
법인세	1,149	31,876	△5,733	△1,695		25,597
부가가치세	△493	72	52	–	–	△369
기타 세목	3,930	3,309	250			7,489

자료 : 기획재정부

2) 문제점

2017년 세법개정안 비용추계서상 세수효과를 작성할 때 2017년 상반기까지의 신고실적을 기초로 산출된 2018년도 조세지출예산서상 2018년 조세지출 전망액을 활용하지 않아 세법개정안에 따른 조세지출 증가 규모를 과소추정하는 등의 문제점이 발생하고 있다.

정부가 2017년 9월 1일에 제출한 '조세특례제한법 일부개정법률안'의 비용추계서상 세수효과를 살펴보면, 다음과 같이 2018년 조세지출예산서상

---

337. 국회법 제79조의 2(의안에 대한 비용추계 자료 등의 제출) ③ 정부가 예산 또는 기금상의 조치를 수반하는 의안을 제출하는 경우에는 그 의안의 시행에 수반될 것으로 예상되는 비용에 대한 추계서와 이에 상응하는 재원조달방안에 관한 자료를 의안에 첨부하여야 한다.

2018년 조세지출 전망액과 다르게 세수효과가 제시된 개정사항이 상당수 발견되고 있다.

첫째, 조세특례의 적용기한을 연장하는 아래 표의 6건의 개정사항은 2018년 조세지출예산서상 2018년 조세지출 전망액이 제시되어 있음에도, 조세지출 규모에 대한 추정이 힘들다는 이유로 비용추계서상 세수효과를 추정곤란으로 표시하였다. 해당 6건의 개정사항에 대하여 2018년 조세지출 전망액을 활용하여 세수효과를 산정하면 향후 5년간(2018년~2022년) 조세지출 규모가 1조 649억 원에 달한다. 아래의 개정사항 중 '조합법인 등에 대한 법인세 과세특례', '고유목적사업준비금 손금산입 특례'(2014년 세법개정), '외국인관광객 미용성형 의료용역에 대한 부가가치세 환급 적용기한 연장'(2015년·2016년 세법개정)의 경우 종전의 세법개정안 비용추계

2018년 조세지출 전망액이 존재함에도 비용추계서상
세수효과를 추정곤란으로 표시한 개정사항 현황

(단위 : 억 원)

구분	연장기간	비용추계서		2018년 조세지출예산서		차액 (B-A)
		연간	연장기간 전체(A)	2018년 전망치	연장기간 전체(B)	
창업자 등에의 출자에 대한 과세특례의 적용기한 연장(§14)	3년	추계곤란	추계곤란	△31	△93	△93
조합법인 등에 대한 법인세 과세특례의 적용기한 연장(§72)	3년			△2,580	△7,740	△7,740
공무원연금공단 등에 대한 고유목적사업준비금 손금산입 특례 적용기한 연장(§74)	2년			△810	△1,620	△1,620
온실가스배출권 부가가치세 면제 적용기한 연장(§106①5)	3년			△305	△915	△915
시내버스용 전기버스 부가가치세 면제 적용기한 연장(§106①9의 2)	3년			△15	△45	△45
외국인관광객 미용성형 의료용역에 대한 부가가치세 환급 적용기한 연장(§107의 3①)	2년			△118	△236	△236
합계				−	△10,649	△10,649

자료 : 기획재정부

서에서는 구체적으로 세수효과를 제시했었다는 점에서 올해 비용추계서상 추정곤란으로 표시한 것은 세법개정안 세수추계의 부정확성을 높이는 요인이 된다.

둘째, 조세특례의 적용기한을 연장하는 아래 표의 9건의 개정사항은 2018년 조세지출예산서상 2018년 조세지출 전망액이 제시되어 있음에도 과거의 추계정보인 2017년 조세지출예산서에 따른 2016년 조세지출 전

2017년 조세지출예산서상 전망치를 세수효과 산출에 사용한 조특법 개정사항 현황

(단위 : 억 원)

구분	연장기간	비용추계서		2018년 조세지출예산서		차액 (B-A)
		연간	연장기간 전체(A)	2018년 전망치	연장기간 전체(B)	
중소기업창업투자조합 출자 등에 대한 소득공제 적용기한 연장 및 적용대상 확대(§16)	3년	△134	△402	△205	△615	△213
개발제한구역 내 토지 등 양도에 대한 양도소득세 감면 적용기한 연장(§77의 3)	3년	△45	△135	△33	△99	36
농어가목돈마련저축 비과세 적용기한 연장(§87의 2)	3년	△94	△282	△111	△333	△51
농·축산·임·어업용 기자재에 대한 부가가치세 영세율 적용기한 연장(§105①)	3년	△14,933	△44,799	△15,139	△45,417	△618
농어민이 직접 수입하는 농·축산·어업용 기자재에 대한 부가가치세 면세 적용기한 연장(§106② 9)	3년	△46	△138	△49	△147	△9
전기 자동차에 대한 개별소비세 감면 연장(§109④)	2년	△103.5	△207	△148	△296	△89
벤처기업 등 출자 관련 증권거래세 면제 적용기한 연장(§117)	3년	△52	△156	△24	△72	84
농협 전산용역 부가가치세 면제 적용기한 연장 (§121의 23⑩)	3년	△408	△1,224	△443	△1,329	△105
금 현물시장에서 거래되는 금지금에 대한 과세특례 적용기한 연장(§126의 7)	2년	△5.5	△11	△2	△4	7
합계		-	△47,354	-	△48,312	△958

자료 : 기획재정부

망치를 사용하여 세수효과를 추계하였다. 9건의 해당 개정사항에 대하여 2018년 조세지출 전망액을 활용하여 향후 5년간 세수효과를 산정하면 조세지출 규모가 비용추계서에서 제시된 금액보다 958억 원이 더 늘어나게 된다.

이 외에도 '양도소득세 감면대상 축사용지 면적한도 폐지 및 일몰 연장(법 제69조의 2)'의 경우 2018년 조세지출예산서상 2018년 조세지출 전망액 80억 원이 아닌 2017년 조세지출예산서상 2016년 조세지출 전망액 43억 원을 기초로 세수효과를 산출하여 3년간 총세수효과를 124억 원[338] 과소추정하였고, '월세 세액공제율 인상(법 제95조의 2)'의 경우 2018년 조세지출예산서상 2018년 조세지출 전망액 694억 원이 아닌 2017년 조세지출예산서상 2015년 조세지출 실적치 415억 원을 기초로 세수효과를 산출하여 4년간 총세수효과를 220억 원[339] 과소추정하였다.

이처럼 정부가 제출한 '조세특례제한법 일부개정법률안' 비용추계서상 세수효과를 최신의 추계치인 2018년 조세지출예산서상 2018년 조세지출 전망액을 활용하지 않음에 따라 향후 5년간의 세수효과가 총 1조 1,951억 원[340] 과소추정된 것으로 나타난다. 이는 해당 개정안의 비용추계서상 5년간 총세수효과인 △16조 3,339억 원의 7.3%에 해당하는 금액이다.

이뿐만 아니라 세법개정안 비용추계서와 조세지출예산서는 국회 제출 시기가 동일함에도[341] 동일한 조세지출에 대하여 조세지출 규모를 다르게 표시함으로써 재정정보로서의 신뢰성을 훼손하고 있고, 세입예산안 및 세법

---

338. (80억 원 − 43억 원) ×[1 + 0.12(감면대상 증가율)] ×3년 ≒ 124억 원
339. (694억 원 − 415억 원) ×2/10(현행 세액공제율 대비 세액공제율 인상분) ×4년 ≒ 220억 원
340. 세수효과 추정곤란 표시 1조 649억 원 + 과거 전망치 사용 958억 원 + 월세 세액공제율 인상 등 2건의 조세특례 과소추정 규모 344억 원 = 1조 1,951억 원
341. 세법개정안은 정부의 세입예산안 편성의 전제가 됨에 따라 정부는 세법개정안을 예산안과 함께 국회에 제출하고 있음(2017년의 경우 9월 1일에 제출).

개정안에 대한 국회의 심도 있는 심사를 어렵게 한다. 특히 앞에서 설명한 '양도소득세 감면대상 축사용지 면적한도 폐지'에 따른 2018년도 세수효과 △10억 원[342]은 2018년도 세입예산안에 전혀 반영되지 않았으므로, 해당 세수효과를 반영하여 2018년도 양도소득세 세입예산안(10조 3,717억 원)을 10억 원 감액할 필요가 있다.[343]

한편, 조세지출예산서에서는 각 조세특례 항목별로 해당 조세특례가 예산분류기준상 어떤 분야에 해당하는지만 제시하고 있을 뿐 해당 조세특례와 연관되어 있거나 유사한 재정지출 사업이 구체적으로 어떤 사업인지는 알 수 없어 세출예산과 조세지출예산 간 연계성 및 중복성 여부를 분석하는 데에는 한계가 있다.

3) 개선방안

정부는 세법개정안 비용추계서 작성 시 해당 연도에 함께 작성·제출하는 조세지출 예산서상 최신의 조세지출 전망액을 이용함으로써 세법개정안 세수효과 추계의 불확실성을 낮추고 세입예산안 및 세법개정안 심사의 실효성을 높여야 할 필요가 있다. 또한 세법개정안 비용추계서상 세수효과와 조세지출예산서상 세수 전망치가 불일치하는 근본적인 원인을 분석하여 비용추계서와 조세지출예산서의 연계성을 강화하고 세수추계의 일관성을 제고할 수 있는 개선방안을 마련할 필요가 있다.

---

342. 2018년 조세지출전망액 80억 원 ×감면대상 증가율 0.12 = 9.6억 원
343. 이와 달리 일몰 연장의 경우 세법개정이 없으면 해당 조세지출이 종료되므로, '세법개정안 비용추계서'상에서는 조세지출이 일몰된 경우를 비교대상으로 하여 일몰 연장에 따른 세수효과가 발생하는 것으로 표시함. 그러나 '세입예산안 세법개정 세수효과' 추계 시에는 세법개정으로 2017년에 운용되던 조세지출이 2018년 이후에도 계속 유지된다는 점을 감안하여, 일몰 연장은 세수에 영향이 없는 것으로 봄.

또한 기획재정부는 조세지출에 대한 부처별 자율평가[344]를 통하여 각 조세지출별로 유사성이 있는 재정지출사업을 파악할 수 있는 만큼,[345] 국회가 재정지출과 조세지출 간 연계성 및 중복성 여부를 심사할 수 있도록 조세지출예산서에도 각 조세항목별로 관련 재정지출사업에 관한 정보를 명시해야 할 것이다.

4) 국회의 최종 심사 결과와 논거

기획재정위원회 예산결산기금심사소위원회에서는 전문위원의 검토의견에 따라 "정부가 세법개정안 세수효과 추계의 신뢰성을 제고하고 세입예산안 및 세법개정안 심사의 실효성을 높이기 위하여 해당 연도에 함께 작성·제출하는 조세지출예산서상 조세지출 전망액을 활용하여 세법개정안 비용추계서를 작성할 것"을 부대의견으로 채택하였다.

5) 향후 쟁점과 논의 전망

기획재정위원회의 2018년 예산 부대의견에 따라 기획재정부는 정부 세법개정안 비용추계서 세수효과 작성 시 조세지출예산서 내용을 충실히 반영하여 작성함으로써 세법개정안 비용추계의 정확도를 높이고 조세지출예산서와 세법개정안 심사의 연계성을 강화할 예정이다. 다만, 세법개정에 따

---

344. 조세특례제한법 제142조(조세특례의 사전·사후관리)
③ 대통령령으로 정하는 조세특례사항에 대하여 중앙행정기관의 장은 조세 감면으로 인한 효과분석 및 조세 감면제도의 존치 여부 등에 대한 의견을 매년 4월 30일까지 기획재정부장관에게 제출하여야 한다.
345. 기획재정부는 2018년 조세지출기본계획에서 부처별 자율평가를 통하여 재정사업과 조세지출과의 중복 여부에 대하여 집중 점검하겠다고 밝혔음.

른 세수효과는 해당 조세특례에 대한 조세지출예산서 실적이 있어도 개정 내용에 따라 예측이 어려운 경우가 있을 수 있다는 점은 한계로 지적된다.

또한 세법개정안 비용추계서에 반영된 세수효과는 세입예산안에도 반영된다는 점에서 각 세목별 세입예산안 규모에 대한 검토 · 심사 시 조세지출예산서상 조세지출 규모와의 비교를 통하여 세입예산안에 반영된 세법개정 세수효과의 적정성에 대하여 면밀한 검토가 이루어질 필요가 있다.

제6장

2017년 국회 세법
심사의 주요 결과

1. 심사경과

국회는 2017년 12월 본회의에서 납세자 권리보호 강화, 소득재분배 개선 및 과세형평 제고 등을 위한 세제개편 내용을 담은 '국세기본법 일부개정법률안(대안)', '소득세법 일부개정법률안(대안)' 등 15건의 세법개정안을 의결했다.

이를 위하여 기획재정위원회 조세소위원회는 작년 11월 15일부터 30일까지 9차례 회의를 개최하여 386건의 법안을 놓고 연일 자정에 가까운 시간까지 열띤 토론과 심사를 진행하였다.

다음은 작년(2017년)에 의결된 세법개정안 중 납세자의 권리보호 강화 및 민생경제 안정을 위한 세법개정사항 중 뜨거운 쟁점이 되었던 내용을 중심으로 소개하고자 한다.

2. 주요 결과

1) 국세청 '납세자보호위원회' 설치 등 납세자 권리보호 강화

우선 금번 개정에서는 납세자 권리보호 강화를 위하여 국세청에 납세자보호위원회를 신설하는 등 다양한 제도적 장치를 마련하였다.

첫째, 지방국세청과 세무서에만 설치되어 있던 납세자보호위원회를 국세청에도 설치하여 지방국세청과 세무서 납세자보호위원회의 심의를 거친 결정에 대해 국세청 납세자보호위원회에 재심을 청구할 수 있도록 재심청구권을 부여함으로써 납세자의 권리가 보다 두텁게 보호될 수 있도록 하였다.

또한 기존 납세자보호위원회의 심의대상을 확대하고, 심의과정에서 납세자가 직접 납세자보호위원회에 출석해 권리침해 사실에 대한 의견의 진술도 가능하도록 하여 보다 객관적이고 공정한 심의가 이루어질 수 있도록 하였다.

둘째, 세무조사와 관련해서 세무조사 사전통지 기간을 현행 10일 전에서 15일 전으로 연장하고, 부득이하게 사전통지를 생략한 후 세무조사를 착수하는 경우에는 사전통지 생략 사유 등을 기재한 통지서가 교부되도록 함으로써 세무조사의 절차적 정당성이 제고될 수 있도록 하였다.

셋째, 세무조사 결과 통지 기한(20일)을 명확히 규정하고, 세무조사와 관련한 구체적인 내용이 포함된 조사 결과를 세무공무원이 직접 납세자에게 설명하고 이를 통지하도록 함으로써 세무조사에 대한 투명성과 신뢰도를 제고하여 납세자의 권리를 보다 강화할 수 있을 것으로 보인다.

2) 일자리 지원 강화 등 민생경제 안정을 위한 세제지원 확대

금번 개정에서는 양질의 일자리를 확충하기 위하여 조세지원제도를 일자리 중심으로 개편하고, 서민과 중산층에 대한 세제지원을 적극 확대하는 등 민생경제 안정에 초점을 둔 세제지원 방안을 마련하였다.

첫째, 기업의 일자리 창출을 지원하기 위하여 투자와 무관하게 고용을 증대한 경우에도 중소기업 등에 대하여 세액공제혜택을 부여하는 고용증대세제를 신설하였고, 사회보험 신규 가입자에 대하여 중소기업이 부담하는 사회보험료를 세액공제하는 제도를 마련하였으며, 경력단절여성을 재고용하는 경우 세액공제를 확대하는 등 고용취약계층에 대한 고용지원도 강화하였다.

둘째, 영세자영업자에 대한 세제지원을 강화하기 위하여 면세농산물 등에 대한 의제매입세액 공제율을 108분의 8에서 109분의 9로, 중고자동차의 부가가치세 의제매입세액 공제율을 109분의 9에서 110분의 10으로 상향조정하였고, 일반택시 운송사업자의 부가가치세 납부세액 경감율을 95%에서 99%로 확대하였다.

셋째, 서민과 중산층의 가계부담을 경감하기 위하여 근로장려금 지급액을 10% 상향조정하였고, 총급여액이 5,500만 원 이하인 근로소득자에 대한 월세 세액공제율을 10%에서 12%로 인상하였으며, 전통시장·대중교통 사용분에 대한 신용카드 소득공제율을 30%에서 40%로 인상하였고, 총급여 7천만 원 이하인 근로소득자의 도서·공연사용분에 대한 30%의 추가 공제를 신설하였다.

넷째, 소득재분배 및 과세형평 제고를 위하여 소득세 최고세율을 40%에서 42%로 2% 포인트 인상하였고, 과세표준 3천억 원 초과 구간을 신설하여 해당 구간의 법인세율을 22%에서 25%로 3% 포인트 상향조정하였으며, 대주주의 주식 양도소득 3억 원 초과분에 대한 세율을 20%에서 25%로 높이고, 상속·증여세 신고세액공제를 7%에서 2018년 5%, 2019년 3%로 하향조정함으로써 고소득자의 세 부담을 적정화하고자 하였다.

3) 2017 세법개정의 의의 및 향후 과제

작년(2017년) 세법개정은 고용 없는 성장이 지속되고 양극화가 심화되는 가운데 일자리 확대와 소득재분배 개선에 중점을 두고 서민과 중산층에 실질적인 도움이 되는 세제개편 내용을 담고 있으며, 납세자의 권익을 강화하기 위한 많은 제도개선이 이루어졌다는 점에서 긍정적으로 평가할 수 있다.

그러나 2018년 3월 청년 실업률이 11.6%에 이르는 등 청년실업 문제가 더욱 심각해짐에 따라 청년고용 및 창업 지원을 위한 세제혜택을 강화하는 내용의 '조세특례제한법 일부개정법률안'(대안)이 5월 17일 기획재정위원회에서 의결되었으며, 이 외에도 심도 있는 논의가 필요한 부동산 세제 개편과 근로소득세 면세자 축소, 근로·자녀장려금 개편, 면세점제도 개선, 비과세·감면 정비 등의 현안이 산적해 있는 상황이다.

또한 국세청 납세자보호위원회 등 작년 세법개정으로 도입된 납세자 권리보호제도들의 효과성[346]을 검토하고 추가적인 개선이 필요한 경우 보완방안 등을 마련할 필요가 있다.

---

346. 〈국회보〉 6월호, 기재위 수석전문위원 기고문. 직접 인용

제7장

2018년 정기국회 세법심사의 주요 쟁점

1. 의원발의 세법개정안

1) 소득세법

(1) 임의가입자인 배우자 등 연금보험료 공제 허용

- 추경호 의원('16. 6. 15.), 김광수 의원('16. 12. 8.)
- 소득이 없는 배우자나 직계비속·입양자가 국민연금에 자발적으로 가입하여 납입한 연금보험료에 대해서도 소득이 있는 거주자가 종합소득 금액에서 공제를 받을 수 있도록 함.
- 임의가입자인 배우자 등에 대한 연금보험료 공제 허용의 필요성 및 타당성 여부에 대한 논의 필요

(2) 신문구독비용 특별소득공제 신설

- 윤관석 의원('16. 6. 17.)
- 근로소득이 있는 거주자가 신문을 구독하기 위하여 지출한 비용에 대해 연간 30만 원까지 근로소득 금액에서 공제

- 신문구독비용에 대한 특별소득공제 신설의 조세형평성 및 공제의 실효성 여부에 대한 논의 필요

(3) 지방소득세의 비례세율 변경을 위한 소득세율 조정

- 백재현 의원('16. 7. 13.)
- 개인지방소득세를 3% 단일세율 비례세 구조로 전환하는 것을 전제로 하여, 국민의 세 부담이 증가하지 않도록 소득세 세율을 6%~38%에서 3.6%~38.8%로 변경함.
- 국세세수의 지방세 이전을 위한 소득세율 조정의 적정성 여부에 대한 논의 필요

(4) 기본공제대상 직계비속 등 연령기준 상향조정

- 김학용 의원('16. 8. 25.), 권칠승 의원('18. 3. 30.)
- 직계비속 또는 형제자매의 기본공제 연령 기준을 현행 20세 이하에서 25세 이하로 높이고, 부양비용이 들어간다고 보기 어려운 군복무 중인 직계비속은 기본공제 대상에서 제외
- 기본공제대상 직계비속 등 연령 상향의 적정성 여부에 대하여 외국 입법례 등을 감안하여 논의 필요

(5) 직계존속을 교육비 세액공제 대상에 추가

- 박명재 의원('17. 6. 5.)
- 직계비속과 달리 교육비 세액공제대상에서 제외되어 있는 직계존속을 교육비 세액공제 대상에 추가함.
- 교육비 세액공제대상에 직계존속 포함에 따른 조세형평성 및 실효성 여부에 대하여 외국 입법례 등을 감안하여 논의 필요

(6) 소득세 과세표준에 대한 물가연동제 도입

- 이언주 의원('17. 9. 14.)
- 물가상승에 따른 중산층의 소득세 부담을 완화하기 위하여 소비자물가 지수를 기준으로 하여 매년 종합소득과세표준 구간을 조정
- 최근 물가 수준, 계층별 세 부담 수준 등을 고려하여 소득세 과세표준 에 대한 물가연동제 도입의 적정성에 대한 논의 필요

(7) 기부금 특별세액공제율 인상 및 고액기부 기준 하향조정

- 정갑윤 의원('18. 2. 9.)
- 개인기부자에 대한 기부 활성화를 위해 세액공제율을 현행 15%에서 24%로 상향조정하고, 고액기부의 기준을 2천만 원에서 1천만 원으로 낮추어 38%의 세액공제율을 적용
- 기부금 특별세액공제율 인상 및 고액기부 기준 하향조정의 필요성 및 기부 증가에 미치는 효과성 등에 대하여 논의 필요

(8) 사업자에 대한 의료비 세액공제 허용

- 원유철 의원('18. 5. 30.)
- 수입금액이 일정 규모 이하인 자영업자에 대해서도 근로소득자와 동일 하게 의료비 세액공제 허용
- 사업자에 대한 의료비 세액공제 허용의 조세형평성 부합 여부에 대하여 논의 필요

(9) 과세표준 8,800만 원 이하 소득세율 인하

- 정갑윤 의원('18. 7. 9.)
- 8,800만 원 이하의 과표구간별 세율을 각각 2% 포인트씩 인하함.

- 최근 세수여건, 소득세 최고세율 상승 추세 등을 고려하여 중·저소득자에 대한 소득세율 인하의 적정성에 대한 논의 필요

(10) 임의가입자인 배우자 등 연금보험료 공제 허용

- 추경호 의원('16. 6. 15.), 김광수 의원('16. 12. 8.)
- 소득이 없는 배우자나 직계비속·입양자가 국민연금에 자발적으로 가입하여 납입한 연금보험료에 대해서도 소득이 있는 거주자가 종합소득금액에서 공제를 받을 수 있도록 함.
- 임의가입자인 배우자 등에 대한 연금보험료 공제 허용의 필요성 및 타당성 여부에 대한 논의 필요

2) 법인세법

(1) 법인세율 인하

- 강효상 의원('18. 4. 11.), 추경호 의원('18. 4. 12.)
- 법인세율을 2017년도 말 인상 이전과 같은 과세표준 3단계로 환원하여 세율을 낮추거나 과세표준을 2억 이하와 2억 초과인 2단계로 하고 2억 이하의 세율은 8%, 2억 초과에는 20%의 세율을 적용하는 등 세율인하
- 2017년도 말 세율인상으로 인한 기업의 경쟁력이 저하되고 있으므로 성장잠재력 확충을 위해서는 인상된 법인세율의 인하가 필요하다는 지적이 있는 반면, 2017년 말 세율인상이 과표를 복잡하게 하는 반면, 세율인상의 효과가 미흡하므로 추가적인 세율 인상이 필요하다는 입장이 대립할 것으로 전망

(2) 법인이 사회적기업에 대한 기부 시 이를 법정기부금으로 취급

- 박정 의원('18. 1. 15.)
- 사회적기업 중 대통령령으로 정하는 요건을 갖춘 법인의 사회서비스 또는 일자리 제공사업을 위해 지출하는 기부금에 대해서는 법정기부금으로 취급
- 다른 비영리법인 및 영리법인과의 형평성 문제 및 예산지원에 더한 추가적인 지원의 효과성 여부 등

3) 상속세 및 증여세법

가업상속공제제도 적용대상 축소 및 사후관리요건 완화

- 박광온 의원('16. 8. 4.), 박주현 의원('16. 10. 21.), 정갑윤 의원('18. 1. 24.)
- 가업상속공제제도의 적용대상을 축소하고(박광온·박주현 의원안), 사후관리요건을 완화함(박주현·정갑윤 의원안).
- 가업상속공제제도의 적용대상 축소 및 사후관리 요건 완화의 필요성 여부에 대한 논의 필요

4) 관세법

보세판매장 특허심사위원회의 구성 및 평가기준을 법률로 상향

- 김현미 의원('17. 3. 22.), 김민기 의원('17. 5. 31.), 박인숙 의원('17. 6. 13.)
- 보세판매장 특허 평가기준을 법률로 상향하고(김현미·김민기·박인숙 의원안), 특허심사위원회 구성을 법률로 상향 규정하고, 특허심사위원

회의 명단을 공개하며(김현미·김민기 의원안), 보세판매장별 영업이익 등을 국회에 보고하도록 함(박인숙 의원안).

- 보세판매장 특허심사위원회 및 평가기준을 법률로 상향 규정하는 것에 대한 타당성 여부 등을 논의할 필요

5) 부가가치세법

간이과세 적용 기준 금액의 상향조정

- 이훈 의원('16. 7. 6.), 이찬열 의원('16. 8. 19.), 박준영 의원('16. 9. 27.), 정인화 의원('17. 1. 25.), 김철민 의원('17. 2. 3.), 나경원 의원('17. 4. 3.), 서영교 의원('17. 11. 2.), 정갑윤 의원('18. 4. 10.), 백승주 의원('18. 6. 29.)
- 세금계산서의 작성교부·제출, 신고·납부 등 제반의무를 단순화하고 업종별 부가가치율을 곱한 금액의 10%를 납부세액으로 하는 등의 혜택을 부여하고 있는 간이과세 적용 기준 금액을 상향조정
- 간이과세 적용 금액 상향 시, 세금계산서 작성 유인 감소에 따른 세금 탈루 가능성 증대 및 과세기반 축소 등을 고려한 간이과세 기준금액 상향의 필요성 및 규모에 대한 논의가 필요

6) 조세특례제한법

<소득세 분야>
(1) 개인종합자산관리계좌 비과세 적용대상자 축소
- 박주현 의원('16. 10. 24.)
- 개인종합자산관리계좌의 비과세 혜택을 총급여 5천만 원 이하 근로자와 종합소득 3천500만 원 이하 사업자로 한정함.

- 개인종합자산관리계좌 비과세제도의 도입 목적 및 비과세 혜택을 강화하고자 하는 최근 입법추세에 비추어 볼 때 적용대상자 축소의 적정성 여부에 대한 논의 필요

(2) 소기업·소상공인 공제 장기가입자 임의 해지 시 퇴직소득 과세

- 김기선 의원(17. 7. 11.)
- 납입월수가 120개월 이상인 장기가입자에 대해서는 임의 해지 시에도 지급받는 공제금에 대해 기타소득세가 아닌 퇴직소득세로 과세
- 소기업·소상공인 공제 장기가입자에 대한 임의 해지 시 퇴직소득 과세의 조세형평성 부합 여부에 대한 논의 필요

(3) 국내 여행경비에 대한 세액공제 신설

- 염동열 의원(17. 9. 7.)
- 숙박시설 이용료, 관광지 입장료 등 국내여행에 사용된 경비에 대해서는 50만 원을 한도로 5% 세액공제
- 국내 여행경비에 대한 세액공제 신설의 조세형평성 부합 및 국내 여행 촉진의 효과성 여부에 대한 논의 필요

(4) 근로·자녀장려금 부양자녀 연령요건 상향조정

- 김관영 의원(17. 9. 14.)
- 근로·자녀장려금 신청을 위한 부양자녀의 요건 중 연령 부분을 18세 미만에서 24세 미만으로 상향
- 근로·자녀장려금의 부양자녀 연령요건 상향조정의 적정성 및 실제 자녀부양 현실과의 부합 여부에 대한 논의 필요

(5) 소기업·소상공인 공제부금 공제한도 확대 등

- 송영길 의원('17. 12. 20.)
- 소기업과 소상공인이 공제에 가입하여 납부하는 부금의 소득공제 한도를 연간 700만 원까지로 확대하는 한편, 폐업 등의 사유로 공제금을 수령하는 경우 이를 퇴직소득이 아닌 이자소득으로 보아 5%의 낮은 세율을 적용
- 소기업·소상공인 공제부금 및 공제금에 대한 세제혜택 확대의 조세형평성 여부에 대한 논의 필요

(6) 중소기업 지능정보기술 분야 연구소 등 취업자 소득세 감면 신설

- 박광온 의원('18. 2. 6.)
- 지능정보기술 분야 연구개발을 위해 중소기업의 연구소 또는 전담부서에 취업한 정규직 근로자에 대해 5년간 연도별 200만 원 한도에서 소득세의 80%를 감면함.
- 중소기업 지능정보기술 분야 연구소 등 취업자 소득세 감면 근거 신설의 조세형평성 부합 여부 및 실효성 여부에 대한 논의 필요

(7) 지방신문 구독료 세액공제 신설

- 강효상 의원('18. 5. 2.)
- 근로소득이 있는 거주자가 거주자의 출생지, 거주지 및 이에 준하는 지자체에서 발행된 신문을 구독하는 경우 구독료의 100분의 30에 해당하는 금액을 그 과세기간의 종합소득 산출세액에서 공제함.
- 지방신문 구독료 세액공제 신설의 조세형평성 부합 여부 및 지방신문 활성화 효과 여부에 대한 논의 필요

<법인세 분야>

(1) 최저한세율 인상 또는 인하

- 정성호 의원('16. 7. 4.), 이언주 의원('16. 10. 19.), 노회찬 의원('16. 10. 31., '17. 11. 9.), 추경호 의원('16. 11. 8., '18. 4. 12.)
- 정성호 의원, 이언주 의원, 노회찬 의원안은 법인세율 인상과 함께 최저한세율도 인상하려는 것인 반면, 추경호 의원안은 최저한세율을 2% 포인트 인하하려는 것임.
- 기업의 적극적인 투자와 일자리 창출을 유도하여 경제 활력을 높일 수 있도록 모든 기업의 법인세율을 인하함과 동시에 법인세율 최저한세율도 인하할 필요가 있다는 주장이 있는 반면, 오히려 법인세율 인상에 맞추어 최저한세율도 인상하여 조세형평성을 제고할 필요가 있다는 주장이 대립될 것으로 전망

(2) 4차 산업혁명 기반시설 투자에 대한 세액공제 적용

- 추경호 의원('18. 5. 2.)
- G 이동통신망, IoT 망, 10기가 인터넷망 등 4차 산업혁명 기반시설 등에 투자하는 경우에는 투자금액의 5%(중견 7%, 중소 10%)를 법인세액에서 공제
- 4차 산업혁명에 선제적으로 대응하기 위해서는 5G 이동통신망 등에 대한 투자를 촉진할 필요가 있다는 주장이 제기될 수 있으나, 개정안에 따를 경우 일부 기업 지원에 따른 형평성 문제, 추가적인 투자가능성 여부 등 효과성 문제가 제기될 수 있음.

2. 정부제출 세법개정안(예정)[347]

1) 소득세법

(1) 주택 임대소득 과세 적정화

- 2018년까지 비과세되었던 2천만 원 이하 주택임대소득을 분리과세로 전환
- 임대주택 등록 활성화를 위하여 등록사업자와 미등록사업자의 필요경비율 및 기본공제 차등 적용(필요경비율 60% → (등록) 70%, (미등록) 50%, 기본공제 400만 원 → (등록) 400만 원, (미등록) 200만 원)
- 임대보증금 과세 배제 소형주택 규모 축소(3억 원, 60㎡ 이하 → 2억 원, 40㎡ 이하)
- 등록사업자에 대한 세제혜택 확대 및 2천만 원 이하 주택임대소득의 분리과세 유지의 적정성 여부에 대한 논의 필요

(2) 기부금 세액공제 확대

- 기부 활성화를 지원하기 위하여 30%의 세액공제율이 적용되는 고액기부 기준금액을 현행 2천만 원 이하에서 1천만 원 이하로 하향조정
- 2015년 세법개정에 따른 고액기부 기준 인하 및 고액기부에 대한 세액공제율 인상의 효과성에 대한 검토가 선행될 필요

(3) 일용근로자 근로소득공제 금액 확대

- 일용근로자 세 부담 완화를 위하여 일용근로자 근로소득공제액을 현행

---

347. 정부가 2018. 7. 30. 발표한 '2018년 세법개정안'을 토대로 작성하였음.

10만 원에서 15만 원으로 확대

- 일용근로자 급여 수준 등을 감안할 때 공제금액 수준의 적정성 여부, 다른 근로소득자와의 과세형평성 등에 대한 논의 필요

(4) 직무발명보상금 비과세 확대

- 지식재산 창출 활성화를 위하여 직무발명보상금에 대한 소득세 비과세 한도를 현행 300만 원에서 500만 원으로 확대
- 직무발명 촉진 필요성, 조세형평성, 직무발명보상금에 대하여 한도 없이 비과세하여 왔던 종전 입법례 등을 감안하여 비과세 확대 여부 및 확대 수준의 적정성에 대한 논의 필요

(5) 적격 P2P 금융 원천징수세율 인하

- 금융 분야 공유경제 활성화를 위하여 적격 P2P(개인 간 거래) 투자 이자소득의 원천징수세율을 2020년 지급분까지 25%에서 14%로 인하
- P2P 투자자 보호 문제, P2P 금융 활성화 효과성 등에 대한 논의 필요

(6) 장기일반민간임대주택 등에 대한 양도소득 과세특례 합리화

- 장기보유특별공제율을 현행 8년 임대 시 50%, 10년 임대 시 70%에서 일괄 70%로 상향조정하여 장기임대주택에 대한 지원을 강화함.
- 장기보유특별공제율을 상향하는 것의 타당성 여부에 대한 논의 필요

2) 종합부동산세법

세율인상 및 공정시장가액비율 상향 등 종부세 인상

- 종합부동산세의 공정시장가액비율을 연 5% 포인트씩 현행 80%에서

90%까지 상향하고, 주택·종합합산토지에 대한 세율을 인상하는 한편, 3주택 이상자에 대해서는 0.3% 포인트 추가 과세
- 공시지가가 상승하고 있고, 부동산시장이 다소 안정화되고 있는 상황에서 종합부동산세의 인상이 필요한 것인지, 인상이 필요하다고 할 경우 조세형평성 및 조세 부담의 적정성이 담보되는 것인지, 거래세는 어떻게 조정할 것인지 등에 대한 논의가 있을 것으로 전망

3) 상속세 및 증여세법

(1) 공익법인에 대한 사후 관리 강화
- 공익법인의 출연받은 재산 등의 범위에 원본으로 취득한 재산, 매각대금 등을 명시하여 명확화하고, 공익법인 등의 공시대상 결산서류에 외부회계감사보고서를 추가함.
- 공익법인 출연 재산 범위 명확화의 필요성 및 공시대상 서류에 외부회계감사보고서를 추가하는 것의 타당성 여부에 대한 논의 필요

(2) 가업상속공제 가업용 자산 처분 시 추징제도 합리화
- 가업상속공제 후 자산유지 의무를 위반하여 가업용 자산을 처분하였을 때 처분자산에 비례하여 공제금액을 추징하도록 하여 가업상속기업의 경영여건 변화에 대한 탄력적 대응을 지원함.
- 가업상속공제 자산유지 의무 위반 시 처분자산에 비례하여 공제하는 것이 타당한지 논의 필요

(3) 명의신탁 증여의제에 따른 증여세 납부의무자 변경
- 명의신탁 증여의제 납세의무자를 명의자에서 실제소유자로 변경하여

과세제도를 합리화하고 과세 실효성을 확보함.

- 명의신탁 증여의제 납세의무자를 실제소유자로 변경하는 것이 타당한지 논의 필요

4) 부가가치세법

(1) 국외사업자의 부가가치세 과세대상 전자적 용역 범위 확대

- 국내 소비자가 국외사업자로부터 제공받는 '클라우드 컴퓨팅'에 대해 부가가치세 과세
- 부가가치세 대상으로 클라우드 컴퓨팅 포함의 적정성 여부

(2) 부가가치세 예정고지 면제 기준금액 상향

- 개인사업자의 부가가치세 예정고지 면제 기준금액을 현재 20만 원에서 30만 원으로 상향조정
- 예정고지 면제 기준금액의 상향조정 필요성 및 상향 규모의 적정성 여부

5) 인지세법

모바일 상품권에 대한 인지세 과세 전환

- 휴대전화로 전송되는 모바일 상품권(1만 원 초과)에 대한 인지세 과세(1만 원~5만 원) 200원, (5만 원~10만 원) 400원, (10만 원 초과) 800원
- 종이 상품권과의 과세형평성과 고액상품권 과세구간 세분화, 과세에 따른 세 부담 등에 대한 종합적인 논의가 필요

6) 관세법

(1) 면세점 특허갱신 1회 추가 허용
- 면세점 특허기간(5년) 만료 시 현행 중소·중견기업 1회, 대기업 갱신불가에서 갱신 1회를 추가 허용하여 안정적인 성장기반을 제공함.
- 면세점 특허기간 갱신을 추가로 허용할 필요성이 있는지 논의 필요

(2) 면세점제도운영위원회 설치 및 지역별 특허 수 공표
- 면세점의 특허 수 결정 등 제도관련 주요 정책과 개선방안을 심의하는 제도운영위원회를 설치하고 매년 초 제도운영위원회에서 지역별 특허 수를 공표하도록 하여 면세점제도 운영의 객관성·투명성을 제고함.
- 제도운영위원회의 필요성 및 지역별 특허 수 공표의 타당성에 대해 논의 필요

7) 국제조세조정에 관한 법률

해외금융계좌 신고제도 강화
- 해외금융계좌 미신고 시 소명 요구 대상을 현행 개인에서 법인까지 확대하고, 해외금융계좌 신고의무 위반 시와 벌금형 부과 시 전체 취소되던 과태료를 벌금액 상당액만을 취소
- 해외금융계좌 미신고 과태료 실효성 제고를 위하여 소명요구 대상을 확대하고 벌금과 과태료를 병과할 필요성이 인정되는 측면이 있으나, 벌금과 과태료를 병과할 경우 이중처벌이라는 지적이 제기될 수 있음.

8) 조세특례제한법

<소득세 분야>

(1) 근로장려금 확대

- 근로유인 제고 및 근로빈곤층에 대한 소득 지원을 강화하기 위하여 근로장려금의 지급대상 및 지급액을 확대 → 현재 중위소득 50% 이하에서 60~70% 수준까지 지급대상이 확대될 예정임.

		현행	개정안
연령요건		30세 미만 단독가구 배제	30세 미만 단독가구도 포함
소득요건	단독	1,300만 원 미만	2,000만 원 미만
	홑벌이	2,100만 원 미만	3,000만 원 미만
	맞벌이	2,500만 원 미만	3,600만 원 미만
재산요건		가구당 1.4억 원 미만 *재산 1억 원 이상 시 지급액 50% 감액	가구당 2억 원 미만 *재산 1.4억 원 이상 시 지급액 50% 감액
최대 지급액 (만 원)	단독	85	150
	홑벌이	200	260
	맞벌이	250	300
최대 지급액 구간 (만 원)	단독	600~900	400~900
	홑벌이	900~1,200	700~1,400
	맞벌이	1,000~1,300	800~1,700
지급방식		다음 연도 연 1회 지급	당해 연도 반기별 지급* (근로소득자)
지급규모		1.2조 원	3.8조 원
		166만 가구	334만 가구

자료 : 기획재정부

- 정부안에 따르면 근로장려금 지급규모가 현재보다 3배 증가함에 따라 확대 수준의 적정성 여부, 근로장려금 지급 재원 마련 여부, 기초생활보장제도 등 다른 사회보장제도와의 연계 개편 여부 등에 대한 논의가 이루어질 것으로 예상됨.

(2) 자녀장려금 지급 대상 및 금액 확대

● 저소득가구의 자녀 양육 지원을 강화하기 위하여 자녀장려금 지급대상
에 생계급여 수급자를 포함하고, 지급금액을 자녀 1인당 30~50만 원
에서 50~70만 원으로 확대

● 자녀장려금 확대를 위한 재원 마련 방안 및 확대 수준의 적정성 여부에
대한 논의 필요

(3) 청년우대형 주택청약종합저축 이자소득 비과세 신설

● 저소득 청년의 주거복지 및 자산형성을 지원하기 위하여 청년우대형 주
택청약종합저축에 가입한 총급여 3천만 원(종합소득 2천만 원) 이하
무주택세대주인 청년에게 이자소득 500만 원 한도 비과세 신설(2년 이
상 가입, 연 600만 원 납입한도)

● 기존 주택청약종합저축에 대한 근로소득공제와의 중복 적용의 적정성,
다른 연령대와의 조세형평성 등에 대한 논의 필요

(4) 장병내일준비적금 이자소득 비과세 신설

● 장병의 전역 후 취업 등의 자산형성 지원을 위한 장병내일준비적금에
가입한 군장병 등에게 2021년까지 복무기간동안 이자소득 비과세

● 장병내일준비적금은 월 40만 원 한도 내에서 최대 이자율 6.5%(이 중
1% 포인트는 예산지원) 적용 예정

● 예산과 세제를 통한 중복지원의 적정성 여부, 다른 금융상품과의 조세
형평성 등에 대한 논의 필요

(5) 신용카드 소득공제 적용기한 연장 및 박물관·미술관 입장료 공제 확대

● 근로자의 세 부담 완화를 위하여 신용카드 소득공제 적용기한을 1년

연장하고, 근로자의 문화생활 지원을 위하여 박물관·미술관 입장료를 도서·공연비 공제항목에 추가

- 과표 양성화라는 신용카드 소득공제의 도입 목적을 달성하였음에도 적용기한 연장의 적정성 여부 및 다른 문화생활비와의 관계에 있어 박물관·미술관 입장료 공제 허용의 조세형평성 여부 등에 대한 논의 필요

<법인세 분야>

(1) 해외진출기업의 국내복귀에 대한 세제감면 대상 확대 및 일몰 연장

- 대기업의 부분복귀에 대해서도 법인세 감면 등 세제지원을 주는 한편, 그 대상지역은 현행과 같이 수도권과밀억제권역 밖으로 한정
- 대기업 부분복귀 허용 시 수도권과밀억제권역이 아닌 수도권 지역의 경제력 집중 우려, 세제지원이 유턴기업 복귀에 미치는 효과성 여부 등이 쟁점이 될 것으로 보임.

(2) 성과공유제 중소기업의 경영성과급 세제지원 신설

- '중소기업 인력지원 특별법'에 따라 경영성과급 지급 등을 통해 근로자와 성과를 공유하고 있는 중소기업이 근로자에게 지급한 경영성과급의 10%를 법인세에서 공제, 성과공유 중소기업이 지급하는 경영성과급에 대한 근로소득세 감면
- 성과공유 중소기업에서 성과급을 받는 근로자를 저소득층으로 볼 수 있는지, 중소기업의 성과공유제 도입에 따른 인센티브 부여의 효과성이 있는 것인지 여부 등이 쟁점이 될 것으로 전망

(3) 위기지역 내 창업기업 세액감면 신설

- 고용 또는 산업위기지역 내 창업기업(지정기간 내 창업 또는 사업장 신

설)에 대하여 소득발생 연도 후 5년간 법인세 및 소득세 100% 감면
- 고용위기지역 내 창업기업에 대한 세제지원의 효과성 여부, 지정기간이 지난 후 창업한 자에 대한 미지원에 따른 형평성 문제, 중소기업에 대한 100% 감면의 필요성 여부 등이 쟁점이 될 수 있을 것으로 보임.

(4) 육아휴직 후 고용유지 기업 인건비 세액공제 신설
- 중소·중견기업 근로자가 6개월 이상 육아휴직 후 복귀 시 인건비의 일정비율(중소기업 10%, 중견기업 5%)을 세액공제
- 육아휴직 복귀자 인건비 세액공제가 육아휴직을 장려할 수 있는 기제로 작용할 수 있는지 등 효과성 여부

(5) 지역특구 세액감면제도를 고용친화적으로 개편
- 기업도시개발구역 창업기업과 농공단지 입주기업, 제주투자진흥지구 등의 입주기업, 연구개발특구·아시아문화중심도시 입주기업, 금융중심지 창업기업, 첨단의료복합단지 입주기업에 대한 감면한도를 상시근로자 고용 및 청년고용에 따라 상향될 수 있도록 감면한도 조정
- 기존 감면제도의 효과성 여부에 대한 평가가 미흡하다는 지적이 있을 수 있음.

(6) 고용증대세제를 청년 중심으로 지원확대
- 청년친화기업이 청년정규직을 고용할 경우, 공제금액에 500만 원을 추가하여 공제하고 공제기간을 현행보다 1년씩 연장(대기업 1년 → 2년, 중소·중견기업 2년 → 3년)하는 한편, 일몰기한을 2020년 말에서 2021년 말로 연장
- 올해부터 시행되는 고용증대세제에 대한 면밀한 평가 여부와 신규로 설

정하려는 청년친화기업의 범위 및 공제금액의 적정성 여부, 일몰기한의 연장 필요성 등에 대한 논의가 있을 것으로 예상

(7) 혁신성장 투자자산에 대한 가속상각 신설

• R&D 설비, 신성장기술 사업화시설 등 혁신성장 투자자산에 대한 가속 상각을 허용

• 가속상각이 이루어지더라도 가속상각기간 종료 후에는 세 부담이 증가 하게 되므로, 혁신성장 투자에 대한 충분한 지원이 되는 것인지 여부가 쟁점이 될 수 있음.

(8) 신성장동력·원천기술 R&D 비용 세액공제 및 시설투자 세액공제 확대

• 신성장 R&D 비용 세액공제 대상에 블록체인, 양자컴퓨터 관련 기술 등 신기술을 추가하고, 신성장기술 사업화시설 투자세액공제 요건 중 매 출액 대비 R&D 비용 비중을 현행 5%에서 2%로 완화

• 매출액 대비 R&D 비용 완화만 이루어지고 직전 연도 대비 신성장 R&D 비중 요건, 상시근로자 미감소 요건 등은 그대로인데 세액공제 요건 완 화의 효과성이 얼마나 있는 것인지에 대한 문제제기가 될 수 있음.

(9) 외국인투자기업에 대한 법인세·소득세 감면 폐지

• 외국인투자에 대한 조세특례인 감면대상사업에서 발생한 소득에 대한 법인세·소득세 감면을 폐지하고, 외투기업이 구입·보유하는 재산에 대한 취득세·재산세 감면규정을 지방세특례제한법으로 이관

• EU의 조세비협조국 리스트 지정에 따른 불가피한 감면 혜택 종료인 측 면이 있으나, 이에 따른 외국인투자유치에 어려움이 발생하는 것은 아 닌지에 대해 문제제기가 될 수 있음.

마치면서

부디,

세법개정이 국가의 곳간을 채우면서 국리민복(國利民福)을 위해 정의롭게 부과·감면되고 분배되며 마땅한 곳에 쓰여 지도록 역할을 하길 소망하면서….